리조트와 클럽개론

양정윤, 정해욱 공저

홍 익 출 판 사

머 리 말

최근 들어 리조트는 관광산업의 새로운 분야로 눈부신 발전을 계속하고 있다. 오늘날 리조트는 비일상적인 한경 속에서 여러 가지를 재발견하는 인간회복의장으로 비 구속적인 시간과 공간, 그리고, 인간관계속에서 사람들이 평소와는 다른 안식과 자극을 즐기고 잃어가던 본래의 가치를 재발견하는 장이라고 할 수 있다. 현대사회에서 발생되는 다양한 스트레스에서 벗어나 본래의 자기를 찾고 싶다는 사람들이 증가하고 있으며, 사회가 발전 할수록 그 만큼 더 직장이나 사회에서 경쟁이 치열해 지고 정신적 부담감이 심해 인간의 본질적인 욕구해소를 위해 리조트의 대한 욕구는 높아지고 있는 현실이다. 오늘날 인류는 생존을 위한 노동 대신에 생활을 위한 여가, 삶의 질의 향상에 많은 노력을 하고 있다. 그리고 인간의 가치가 다양해지면서 자기개발과 만족을 위한 관광 리조트와 클럽의 욕구가 발생하게 되었으며, 이는 관광산업과 더불어 우리나라 리조트산업에 새로운 역사가 되고 있다.

하지만, 발전적이고 새로운 기획과 고객의 만족 없이는 과거와 같은 경영전략을 가지고는 오늘날의 고객의 다양한 욕구와 가치를 충족시키는데 한계가 있다.

이 책에서는 리조트산업에 대한 전반적인 흐름과 클럽이라는 다양한 면들을 주로 다루었으며, 앞으로 경영환경을 주도적으로 변화시킬 수 있는 차세대 관광학생들에게 리조트와 클럽을 학습하는데 도움이 되었으면 한다.

끝으로 이 책이 나오기까지 관광에 대한 학문적 깨달음을 주신 많은 분들과 출판 작업에 적극 격려해주고 물심양면으로 후원해준 김석영 지배인에게 깊은 감사를 드리며 더 좋은 책이 되도록 노력하겠다는 마음으로 부족함에 대한 미안함을 대신하고 싶다.

2009. 2.

양정윤, 정해욱

차 례

제1장 리조트 산업

제1절 리조트의 의의

1. 리조트의 개념

최근 경제발전에 따른 소득향상과 주5일 근무제가 실시되면서 여가에 대한 인식변화와 다양한 문화생활을 추구하는 사람들이 늘어나고 있는 현상을 반영하고 사회적 배경을 토대로 현대사회에 새롭게 등장한 휴양산업이 리조트산업이다. 현재 조사된 관광형태를 바탕으로 미래를 미루어 짐작해 보면 점차적으로 개인이나 단체형태의 관광에서 가족 단위의 여가활동 중심으로 여행수요가 증대되고 또한 일시적이거나 잠시 휴양을 목적으로 하는 관광보다는 노령화에 따른 장기 체류형 관광패턴이 보편화될 것으로 예상된다. 따라서 리조트에 대한 소비욕구도 더불어 증가되어 가족 단위 여행자의 다양한 욕구를 충족시킬 수 있는 복합리조트의 수요가 시대의 흐름에 발맞추어 수요적인 측면에서 급증할 것으로 예상된다. 리조트(Resort)는 오늘날 흔히 종합 레크리에이션 센터 또는 체재형 관광지라 불리기도 하지만 정확한 개념에 대해서는 학자마다 또는 보는 시각에 따라 견해의 차이가 많다.

사전적 의미로서의 리조트는 리조트 랜드(Resort Land), 리조트 타운(Resort

Town), 리조트 콤플렉스(Resort Complex) 등의 형태로 나타나고 있으며 '휴가·건강회복 등을 위해 사람들이 찾아가는 곳'으로 정의하고 있다. 리조트란 말은 일상의 생활권을 벗어난 곳으로 자기의 재량에 의해 풍부한 시간을 만끽하기 위한 행동 또는 그것이 가능한 장소라는 것을 의미한다. 리조트는 오늘날 흔히 '종합레크리에이션센터' 또는 '체재형 관광지'라 불리기도 한다. Resort의 어원은 프랑스어의 고어인 resortier에서 유래된 것으로 "자주 방문한다."라는 의미정도로 해석하고 있다. 미국의 웹스터 사전적 의미는 그 어원을 프랑스의 고어인 resortier에서 어원을 찾아 볼 수 있으며 그 의미는 resort라는 의미는 ① A place to which people go often, customarily or generally(사람들이 통상적으로 자주 찾게 되는 장소), ② A person or thing that one goes or turns to for help or support(사람들이 도움이나 지원을 받기 위해서 찾아가는 사람이나 수단) 등으로 해석되고 있다. 웹스터사전에서 볼 수 있듯이 리조트는 첫째, 휴가 시 휴식과 레크리에이션을 위하여 사람들이 많이 방문하는 곳 둘째, 도움을 받고 싶을 때 의지할 사람과 의지할 것으로 용어를 정의하고 있다. 리조트의 일반적인 의미는 '일상의 생활권에서 벗어난 휴양이나 여가선용을 즐기기 위해 일정한 장소에 음식, 숙박시설, 오락시설, 민속, 문화자원시설, 관람시설, 농·어촌 휴양시설 등의 적합한 시설을 갖추어 재방문을 유도하는 종합휴양지'라고 보편적으로 정의할 수 있다.

일본에서는 리조트 법에서 리조트를 "양호한 자연조건을 가지고 있는 토지를 포함한 상당규모의 지역에 있어서 국민이 여가 등을 이용하려고 체재하면서 스포츠, 레크리에이션, 교양, 문화 활동, 휴양, 집회 등의 다양한 활동을 할 수 있도록 종합적인 기능이 정비된 지역"이라고 정의하고 있다. 이 정의에 의하면 리조트는 ① 체제성, ② 자연성, ③ 자연성, ③ 휴양성(보양성), ④ 다 기능성, ⑤ 광역성 등의 요건을 겸비하고 있어야 하는 것으로 해석하고 있다.

우리나라에서도 리조트의 개념정립에 관한 연구들이 선행되어 왔는데 엄서호 교수는 '현대적인 문화시설을 갖추고 자연경관이 수려한 곳에 입지한 단일주체에 의해 개발된 체험 위주의 휴양형 목적지'라고 정의하고 있다.

리조트를 종합적으로 정의 해 보면 일정 규모의 지역에 레크리에이션, 스포츠, 상업, 문화교양 숙박 등 관광객의 관광욕구를 충족시킬 수 있는 시설이 복합적으로 갖추어진 지역으로서 심신의 휴양 및 위락 등 숙박시설이 필수적이며,

지속적으로 관광객을 끌어들일 수 있는 스키장, 골프장, 등 운동시설과 온천, 수영장, 교육시설 등 휴양시설, 기타 즐거움을 위한 위락, 놀이시설 등이 갖추어진 지역이라고 말할 수 있다. 리조트라고 했을 때에는 체재성·자연성·보양성·다기능성·공익성 등의 요건을 갖추는 것이 필요하다.

2. 리조트의 배경

외국의 리조트 산업은 과거에 돈과 시간이 충분한 일부 특권 계급층이 즐기기 위한 공간에서부터 시작하였다. 19세기의 호화스러운 호텔들은 '리조트'라는 숙박 시설로 변형되기 시작하였고, 19세기 초 독일의 온천 보양지 바덴바덴(Baden-Baden)에 세워진 '바데슈호프'가 특권층의 보양을 위한 숙박시설로 이용되면서 오늘날 리조트 호텔의 근거가 되었다. 19세기 중엽에 철도 교통이 발달되면서 명승지나 온천 보양지 등에 특권계급을 기반으로 한 리조트 호텔이 건설되었고, 해안 등지에 리조트가 개설되면서 지중해 니스(Nice)나 몬테카를로(Montecarlo) 등의 새로운 리조트가 등장하였다. 20세기에는 리조트 산업이 차차 대중화되어 일반 서민들도 이용이 가능해지면서 대표적으로 리비에라는 세계적인 휴양지로 지중해에 속한 리구리아 해(海)에 있는 곳으로 이탈리아령(領) 라스페치아로부터 프랑스령 칸까지의 해안을 말하는데, 현재의 리비에라(Riviera)의 발전과도 연관이 있다. 미국의 리조트들은 관광과 다양한 교통수단의 발달(배, 마차, 철도, 자동차, 비행기, 제트 관광)과 함께 성장하였다고 볼 수 있다. 유럽처럼 온천을 중심으로 발달하였음은 동이하나 일찍이 Inn과 같은 패턴으로 리조트가 운영되다가 18C초와 19C초 Atlantic항구에 강을 따라 새로운 리조트 지역이 형성되었다.

초기 미국의 리조트 호텔을 부유층의 보양을 위해 대규모로 건설되어 향락적인 분위기였으나, 경제의 급속한 발전과 철도를 비롯한 교통수단의 진보가 미국 사회의 중산층을 확대하고 상용 여행수요를 증대시켜 이들 여행수요를 위한 호텔들도 증가하였다.

국내에서 Resort란 용어를 사용하기 시작한 역사는 '80년대의 급속한 경제성장, 국민소득 향상과 생활수준 향상, 교통통신 수단의 발달 및 여가선용 의식변화와 밀접한 관계를 가지고 있다. 특히 일보다는 여가를 즐기려는 현대인들의 생활모드와 가치관 등으로 인해 매년 관광·리조트·레저 활동에 대한 신규수요계층이 끊임없이 증대되기 시작하였다. 1990년대 초반부터 30년 재벌그룹들이 관광 리조트 사업에 진출하면서 한국의 리조트 사업은 양적, 질적으로 비약적인 발전을 이룩하였고 리조트 활동에 참여 하려는 대중의 의식이나 가치관 등이 상당히 빠른 속도로 급물살을 타게 되었다. 그 의미의 정립은 물론 내용까지 국민 관광에 널리 보급하여 21C의 관광분야의 최고유망 사업으로 리조트분야를 개척해 가야할 것이며, 국제화 시대를 대비하여 우리나라의 관광경쟁력과 체질개선 및 관광목적국가로의 위상을 강화하기 위해서도 한국형 리조트의 성장은 매우 필요하다고 판단된다. 복합리조트 사용자들은 리조트 시설의 양적인 증가뿐만 아니라 고급화, 전문화 등 질적 향상을 기대하고 있고, 리조트산업의 특성상 대규모의 개발이 요구되어 이로 인해 자연환경파괴, 지역주민들과의 마찰, 주변지역의 지가상승 등의 문제가 야기되고 있어 복잡한 행정규제와 개발절차의 장기화는 사업추진의 어려움으로 나타나고 있다. 오늘날 리조트는 다음과 같은 의의를 가진다.

첫째, 자신에게 충실한 여가를 보내는 장으로서의 리조트이다. 이것은 일시적인 즐거움만을 추구하는 소극적인 시간 소비가 아닌, 어떠한 구체적인 자기 목표를 갖고 자신에게 주어진 시간을 적극적으로 소비한다는 욕구에 대응하는 것이다.

둘째, 본래에 접하는 것이 가능한 장으로서의 리조트이다. 이것은 있는 그대로의 자연과 문화적 분위기에 취하거나, 직접 체험하는 조건을 갖는 것으로 어떤 의미에서는 가장 사치스런 욕구를 만족시키는 것이다.

셋째, 정신의 위기를 구원하는 장으로서의 리조트이다. 너무 바쁘고 또 경제지상주의가 위세를 떨치고 있는 오늘날은 정신적인 지주가 필요하다. 오늘날은 경제적으로는 풍요해졌지만 정신적으로 피폐해 왔다는 것이다. 이러한 문제를 인식하면서부터 사람들은 인간적 상태를 회복하기 위한 기회를 찾기 시작했다.

넷째, 다른 차원의 세계의 침투할 수 있는 리조트이다. 이것은 일상생활과 완전히 분리된 상태와 진짜 외국에 자기를 두는 것이 가능한 장소로, 생활의 변화로서 문화 충격을 즐길 수 있다는 욕구를 그 뿌리에 두는 것이다.

다섯째, 철저히 노는 것이 가능한 리조트이다. 그것을 과연 리조트라 부를 수 있을까라는 의문이 없지는 않지만 돈과 시간을 철저히 소비하고자 하는 욕구를 가진 사람이 나타나기 시작했다는 것은 확실하다.

위에서 지적한 5가지 외에도 리조트가 지닌 전통적인 의의도 계승되어야 한다. 또한 현대의 리조트 조성에 있어서 위의 5개 항 중 첫 번째와 세 번째는 매우 중요시되고 있다. 그 이유는 건전한 인간성의 발전이 없는 곳에 건전한 사회가 성립되지 않고 건전한 사회가 없이는 건전한 리조트가 성립될 수 없기 때문이다. 우리나라 현행법상으로는 리조트라는 명칭을 사용하고 있지는 않다. 리조트와 유사한 업종은 관광 진흥법에서 관광객이용 시설업 중 전문휴양업과 종합휴양 업을 들 수 있다. 현재 우리나라에서 운영 중인 리조트는 산악, 고원 형으로 스키장 중심으로 구성되어 있다. 따라서 다른 경쟁업체들과 비교해서 특별한 시설을 가지지 않고 차별화 되지 못하고 있다. 이러한 이유는 좁은 국토에서 기후에 별 차이가 없고 산지가 많기 때문이다. 운영 면에 있어서도 초기 투자자본의 조기회수를 위하여 콘도분양을 중심으로 이루어지고 있다.

3. 리조트의 특징

오늘날의 리조트는 경쟁적 사업 환경에서 나름대로 성장을 위해 시도하는 특성이 많아짐에 따라 과거와는 달리 자사의 독특한 시장, 관광시장의 성향의 변화와 점유율의 변동에 따라 전통적인 시장의 범위를 넘어야 하는 과제가 있다고 볼 수 있다. 따라서 리조트는 소득과 여가시간의 증가로 인해 증대되는 관광자의 즐거움을 창조해 나가야 한다는 것이 요구된다. 따라서 리조트 개념의 확산에 따라 리조트의 관리와 이에 따른 특성들이 사회 전반적인 현상을 이해하고 수용하기 위한 창조적 공간으로서 필수적인 것이다.

즉, 리조트는 경제적 편익의 창출과 더불어 환경적, 문화적 접촉을 통한 인간생활의 장으로서 여러 가지 역할을 담당한다. 이러한 리조트 상품의 특성을 요약하여 설명하면 다음과 같다

리조트 상품의 특징은 크게 7가지로 나타낼 수 있으며, 소멸성, 수요의 불안

정성, 막대한 초기 투자, 계절성, 체제적 공간성, 복합적 공간성, 공공적 공간성 등을 들 수 있다.

(1) 소멸성

① 리조트 상품이 오늘 그 상품이 판매 하지 못 한다면 영원히 팔 수 없기 때문에 성수기와 비수기의 조정이 필요하다.
② 수용 능력이 한정이 되어 있어 오늘 팔지 못한 손실은 영원히 소멸되어 버린다.
③ 성수기와 비수기의 격차를 극복하기 위해서는 리조트 개발계획 시 극복방안과 개발계획이 충분히 검토되어야한다.

(2) 수요의 불안정성

① 리조트는 여가활동의 장소이므로 사회적, 경제적 상황에 따라 수요의 차이가 크다.
② 경제적 비용으로 인한 수요의 불안정선은 의식주가 아닌 다른 기본적인 욕구가 충족된 후에야 필요성을 느낀다. 그러므로 리조트에 대한 수요는 여러 가지 환경변화에 따라 달라지며 또한 시간적인 여유도 함께 주어져야만 한다.

상품판매과정에서의 비전매성 및 비신축성이다. 일반기업과 달리 리조트는 소비자가 직접 현장에 가서 상품을 구매해야 한다. 주로 타지로부터 여행 등과 같은 동기에 의하여 이동하는 소비자들에 의해 구매되는 것이다. 유사한 서비스기업인 레스토랑 업체와 비교했을 때도 레스토랑은 테이크아웃(take-out)이나 배달(delivery)같은 경로를 통해 신축적으로 상품을 판매할 수 있으나 호텔은 출장연회(catering)를 제외하고는 다른 판매유형을 이용할 수 없는 제한적인 특성을 보유하고 있는 것이다.

(3) 막대한 초기 투자

리조트사업은 초기투자가 막대하다는 것이다. 리조트는 무엇보다도 위치선정

(site selection)이 중요하기 때문에 투자총액에서 토지와 건물이 차지하는 비율이 가장 큰 것이다. 리조트건설에서 투자요소에 대한 일반적인 예는 토지가 20%, 건물 및 리조트 단지 조성 60%, 가구 및 설비가 20%이다. 이로 인하여 투자 자본에 대한 회전속도가 다른 사업에 비해 현저히 느리다고 할 수 있다. 즉, 장기적인 투자경향을 띤 사업인 것이다. 반면에, 특히 호텔이 위치한 토지가격이 시간이 흐름에 따라 상승하기 때문에 호텔사업은 부동산(real estate)사업과도 관련이 있다고 할 수 있다. 해낭시역에 호텔건립으로 인하여 위치한 지역경제의 개발에도 일부 역할을 하기도 한다.

① 복합관광 종합 휴양 업으로 대규모 리조트 개발에는 막대한 초기 투자가 필요하여 초기투자의 자본 회구기간도 오래 걸린다.
② 토지 규제가 많은 리조트 사업에서는 필요한 용지를 찾고 매입하고 관리하는 데에도 많은 비용이 소요된다.

(4) 계절성

리조트사업에 수반되는 계절성이다. 계절적인 제약으로 특히 휴양지에서는 성수기(peak season)와 비수기(off-season)간의 판매액, 즉 고객수요의 격차가 심하여 리조트상품의 수요와 공급에 대한 조화가 상당히 어렵다고 할 수 있다. 바꾸어 말하면, 성수기에는 공급이 절대 부족하고 비수기에는 리조트상품을 저장할 수 없기 때문에 수지의 불균형을 초래하기 마련이다. 이런 상황을 극복하기 위하여 리조트들은 비수기에는 요금을 할인하여 판매하고, 성수기에는 인상하는 전략을 수립하고 있다. 특히, 비수기에 점유율을 최대화하는 것은 경영층에게 큰 과제가 되고 있다.

(5) 체제적 공간성

생활공간으로서의 체제적 공간이다.

밀(Mill)과 모리슨(Morrison)은 관광활동이 사람들의 인간성회복, 자기충실을 위한 인간 활동과 밀착된 활동으로서 관광과 관련한 생산, 수송, 판매활동은 생활의 연계라고 설명하고 있으며 레이퍼(N. Leiper) 역시 이러한 견해와 더불어 관광체계를 관광자, 관광발생지, 교통루트, 관광목적지, 관광산업 등의 5개 요소가 공간적, 기능적으로 상호 연관을 갖는 생활공간으로서 기능을 한다고 주장하고 있다.

(6) 복합적 공간성이다.

복합적 공간성이다. 리조트는 다양한 세대와 계층이 혼합적으로 이용하는 공간이며 다양한 관광욕구와 요구를 수용해 주어야 하는 공간이다. 즉 학습과 자기수련을 위한 활동 공간 및 각종 레크리에이션 활동이 가능한 다양하고 복합적인 공간으로의 형성화를 요구하고 있다.

(7) 공공적 공간성

공공적 공간성이다. 리조트는 국민의 정신적, 신체적 건강을 증진시키는 교육, 문화, 생활 등 공공성이 큰 공간으로서 첫째 국민 레크리에이션을 충족시키는 역할을 담당하며, 둘째 자연보호사상의 고취, 과밀도시를 해소시키는 『인간분산』의 계기가 되고, 관광 레크리에이션 활동에 있어 체재기간을 연장시킴으로서 관광여가활동의 질을 향상시키고, 지역주민간의 연대의식을 강화시키는 등 지역외부효과의 발생과, 셋째 지역개발에 따른 경제적 파급효과를 가져온다.

제2절 리조트의 종류와 구성요소

1. 리조트의 종류

리조트는 참가자의 행태, 이용형태, 입지조건, 주제, 문헌별 분류 기준에 따라서 다양하게 나누어 볼 수 있다.

(1) 참가자의 행태

참가자의 행태에 따라서 수동형과 능동형 두 가지로 나눌 수 있다.

① 능동형의 리조트

최근 들어 젊은 계층을 중심으로 급속히 확대되는 패턴으로서 개인이나 그룹이 일정한 목적을 갖고 리조트를 방문하는 것을 말한다. 그 목적은 골프나 테니스 혹은 스키와 같은 활동을 하는 것이 행동의 중심축에 있고 그것을 중심으로 리조트의 주변 여건을 이용하여 목적을 달성하려고 하는 것이다. 그런데 여기에서의 행동 패턴은 하나일 필요는 없고 둘 혹은 그 이상이 자연스럽게 섞여 있는 경우를 종종 볼 수 있다. 즉 테니스를 즐기며 안락한 휴식을 만끽하고 골프나 스키 등의 스포츠 활동을 겸해서 보양을 하는 행동 패턴을 보이게 되는 것이다.

② 수동형의 리조트

종래의 리조트가 대부분 이에 해당하는 것으로 참가하는 대부분의 사람들은 이미 충분히 준비된 시설, 코스, 메뉴에 따라 일정을 보내게 된다. 행동의 양태는 가이드가 안내하는 대로 풍경의 조망이나, 이름난 곳을 둘러보거나, 정해진 장소와 시간 안에 쇼핑을 하는 등의 계획되어진 행동을 하게 된다. 이러한 행태는 기존의 관광지를 찾는 일반적인 모습으로서 이러한 경우 일인당 단가를 싸게 하기 위해 패키지 형태의 단체여행에 주력을 하게 된다. 또한 여행의 동기도 자신이 속한 회사나 단체의 집단적인 여행이 주를 이루며 가족과 함께 할 수 있는 여행기간도 대부분 제한되어 있어서 자기중심의 여행을 계획하거나 실행하는 일이 극히 드문 경우이다.

(2) 이용형태에 의한 분류

① 주말형 리조트

대도시 주변에 주로 많이 위치해 있는 당일형 또는 일박형으로 이용되는 리조트이다. 스포츠레저나 오락적인 요소가 부여되어야 하는 이러한 리조트는 도시권에 거주하는 사람들의 여가활동의 장소로서 그 수요의 증대가 예상된다.

② 장기 체재형 리조트

중심이 되는 숙박시설의 종류에 따라 호텔 중심형, 별장 중심형, 콘도미니엄 중심형으로 나눌 수 있다. 반정주형으로 이용되기에 생활공간으로서의 기능의 충실이 요구되며, 각종 스포츠시설을 병설하여 체재일수의 증가로 인한 수익창출에 힘써야 한다.

③ 정주형 리조트(실버타운)

장기에 걸친 정주형의 체재가 행해지는 리조트로, 생활기능의 역할이 아주 중요하다.

(3) 입지조건에 의한 분류

① 산악 고원형 리조트

산지, 산악 등의 경관과 넓은 고원, 풍부한 산림자원을 활용한 형태의 리조트로 풍부한 자연환경을 살려 하이킹 코스, 환경적응코스, 캠프장, 삼림욕 등 자연 그 자체를 체험하고 자연과의 교류를 즐기고 심신의 건강을 회복할 수 있는 시설 등의 배치가 바람직하다. 우리나라의 강원도 용평, 무주, 설악산 국립공원 인근지역 등이 이에 속한다고 하겠다.

② 해양형 리조트

대도시 거주자의 수용에 대응한 스포츠기지로서 이 리조트의 특징은 3S(sand, sea, sun)를 주제로 해수욕장, 요트 수상스키, 윈드서핑 등을 중심으로 호텔, 레스토랑 등이 해안가에 배치되는 것이 많다. 주로 젊은 층의 마린 레저에 표적을 맞춘 것이 많으나 요즘은 온난한 기후조건을 살려서 고령층 혹은 가족단위를 위한 보양과 간호를 겸한 형태의 리조트 계획도 보이고 있다.

③ 도시 근교형 리조트

대도시권 주변부에 입지하며 각종 레저, 레크리에이션 시설을 중심으로 등급이 높은 시설이 배치되는 경우가 많다. 이러한 리조트의 특징은 교통시간이 짧고, 유원지, 테마파크, Health care 등으로 주말 체재형으로 충분히 즐길 수 있도록 되어 있다.

(4) 주제에 의한 리조트

① 스포츠형 리조트

크게 3가지로 나눌 수 있는데 첫째, 마린 스포츠형으로 해안, 요트, 선착장, 마리나, 낚시터, 윈드서핑기지, 다이빙 교실, 마린 스포츠 시설을 중심으로 호텔 등의 숙박체재기능과 상업기능을 갖추고 있으며, 둘째 스키 스포츠형으로 산악과 고원의 지형과 적설조건에 따라 다양한 형태가 존재. 호텔 등의 숙박, 체재기능을 중심으로 레스토랑, 쇼핑 등이 있으며 마지막으로 야외 스포츠형으로 테니스, 골프 등의 스포츠 리조트 등이 있다.

② 컨트리 리조트

전원·목장형의 리조트로써 원류는 영국 귀족이 가지고 있는 대저택과 농장이며, 서민적 형태로써는 독일의 구라인가루덴이 있다.

③ 어드벤처 리조트

대자연속에서 원시적 체험생활을 하는 리조트로서 수렵, 계곡, 낚시, 등산, 골프 등의 단 기능으로서 특수층에서 보이는 경향이 있다.

④ 수공예품 취미형

미술품 제작·지역의 전통공예품 체험을 위한 수공예품센터 등 예술 활동과 취미를 살린 여가활동이 행해지는 리조트이다. 예술가, 작가가 집단적으로 생활하는 예술가 촌 등의 예를 들 수 있다.

⑤ 오락 · 연예형

고도의 오락적 요소에 의해서 이용객의 유치를 꾀하고 매력을 형성해 리조트를 형성해 나가는 형태로서 미국의 디즈니랜드, 프랑스의 유로 디즈니랜드 및 도박을 오락으로 한 라스베가스, 일본 나가사키의 오란다 촌, 동경의 디즈니랜드 등을 들 수 있다.

⑥ 가족 레크리에이션 형

주로 가족 동반 등의 레크리에이션 수요에 대응한 레크리에이션 기지이다. 주택 등의 거주시설을 첨가하여 Lodge 등의 숙박시설을 갖추고 어린이가 즐길 수 있는 체험형 시설 등이 정비되어 있다.

(5) 문헌별 분류 기준

리조트의 종류는 각종 문헌별로 다양하나 리조트가 위치한 장소로서 구분되어지는 '입지상의 분류'와 리조트에서 이루어지는 활동과 이를 위한 시설종류나 목적에 따라 구분되어지는 '시설목적에 의한 분류로 나누어진다.

〈표 1〉 문헌별 분류기준 및 유형

저 자 / 문헌명	분류기준	유 형
Manuel Baud-Bovy & Fred Lawson / Tourism and Recreation Development	입지에 의한 분류	① 산지 리조트 (Mountain Resort) ② 해변 리조트 (Seaside Resort) ③ 전원 리조트 (Rural Areas) ④ 온천 리조트 (Spa&Health Resort)
Walter A. Rutes & Richard H. Penner /Hotel Planning and Design	활동형태와 시설목적에 의한 분류	① 스포츠리조트 (Sport Resort) ② 헬스스파 (Health Spa) ③ 휴양촌 (Vacation Village) ④ 마리나 리조트 (Marina Resort) ⑤ 스키 리조트 (Ski Resort) ⑥ 관광/유람 리조트 (Tourist/Sight-Seeing Resort) ⑦ 복합 리조트 콤플렉스 (Multi-Resort Complex)
Margaret Huffadine / Resort Design	목적에 의한 분류	① 골프 (Golf) ② 스키 (Ski) ③ 비치 (Beach) ④ 마리나 (Marina) ⑤ 온천 (Spa) ⑥ 카지노 (Casino) ⑦ 연수 (Educational) ⑧ 생태관광 (Ecotourism) ⑨ 테마 (Theme) ⑩ 컨퍼런스 (Conference)

① 온천리조트

현재 약 68개소의 온천 관광지가 전국 각지에 분포되어 있으며, 휴양지의 여건을 갖춘 온천리조트는 약 24개소에 이른다.

② 비치리조트

4계절 모두 이용 가능한 세계적인 리조트와는 다르게 숙박시설위주의 해수욕장 수준에서 벗어나지 못하고 있는 상황이다. 개념상 리조트에 버금가는 곳은 복합리조트에서 다룰 해운대지역과 제주도가 유일할 정도로 그 개발이 뒤지고 있다.

③ 골프리조트

골프 인구의 증가로 휴양을 겸한 리조트형태의 골프리조트가 요구되면서 다양한 시설을 추가함으로써 점점 증가하고 있는 추세이다.

회원제 골프장 수는 1980년대 후반 급격히 늘어나 운영 중인 골프장이 135개소에 달하고 있다. 이중 리조트의 개념, 즉 휴양의 목적에 필요한 시설을 갖춘 골프장은 14개소이며 이중 전용 골프리조트는 5개, 나머지 9개소는 복합리조트이다.

④ 스키리조트

국내 리조트의 유형 중 가장 개발이 활발하고 리조트문화를 이끌어 나가는 선구자적 역할을 하는 것이 바로 스키리조트라 할 수 있다. 현재 12개소의 스키장이 운영 중에 있고 그 중 전용스키리조트는 3개소이며, 나머지 9개소는 복합리조트이다.

⑤ 관광/유람 리조트

관광리조트의 70% 이상이 국립공원인 설악산이나 지리산 주변의 관광지를 배경으로 콘도미니엄이나 호텔들이 분산 개발되어 부족한 시설들을 상호 활용하며 그 지역의 상징적인 휴양시설로 자리 잡고 있다.

⑥ 테마파크

주제를 가진 공원이라 할 수 있는 이 리조트는 놀이시설이나 관람시설을 위주로 개발되었는데 당일형 관광으로서 리조트의 성격과는 다소 차이점이 있다.

⑦ 복합리조트

정부예산이 필요할 정도의 대규모 계획 및 개발이 요구되는 이러한 형태는 우리의 경우 경주보문단지나 제주중문단지가 해당되는데 이는 정책적으로 추진한 관광자원의 개발형태이다. 관광객들의 선호도가 기존 콘도미니엄의 숙박개념에서 다양한 즐길 거리가 있는 복합리조트시설로 전환되었기 때문에 둘 이상의 목적을 갖고 개발되는 복합리조트는 증가 추세에 있다.

<표 2> 전국 관광지 지정 현황

(2008. 4. 현재)

시·도	지정개소	관광지명
부 산	4	태종대, 황령산, 해운대, 용호씨사이드
인 천	2	서포리, 마니산
경 기	15(1)	대성, 용문산, 소요산, 평택호, 신륵사, 산장, 한탄강, 산정호수, 공릉, 수동, 장흥, 백운계곡, 임진각, 내리, **덕포진**
강 원	40	춘천호반, 고씨동굴, 무릉계곡, 망상해수욕장, 화암약수, 고석정, 송지호, 장호해수욕장, 팔봉산, 삼포·문암, 옥계, 맹방해수욕장, 구곡폭포, 속초해수욕장, 주문진해수욕장, 삼척해수욕장, 간현, 연곡해수욕장, 청평사, 초당, 화진포, 오색, 광덕계곡, 홍천온천, 후곡약수, 석현, 등명, 화천온천, 방동약수, 용대, 영월온천, 강릉온천, 어답산, 구문소, 직탕, 아우라지, 유현문화, 석교온천, 동해 추암, 영월 마차탄광촌
충 북	22(1)	천동, 다리안, 송호, 무극, 장계, 칠금, 충온온천, 능암온천, 교리, 온달, 돈산온천, 수옥정, 능강, 금월봉, 속리산레저, 계산, 괴강, 제천온천, KBS 제천촬영장, 만남의광장, 충주호체험, **구병산**
충 남	24	대천해수욕장, 구드래, 신정호, 삽교호, 태조산, 예당, 무창포, 덕산온천, 곰나루, 용연저수지, 죽도, 안면도, 아산온천, 마곡온천, 금강하구둑, 마곡사, 칠갑산도림온천, 천안종합휴양, 공주문화, 춘장대해수욕장, 간월도, 난지도, 왜목마을, 남당
전 북	25(3)	남원, 은파, 사선대, 방화동, 금마, 운일암·반일암, 석정온천, 금강호, 위도, 마이산회봉, **죽림온천,** 모악산, 내장산리조트, 김제온천, 상송온천, 지리산남원약수온천, 웅포, 모항, 왕궁보석테마, 용담송풍, 백제가요정읍사, 미륵사지, 오수의견, **환황해권 국제해양, 변산해수욕장**
전 남	26(4)	나주호, 담양호, 장성호, 영산호, 화순온천, 우수영, 땅끝, 성기동, 회동, 녹진, 지리산온천, 도곡온천, 도림사, 대광해수욕장, 율포해수욕장, 대구도요지, 불갑사, **사포,** 한국차소리문화공원, 마한문화공원, 회산연꽃방죽, 홍길동테마파크, 아리랑마을, **정남진 우산도-장재도, 신지명사십리, 해신장보고**
경 북	30(3)	백암온천, 성류굴, 경산온천, 오전약수, 가산산성, 경천대, 문장대온천, 울릉도, 장사해수욕장, 고래불, 청도온천, 치산, 경주양남, 도산온천, 용암온천, 탑산온천, 문경온천, 순흥, 호미곶, 풍기온천, 예천온천, **용유계곡,** 선바위, **상리,** 하회, 다덕약수, 다산, 포리, **풍기 창락,** 청송 주왕산
경 남	22(3)	부곡온천, 도남, 당항포, 표충사, 미숭산, 마금산온천, 수승대, 오목내, 합천호, 합천보조댐, 중산, 금서, 가조, 농월정, 송정, 벽계, **곡안온천,** 장목, 실안, 산청전통한방휴양, **옥수온천, 사등**
제 주	19(1)	돈내코, 용머리, 만장굴, 김녕해수욕장, 함덕해안, 협재해안, 제주남원, 봉개휴양림, **송악산**, 토산, 묘산봉, 미천굴, 오라, 수망, 표선, 세화송당온천, 금악,제주돌문화공원, 곽지
합 계	229(16)	※ 진한글씨는 조성계획 미수립관광지

2. 리조트의 구성요소

(1) 숙박시설

리조트에 있어 숙박시설은 레크리에이션 시설과 더불어 가장 중요한 목적시설이 된다. 이용자는 다른 시설에서 얻은 감동보다도 숙박시설에서 얻은 기억이 더욱더 깊이 남을 수 있기 때문이다. 또한 과거의 단순한 잠을 자는 방의 개념에서 시간을 즐기는 또 하나의 장소로 전환하고 있다. 숙박시설의 기능에 충실해야 하겠지만 간과하지 말아야 할 것은 건물의 형태나 외부경관, 실내장식과 같은 미적인 면이다.

호텔, 콘도미니엄 혹은 여관과 같은 형식의 대형 숙박시설은 이용 상의 변동이 별로 크지 않을 때와 부담 능력이 많은 이용자를 대상으로 한다. 코티지, 캠프장 등은 계절 변동에 영향을 많이 받는다. 민박도 이와 같으나, 기존 부락의 체재 객에 대한 수용능력(스페이스, 인적능력)의 유무에 좌우된다.

(2) 레크리에이션 시설

스키장, 해수욕장, 골프장 또는 계곡 미와 전망을 살린 대형 조경시설, 연못 등 자연형의 특색적인 시설이 그 리조트를 성격 짓는 요소가 된다. 그 외의 시설에 관하여서는 특별한 뜻이 없는 한 시설 상황의 보완과 이용효과에 대한 다양성의 관점에서 도입시설을 총괄, 취합하여 일반적인 것, 경영 관리상 쉽고 어려움에 관한 것, 비용의 많고 적음, 현 지형에의 적합성 등을 검토하여 선택되어진다.

(3) 서비스시설

개발규모가 작을 때에는 정보서비스나 물가에 관해서 이런 일을 주로 하는 숙박시설에 위임하는 수도 있다. 그 외에는 전체의 규모형태에 따라 성립이 촉진되며, 이미지 상승과 특유의 리조트 타운을 창출하기 위하여 도입된다.

(4) 기반시설

입지조건이나 개발규모의 크고 작음에 관계없이 필요한 시설이다.

<표 3> 리조트 구성요소별 도입시설 종류

구 분	내 용
숙박시설	호텔, 콘도미니엄, 여관, 캠프장, 코티지, 민박 등
레크리에이션 시설	산책로(산책, 자연탐방, 자전거타가), 휴식시설(휴식, 유아. 어린이의 놀이터), 피크닉장, 실내외수영장, 코트(테니스 등 각종 운동), 미니골프장, 조각원, 식물원, 연못, 승마장(코스), 스케이트장, 눈썰매장, 스키장, 해수욕장, 보트장 등
서비스 시설	안내소, 매점, 쇼핑센터, 바 집회장(회의, 음악, 영화, 강연), 탁아소, 진료소 등
기반시설	공공주차장, 도로(차. 도보), 버스터미널, 중심광장, 오수처리 시설 등

〈출처 : 채용식, 리조트 경영학, 현학사, p.62〉

제3절 리조트와 관광지의 분류 및 차별적 특성

1. 리조트와 관광지의 차별적 특성

리조트는 여가시간에 가질 수 있는 대부분의 형태의 기능을 종합화한 성질을 가지게 되는데 숙박, 체육 교양, 문화, 오락 등의 기능을 한 곳에 수용하여 즐길 수가 있다. 또한 그 시설 내에 모든 것이 편리하게 갖추어져 있어 체류기간 동안 그곳을 떠날 필요가 없도록 모든 제반시설이 골고루 갖추고 있다. 리조트 대상지는 대체로 해안, 온천, 자연경관이 수려한 지역이 적지이다. 1차 대전 후 유럽 각국의 Resort 생활은 서민층에도 침투하여 기존 고급 시설을 상대적으로 가치 하락, 펜션(Pension)을 중심으로 한 저가 숙박시설의 급격한 보급을 보게 되었다. Leisure 인구의 급증은 관광지의 과다 이용으로 관광 Service 질의 저하를 도래하고 지가 상승으로 인한 배후지 감소, 기존 관광지의 수용력 한계점 도달, 도시의 Sprawl 현상을 낳게 되어 새로운 차원에서 관광지 개발을 강구하지 않으면 안 되게 되었다.

우리나라에서 리조트는 관광 진흥법 시행령 제2조에 따라 구분되고 있는 전문휴양시설, 종합휴양시설을 말한다. 리조트는 관광 진흥법 제3조 제3항에 관광사업의 한 종류로 분류시켜 관광객 이용 시설 업이라 규정하고 정의로 첫째, 관광객의 휴양이나 여가 선용을 위하여 숙박 또는 음식시설을 갖추고 관광객에게 이용하는 시설과 둘째, 관광객의 휴양이나 여가선용을 위하여 전문 휴양업 시설 또는 종합 유원시설업 시설 중 2종류 이상의 시설을 갖추고 이를 관광객에게 이용하게끔 운영되는 시설 셋째, 관광객의 휴양이나 여가선용을 위하여 전문 휴양업시설 또는 종합 유원시설업 시설 중 2종류 이상의 시설과 관광숙박업 시설을 함께 갖추어 이를 관광객에게 이용하게 하는 시설을 말한다. 관광 진흥법상의 리조트 유형으로는 크게 전문 휴양업, 종합 휴양업으로 구분할 수 있는데, 전문 휴양업으로는 민속촌, 해수욕장, 수렵장, 동물원, 식물원, 수족관, 온천장, 동굴자원, 수영장, 농·어촌휴양시설, 활공장, 등록체육시설업 시설, 박물관, 미술관 등이 있으며 종합 휴양업으로는 제1종 종합휴양업과 제2종 종합 휴양업으로 구분한다.

장기적인 종합계획을 가지고 체계적인 개발이 이루어진다. 대부분의 리조트는 소규모가 아닌 80hr 이상 대규모로 개발이 이루어져 개발계획은 대개가 하나의 개발주체에 의해 개발하게 되며 보통 숙박시설의 경우 500실 이상을 확충하는 것이 일반적이다.

리조트의 입지로는 대도시가 주시장이 되는 거리 안에 위치하는 것이 일반적이며 주로 야외 레저 활동을 하게 되므로 리조트 성격에 맞는 적합한 기후를 가져야 한다. 리조트는 관광객이 자신의 특정 관광욕구를 충족하기 위하여 이용하는 곳을 말한다. 즉 리조트는 '휴가 또는 그 외의 다양한 목적으로서 즐거움을 가지고 이를 이용하는 개인, 가족, 그룹 등을 위한 시설, 서비스 그리고 다양한 레크리에이션 활동이 준비되어진 지역' 이라 정의할 수 있다.

<표 4> 관광진흥법상의 리조트 분류 및 등록기준

구분		등록기준
전문휴양업	민속촌	- 한국고유건축물이 20동 이상으로 각 건물에는 전래되어온 생활도구가 비치되어 있거나 한국 또는 외국의 고유문화를 소개할 수 있는 50점 이상의 축소된 건축물 모형이 적당한 장소에 배치되어 있을 것
	동물원	- 박물관 및 미술관진흥법시행령 제5조의 규정에 의한 시설을 갖추고 있을 것 - 사파리공원이 있을 것
	해수욕장	- 수영을 하기에 적합한 조건을 갖춘 해변이 있을 것 - 수용인원에 상응한 간이목욕시설, 탈의장 등이 있을 것 - 인명구조용 구명정· 망루대 및 응급처리설비 등이 있을 것 - 담수욕장시설을 갖추고 있을 것 - 인명구조원을 배치하고 있을 것
	수렵장	- 조수보호 및 수렵에 관한 법률의 규정에 의한 시설을 갖추고 있을 것
	식물원	- 온실면적은 2,000제곱미터 이상일 것 - 식물종류는 1,000여종 이상일 것
	수족관	- 박물관 및 미술관진흥법시행령 제5조의 규정에 의한 시설 갖추고 있을 것 - 건축연면적은 2,000제곱미터 이상일 것 - 어종 수는 100종 이상일 것 - 객석 100석이상의 해양 동물 쇼 장이 있을 것
	온천장	- 온천수를 이용한 대중목욕시설이 있을 것 - 실내수영장이 있을 것 - 정구장, 탁구장, 볼링장, 활터, 미니골프장, 배드민턴장, 롤러스케이트장, 보트장 등의 레크리에이션시설 중 2종 이상의 시설을 갖추거나 제2조 제5호의 규정에 의한 유원시설업 시설이 있을 것
	동굴자원	- 관광객의 관람에 이용될 수 있는 천연동굴이 있고 관람에 용이한 시설이 있을 것
	수영장	- 신고체육시설업 중 수영장시설 등을 갖추고 있을 것
	농·어촌 휴양시설	- 농어촌정비법의 규정에 의한 관광농원 또는 농어촌휴양단지의 시설을 갖추고 있을 것 - 관광객의 관람이나 휴식에 이용될 수 있는 특용작물·나무 등을 재배하거나 어류·희귀동물 등을 기르고 있을 것 - 지배지 또는 양육장 면적은 10,000제곱미터 이상일 것

	활공장	- 활공을 할 수 있는 장소가 있을 것 - 인명구조원을 배치하고 응급처리를 할 수 있는 설비를 갖추고 있을 것 - 행글라이더, 패러글라이더 또는 열기구 기타 초경량비행기 등 2종 이상의 관광비행사업용 활공 장비를 갖추고 있을 것
	등록체육 시설업 시설	- 스키장, 요트장, 골프장 등 9종의 등록 체육시설업에 해당되는 체육시설을 갖추고 있을 것
	산림 휴양시설	- 산림법의 규정에 의한 자연휴양림 또는 수목원의 시설을 갖추고 있을 것
	박물관	- 박물관 및 미술관진흥법시행령 제5조의 규정에 의한 시설을 갖추고 있을 것
	미술관	- 박물관 및 미술관진흥법시행령 제5조의 규정에 의한 시설을 갖추고 있을 것
종합휴양업	제1종 종합휴양업	- 전문 휴양업시설 또는 종합 유원시설업 시설 중 2종류 이상을 갖추고 있을 것
	제2종 종합휴양업	- 면적: 단일부지로서 500,000제곱미터 이상일 것 - 시설: 숙박시설은 법 제3조항 2호의 규정에 의한 관광숙박업일 것 - 전문 휴양업시설 또는 종합 유원시설업 시설 중 2종류 이상을 갖추고 있을 것

〈출처 : 채용식, 리조트 경영학, 현학사, p.64〉

2. 리조트 관광지의 분류

(1) 이용형태에 의한 분류

1) 주말형

당일형 또는 1박형으로 이용되는 리조트로 대도시 주변에 주로 많이 입지를 한다. 이 리조트는 손쉽게 이용 가능한 것이 특징이며 스포츠 레저나 오락적인 요소가 부여되는 것이 필요하다. 향후 주휴 2일제의 완정정착에 수반한 대도시권에 거주하는 사람들의 여가활동의 장소로서 점점 그 수요의 증대가 예상된다. 이것은 장기 체제형 리조트와 더불어 한층 정비부문에 대한 점검을 요구하게 된다.

2) 장기 체재형

① 별장중심형 : 별장을 중심으로 한 리조트는 체재기일은 길고 반복 이용되는 것이다. 이제까지 우리나라 여가활동은 스키와 골프, 낚시라고 하는 단일목적의 레저 활동을 위한 체재이었던 것에 대하여 점차 체재 그 자체를 목적으로 한 것으로 변화되어 가고 있다. 이후 장기체재형의 리조트로의 요구도 점차로 높아져 갈 것으로 예상된다. 체재로부터 반정주형으로 이용되기 때문에 생활공간으로서의 기능의 충실도가 요망된다. 따라서 별장, 콘도미니엄 등의 거주 시설 군에는 각종 커뮤니티 시설과 편의시설, 일상적인 판매시설 등의 설치가 필요하다. 최근에는 호텔과 별장의 중간적 형태로서 콘도미니엄이 보급되기 시작하고 있다. 이것은 분양 맨션 방식을 취하면서 소유자가 사용하지 않는 기간을 호텔로서 일반 이용자에게 숙박을 제공함으로 인해서 분양가격을 낮게 설정하고 있는 것이다. 이 시스템은 리조트 개발 사업 측에 있어 개발 당초의 투자 위험을 어느 정도 분산하는 것으로 되고 경비절감에 연계되는 것이다.

② 호텔중심형 : 호텔 등 숙박시설, 별장 등의 제2의 집을 중심으로 체재하는 리조트로 주로 리조트 생활이 호텔 내에서 끝나는 호텔 중심형은 요금에 알맞은 시설 내용 등급 등 선택에의 폭넓은 장점이 있으나 이용료가 높고 장기체류는 계절 폭이 크기 때문에 우리나라의 리조트는 연 가동률이 낮고 연간 가동률을 평준화하지 않으면 채산이 맞지 않아 호텔 이용자에게 각종 특전을 주고 회원 제도를 취하고 연간이용의 평준화를 추진하는 예도 있다. 따라서 호텔중심의 리조트에 있어서 체재기일의 장기화를 꾀하여 소비액을 확대하는 것이 필요로 한다. 때문에 상주자를 확보 하든지 각종 스포츠 레크리에이션 시설을 병설하는 등의 수단을 강구하는 것이다.

3) 정주형

장기간에 걸쳐 정주형의 체재가 행해지는 리조트이며, 정주를 전제로 한 리조트 공간으로서 생활기능이 최고의 수준으로 제공되는 것이 가장 큰 특징이며 구체적인 내용을 살펴보면 다음과 같다.

① 비즈니스 리조트 : 리조트의 놀이기능, 주거기능에 직업기능이 첨가된 형태의 리조트로서 연구개발시설과 그에 관련된 첨단산업 등의 직장이 리조트에 도입되어 자기 완결형 도시가 형성된다. 이와 같은 리조트의 성립에는 당초부터 지역 형성을 위한 전략을 근거로 단계적으로 계획적인 마스터플랜을 수립하는 것이 필요하다.

② 은퇴한 고객 대상의 리조트 : 본 리조트의 대표적인 유형으로서는 직장생활을 마친 고령자를 대상으로 한 리조트가 있다. 제일선의 직장을 떠난 고령자가 보람을 갖고 생활하는 장의 주 기능으로서 공간적 여유를 갖고 높은 수준의 생활기능, 보람 있는 직장, 생애학습의 장과 건강유지 증진을 위한 훈련의 장이 필요하다. 또한 각종 병원, 진료소 등의 의료기관이 필요로 함과 동시에 보건, 진료, 간호 받을 수 있는 주택 등도 갖추어져야 하는 것이 바람직하다.

③ 통근 이용을 전제로 한 리조트 : 가족의 건강유지와 주말을 보내기 위해 쾌적한 환경의 리조트로 이주하여 도시에 있는 직장으로 통근하는 생활 행동양식이 증가하고 있다. 이와 같은 리조트는 도시와 연결하는 고속 교통기관의 존재가 필수조건으로 합쳐서 양호한 환경 하에서의 생활공간이 필요하게 된다. 또한 각종 정보 기자재의 확충이나 정비를 통해 자기 집에서 리조트 근무가 가능해지면 이러한 유형의 리조트가 바람직하게 된다.

(2) 조직에 의한 분류

1) 개방시스템

체재의 거점과 복수의 배치 형태군을 갖고 주변지역과의 녹지이용을 전제로 한 리조트이며, 폐쇄형 리조트는 오히려 특이한 경우이며 일반적으로는 개방형 같은 리조트가 많다고 하겠다. 리조트 생활은 그 곳에서 생활 행위 전반이 대상이 되나, 개개의 활동은 다양하기 때문에 특종의 레크리에이션 종목과 획일적

서비스로서는 만족할 수 없다. 특히 리조트 활동의 주체가 체재로부터 반정주형으로 이행함에 따라서 활동공간은 폭넓게 다방면으로 전개되어 진다. 프랑스의 랑그독 루시용에 있어서는 리조트 내에 여행 대리점이 있고 그 체재 기간의 리조트 활동에 컨설팅을 행하고 있다. 이와 같은 체재의 거점에 있어서 다양한 선택성을 제공할 수 있는 정보 거점이 있고 여러 가지 레크리에이션 활동 가능한 배치 형태군이 존재하는 것이 필요하다.

2) 폐쇄시스템

폐쇄시스템의 가장 특징적인 예로서 지중해 클럽을 들 수 있다. 이것은 리조트 기점 내에서 모든 리조트의 활동이 가능하도록 계획되어져 있고 리조트생활의 모든 면에서 이용자가 즐길 수 있도록 되어 있는 프로그램개발과 시스템이 구축되어 있다. 공간적인 측면에서는 원칙적으로 폐쇄된 세계를 형성하고 있고 리조트 내에서는 G.O(신사 조직자)라 하는 레크리에이션 지도자적인 역할을 하는 단체 간부에 의해 세부적인 이용을 위한 프로그램이 전개되고 있다.

(3) 주제에 의한 분류

1) 스포츠형의 리조트

① 야외 스포츠형 : 특징적인 형으로는 테니스, 골프 등의 스포츠 리조트를 들 수 있다. 테니스 코트를 중심으로 한 리조트 관광지는 곳곳에서 볼 수 있으며 이것들은 일반학생의 스포츠 합숙을 목적으로 한 민박, 펜션 부대시설로서 성립되어 온 것이다. 또한 대규모로 정비되어지는 것은 없으나 외국의 리조트에 있어서는 체육 클럽의 부대시설인 라켓 클럽으로서 반드시 여러 곳에 코트를 갖고 있는 예가 많다. 골프는 모든 연령층, 남녀의 구별 없이 이용되는 스포츠이며, 체재형의 리조트지역에 있어 골프 코스는 대규모인 자연지대의 개량을 수반하기 때문에 자연환경과의 조화에 유의하여 개발이 행해지지 않으면 안 되지만 적절히 개발되면 환경 이미지를 높이는 효과가 기대된다.

② 스키 스포츠형 : 산악과 고원의 지형과 적설 조건에 따라 각종 유형의 스키

리조트가 있다. 호텔 등의 숙박, 체재기능을 중심으로 레스토랑, 쇼핑 등의 시설이 배치되지만 젊은 세대의 이용자가 after-sky를 즐길 수 있는 장소와 거주기능이 높은 숙박시설을 중심으로 한 젊은 층에 표적을 맞춘 개발이 많았으나 이제부터는 중고령층에도 즐길 수 있는 시설장비도 필요하게 된다.

③ 마린 스포츠형 : 해안, 요트 선착장, 마리나, 낚시터, 윈드서핑기지, 다이빙 교실, 마린 스포츠 시설을 중심으로 호텔 등의 숙박 체재기능과 레스토랑, 쇼핑 등의 상업기능을 배치한 리조트이다. 우리나라에서는 이제까지 여름철 이용에 한정된 경향이 있으나 요즘 해수욕 등의 비치 활동에서 각종의 마린 스포츠와 Cruising 등 마린 레저 활동의 종목이 확대되고 또한 그 이용자도 일반화되어지기 때문에 연간을 통한 이용이 행해지고 있다.

2) 오락 연예형

매력적이고 고도의 오락적 요소에 의해서 이용객의 유치를 꾀하고 리조트를 형성해 나가는 형이다. 미국의 디즈니랜드는 어린이들의 꿈을 키우고 항상 신선한 행사, 유흥과 오락을 연출함으로써 이용자를 모이게 하고 레저, 보양시설에 부수된 각종 숙박, 반정주·정주시설을 만들어 내고 있다. 또한 미국 라스베이거스와 같은 도박을 오락으로 하여 이용객의 유인을 도모하는 호텔 내 도박을 중심으로 한 오락시설 등의 예를 들 수 있다. 일본에서도 나가사키 화란 촌과 동경 디즈니랜드 등의 사례가 있다. 단지 오락 유흥 기능뿐만 아니라 점차로 숙박 체재 기능을 부가하여 복합적인 리조트로서 정비되어 가고 있다.

3) 가족 레크리에이션 형

주로 가족 등의 레크리에이션 이용에 대응한 리조트이다. 도시에서 자연으로부터 격리되어 자란 어린이들에 있어서는 자연 속에서의 체험학습은 빼놓을 수 없는 것이다. 또한 이후 가족 내의 교류와 취미 등 가치관이 같은 친구와 교류하는 기회가 늘어나리라 예상된다. 가족 단위의 저렴한 리조트 생활의 장이 요구되고 있다. 호텔, 스포츠, Lodge, Pension 등의 숙박체재시설에 가미하여 어른, 어린이와 더불어 즐길 수 있는 체험적인 레크리에이션 시설, 학습시설, 실내 스포츠 시설 또는 심신 단련장 등이 정비되어야 할 것이다.

4) 수공예품 취미형

예술 활동을 위한 아틀리에 지역의 전통공예체험을 수공예품 센터 등 취미를 살린 여가활동이 행해지는 리조트이다. 이제부터는 은퇴한 사람들이 보람 있게 자기의 취미를 살릴 수 있는 생활근거지를 구하여 도시 거주자가 개인이나 친구와 함께 이주하여 그 장소에 알맞은 공예품과 식품 등을 만드는 일에 종사하던가 농업과 임업 등의 취미로 하는 새로운 형의 이용에 대응하는 것이 필요하다. 따라서 문화와 교양교실, 세미나실, 취미를 위한 시설 등이 필요하다. 창작 활동을 중심으로 한 예술가, 작가가 집단으로 생활하는 예술가 촌 등의 예를 들 수 있다.

(4) 입지조건으로서의 분류

산악 고원형 리조트, 해양형 리조트, 대도시권 주말형 리조트로 구분 할 수 있다.

1) 산악 고원형 리조트

웅대한 산지, 산악 등의 경관과 넓고 넓은 고원, 풍부한 삼림자원을 활용한 유형의 리조트이다. 우리나라에 있어서는 피서지로서의 설악산, 청평, 무주구천동 등의 별장지 개발이 그 전형이다. 또한 동계 적설조건을 살린 용평, 무주 스키 리조트의 사례 등에서 많이 볼 수 있다. 풍부한 자연자원을 살려 하이킹 코스, 환경적응 코스, 캠프장, 삼림욕 등 자연 그 자체를 체험하고 자연과의 교류를 즐기고 심신의 건강을 회복할 수 있는 시설 등의 배치가 바람직하다. 한편 강원도 폐광지역을 변모시켜 갈 정선지역은 새로운 관광수요창출로 지역경제 활성화와 주민소득증대를 도모하기 위하여 레저·리조트단지를 건설하려는 개발 의지를 보이고 있다. 탄광지역 개발촉진지구개발계획에 의한 사업계획에 따라 정선지역의 강원 랜드를 대표적으로 들 수 있다. 정선지역을 레저·리조트개발 성공사례로서 정립시키기 위해서는 그동안 1990년대 중반부터 지금까지의 레저 생활의 특징을 살펴볼 필요성이 제기된다. 독일, 일본에서는 이와 같은 입지에 온천을 수반하는 것이 많고 온천자원을 살린 온천요양소와 의료기숙을 도입한 육체적, 정신적인 건강관리시설의 배치 등이 진행되기 때문에 경우에 따라서는 온천형 리조트로 분류할 수 있다. 산악 고원형 리조트는 스키인구의 증가, 해외 리조트와의 결합이 적음을 고려하여 골프장을 부대함으로서 하계이용의 증진을 꾀하고 연간 계속 이용토록 권장하는 것이 가능케 된다. 우리나라에서는 강원도 용평, 무주, 설악산 국립공원 인근지역을 들 수 있다.

2) 해양형 리조트

해수욕장, 마리나, 요트 선착장, 윈드서핑 시설, 낚시터 등의 시설을 중심으로 호텔 식당 등이 해안가에 배치되는 것이 많다. 주로 젊은 층의 마린 레저에 표적을 맞춘 것이 많으나 요즘은 온난한 기후 조건을 살려서 고령층 혹은 가족단위를 위한 보양과 간호를 겸한 형태의 리조트 계획도 보이고 있다. 해양 스포츠 등의 보급은 근래 놀랄 정도이고 하와이, 괌 등 해외의 리조트와의 결합이 상당하다. 우리나라에 있어서도 해양형 리조트를 관심을 갖고 현재 통영을 중심으로 지속적으로 보완 개발 중이다.

3) 대도시권 주말형 리조트

대도시권 주변부에 입지하는 주말 체재형 리조트이다. 이 유형은 등급이 높은 시설 중심의 것이 많고 마리나, 스케이트장, 골프장 등을 중심으로 한 각종 스포츠, 레크리에이션 활동시설과 연수시설 등을 중심으로 배치되는 경우가 많다. 여기에서 수년간 휴가일수와 가처분 소득의 급증이 반드시 없으리라 예상될 수는 없지만 이와 같은 근교의 리조트 지역의 필요성은 크다 하겠다.

제2장 리조트 산업의 종류

제1절 국내 리조트 산업

1. 국내 리조트 산업의 실태 및 매출규모

(1) 리조트 산업의 실태

1975년 관광기본법이 제정되면서 전국 일원에 대한 관 주도의 관광지, 관광단지 지정과 개발은 1980년대 이르러 자금동원력이 우수한 민간사업자의 레저단지 건설로 사업 참여의 폭이 넓어지기 시작하면서 리조트 레저 시설물의 고급화와 전문화가 이루어지기 시작하였다. 특히 1988 서울올림픽 성공은 국내 관광·리조트·레저 발전에 커다란 변화를 가져다 준 계기가 되었으며 1997년 국민의 정부출범과 문화관광산업의 육성과제를 국정의 5대 지표로 설정하는 등 관광관련정책의 우선순위가 정부당국에 의해 업그레이드되는 등 기회요인도 상당수 찾아볼 수 있다.

한편 리조트 문화의 정착에 기회를 부여한 관광숙박업도 1979년 경주 보문관광단지의 휴양콘도미니엄을 시초로 개발이 진행되어 오다가 1980년대 명성 휴양콘도미니엄 부도 사건으로 인한 사회적 물의와 각종 규제사항이 국내 리조트

문화 발전에 매우 부정적인 영향을 미치게 되었다. 이후 한동안 휴양콘도미니엄의 법적 규제 조치에 따른 유사 콘도미니엄이 난립하여 선량한 국민 관광 레저 수요에 신뢰성을 저하시키는 등 많은 오점을 남기기도 하였다.

<표 5> 1980년대 여가시장의 특징

1980년대 여가시장의 특징
① 참가하는 여가활동의 증대,
② 고급화·고가화,
③ 다양화
④ 옥외화
⑤ 핵가족화

구체적인 레저 활동은 스포츠 관련 여행이었으며 이외에도 Auto race, 경마, 경륜이라는 도박, 시장, 출판물, 전파관련, 예술, 연예 등을 검토해 볼 수 있다. 이러한 상황 속에서 1989년도 말 휴양콘도미니엄의 법적 규제 조치가 해제됨에 따라 정상적인 콘도 업체들의 고객 유치는 치열한 각축전 양상으로 변모하였다. 그러나 대형 레저업체들이 등장함에 따라 경쟁력을 잃은 중소기업체들의 부모, 도산 위기가 잇따르면서 명실상부한 콘도미니엄 업체를 탄생시키기 위한 여과 역할을 하게 된 결과, 1990년대 접어들어 관광·리조트·레저업체의 가장 큰 변화는 단순한 숙박개념이 아닌 새로운 리조트의 탄생을 가져오게 되었다.

즉 다양한 레저 스포츠시설을 겸한 용평리조트, 보광 휘닉스파크, 현대성우리조트, 무주리조트 업체와 같이 복합기능의 리조트 타운이 형성되어 국민의 여가문화를 한 차원 앞당기는 계기가 되었다. 특히 현재 우리나라 리조트 타운의 개발컨셉은 주로 골프장, 스키장, 온천, 테마파크, 카지노 개발 등이 붐을 주도하면서 레저수요시장에서 신규 수요를 창출해 가기 때문에 열악한 국내 리조트·레저산업의 시장 환경을 극복하고 상품성을 높이기 위한 수단도 될 수 있으며 관광자원과 관광흡인력이 높은 관광매력물이 부족한 우리나라의 관광·리조트·레저 환경을 감안해 볼 때 향후에도 꾸준한 발전이 이루어져야 할 것으로 판단된다.

종합해서 보면 우리나라에서 리조트 문화가 생성되기 시작한 것은 1980년대 초 지속적인 경제성장과 더불어 리조트라는 용어의 출현과 초기사업화로 시작하였으며 1980년대 말부터 대규모의 관광숙박업, 콘도 등 종합적인 형태로 그

면모를 갖추기 시작했다. 우리나라의 1970년대를 리조트 문화의 태동기로 본다면 1980년대는 리조트 문화의 과도기이며 1990년대는 다양하고 복합적인 기능을 갖춘 Resort Town의 등장으로 성장기로 볼 수 있다. 2010년대 이후에는 세계적인 수준의 리조트로서 한국형 리조트로 자리 잡을 것이다.

(2) 상위 10개사 매출액 규모

우리나라에서는 약 40여개의 리조트 업체가 운영을 하고 있다. 2007년 현재 전체 리조트 산업은 약 1조원의 시장규모를 나타내고 있는데 이 중 한화리조트를 포함한 상위 10개사가 전체시장(Kis-Value 산업구분상 '리조트' 기준)의 약 90%를 차지하고 있는 과점 형태의 시장구조를 보여주고 있다. 상위 10개 리조트의 리조트 매출액(분양수입 + 운영수입) 기준으로 살펴보면, 2001년 3,666억원에서 연평균 17.0%씩 성장하여 2007년에는 9,399억 원의 매출액 규모를 나타내었다. 국내 리조트 산업은 환율하락에 따라 국내 수요가 해외관광 수요로 대체되었음에도 불구하고 주5일 레저문화 정착과 가족단위의 주말수요 증가 등으로 2007년까지 꾸준한 성장세가 가능했던 것으로 분석된다.

국내의 주요 리조트 업체는 한화리조트, 대명레저산업, 용평리조트, 보광, 한솔개발의 5개사이다. 이 중 한화리조트는 리조트 사업부문과 외식 사업부문을 함께 운영하고 있고 보광은 부동산개발 및 운영사업, 한솔개발은 건설업, 부동산임대업 등을 함께 영위하고 있다.

<그림 1> 상위 10위 리조트 시장규모

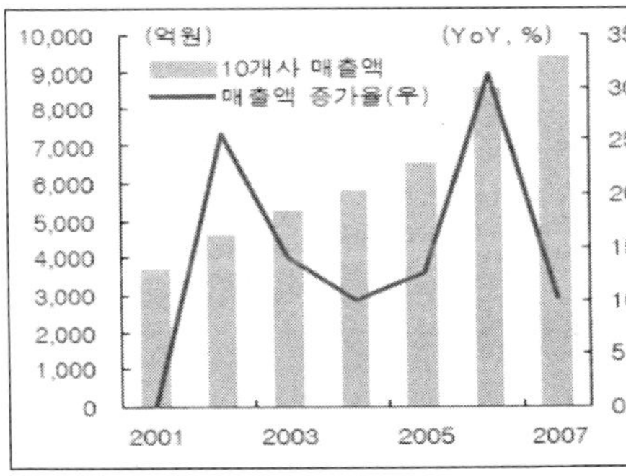

<그림 2> 상위 10위 시장점유율(2007)

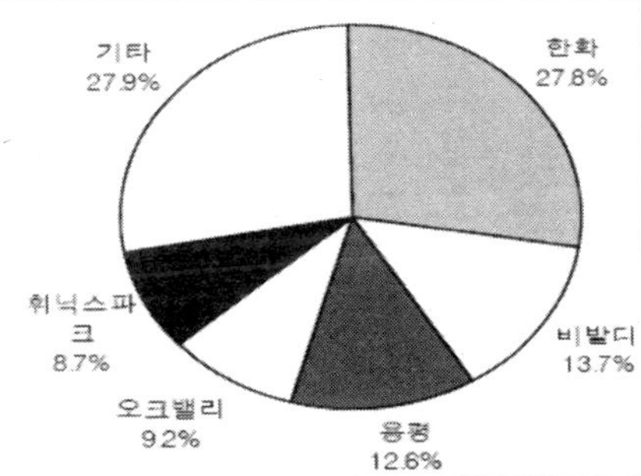

주 : 한화리조트 등 상위 10개 리조트 대상 출처 : 레저백서 2007, Kis-Value

순수 리조트 개발, 운영을 목적으로 하는 회사는 2005년 10월 대명홀딩스의 콘도미니엄 사업부문 일체를 물적 분할하여 설립된 대명레저산업과 용평리조트 2곳이다. 특히, 대명레저산업은 국내 최대의 단일 리조트인 비발디파크 외 설악리조트, 양평리조트, 쏠 비치 리조트 등 6개 리조트를 함께 운영하고 있는 대규모 리조트 개발회사이다.

한편, 한화리조트는 회사 전체 매출액의 60%가 리조트 사업으로 발생하고 있고 12개 리조트를 운영하고 있는 국내 최대의 리조트 회사이다. 2007년 매출액 기준으로 상위 10개사의 시장경쟁 현황을 살펴보면, 한화리조트가 27.8%의 시장점유율로 압도적인 1위를 나타내고 있으며 다음으로 대명 비발디파크 13.7%, 용평리조트 12.6%, 한솔 오크밸리 9.2%, 보광 휘닉스파크 8.7%인 것으로 나타났다.

한편, 업체별 매출액 성장률을 살펴보면, 한솔 오크밸리가 2007년 36.6%의 가장 높은 성장률을 나타내고 있고 대명 비발디 파크는 24.2%의 매출액 성장률을 보여주고 있다. 이는 2007년 상위 10개사의 평균 매출액증가율이 10.1%인 것을 감안하면 상당히 높은 성장세이며 오크밸리와 비발디파크의 시장점유율은 2003년 대비 각각 4.1%p(2007년 점유율 13.7%), 1.6%p(2007년 점유율 9.2%)의 점유율 확대가 있었다. 반면, 파인리조트와 휘닉스파크는 2002년 이후 지속적인 매출액 감소를 면치 못하고 있다. 두 회사 모두 2002년 20%이상의 높은 매출액 성장을 이루었지만 2007년에는 파인리조트가 2.6%, 휘닉스파크는 1.6%의 성장에 그쳤다. 점유율 또한 감소하여 2007년 두 회사의 시장점유율은 각각 3.9%, 8.7%에 불과하다.

<그림 3> 업체별 매출액증가율 추이(상위)

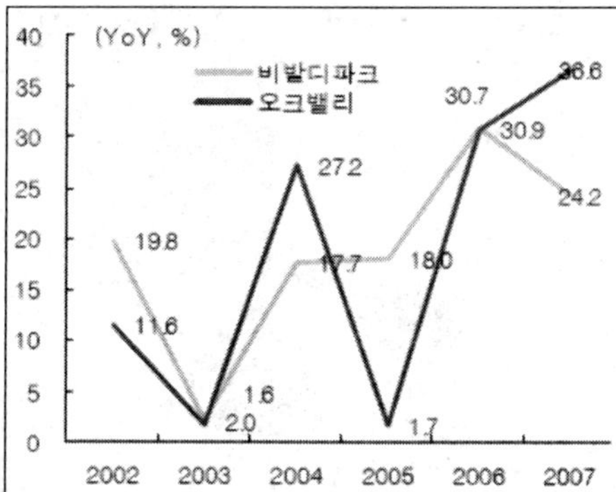

<그림 4> 업체별 매출액증가율 추이(하위)

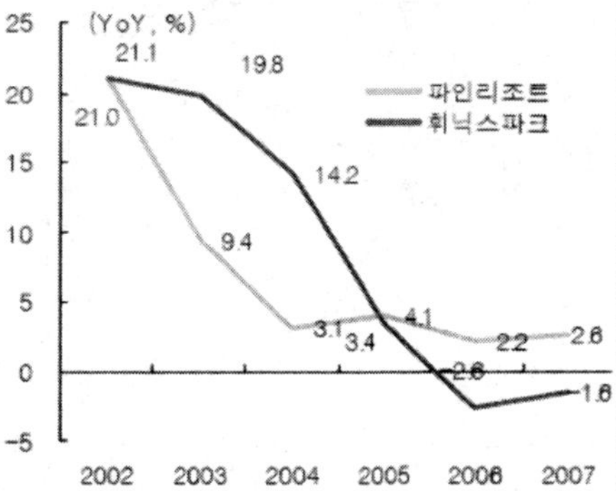

출처 : 레저백서 2007, Kis-Value

이처럼 업체별 성장성이 차별화되는 이유는 비교년도의 매출액 규모 수준차이와 함께 위치한 지역별 특성, 접근성, 서비스 특성 등에 따라 다르게 나타난 것으로 판단된다.

주요 리조트 업체의 사업부문별 매출액 비중을 살펴보면 스키부문의 비중이 가장 높고 다음으로 객실 21.0%, 부대시설 17.2%, 식음부분 17.1%, 골프부문 13.1%로 나타났다. 스키부문의 매출액은 2001년 30%에서 2003년에는 33.4%까지 상승했으나 2007년에는 31.7%로 비중 축소가 추정된다. 객실부문의 매출액 비중은 2001년 24.7%에서 2005년까지 22.0% 대를 유지하다가 2007년에는 21.0%로 하락할 것으로 추정되며 골프부문 역시 여름철 수해 등으로 2006년 13.0%대로 하락한 것이 2007년에도 13.1%의 수준이 추정된다. 전반적으로 사업부문별 매출액 비중 추이가 큰 변화를 나타내지 않은 가운데 객실 부문 매출액은 소폭 감소하였고 대신 스키, 골프의 레저 활동 사업부문과 이에 수반된 식음부문의 매출액 비중이 증가하였다. 이는 최근 리조트가 복합 레저 활동이 가능한 종합휴양지로 개발되고 있는 추세를 반영하는 것으로 해석할 수 있다.

<그림 5> 부문별 매출액 비중 변화

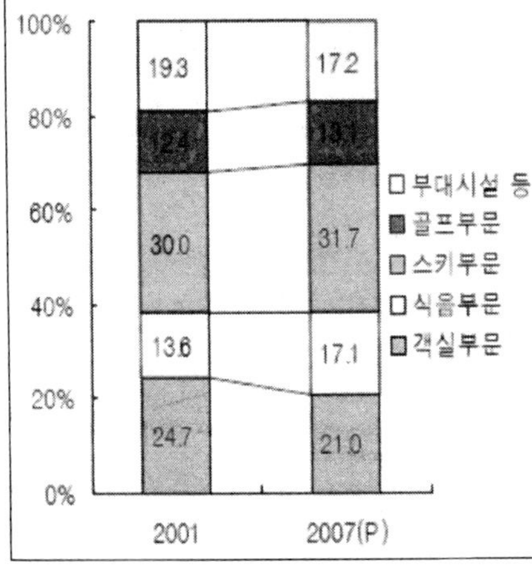

<표 6> 부문별 매출액 비중 추이

구분	객실	식음	스키	골프	부대시설	합계
2001	24.7	13.6	30.0	12.4	19.3	100.0
2002	23.1	13.8	32.4	12.2	18.5	100.0
2003	22.6	14.7	33.4	12.8	16.5	100.0
2004	22.6	15.5	32.7	13.8	15.4	100.0
2005	22.6	16.5	32.2	14.5	14.2	100.0
2006	21.4	16.5	32.1	13.0	17.0	100.0
2007(P)	21.0	17.1	31.7	13.1	17.2	100.0

주1 : 용평, 휘닉스파크, 현대성우, 대명, 한솔, 무주 등 6개사의 합

주2 : 2007년은 최근 3개년 평균 증가율을 적용

출처 : 레저백서 2007

한편, 골프부문의 매출 비중은 현대성우리조트 등의 골프장 개발로 당분간 꾸준히 증가할 것으로 전망되며 식음료 시설과 쇼핑시설 등이 포함된 부대시설 매출액 비중의 증가도 예상된다.

2. 국내 리조트 산업의 개발유형 및 관련업종별 현황

(1) 국내 리조트 산업의 개발유형

지금까지의 국내 리조트는 고원형이 주종을 이루었으나 앞으로는 우리나라가 3면이 바다인 지리적 여건으로 해양형 리조트 개발이 활기를 띨 것이다. 즉 휴가철 장소 선호도에서 바닷가가 단연 1위를 차지하고 있다는 점에서도 개발가능성이 있다. 국내 리조트 업계는 1980년대까지는 스키장을 중심으로 중소기업이 주도했으나 1990년대 들어 막대한 자금력과 인력을 갖고 있는 대기업들이 적극 참여하고 있다. 대표적인 대규모 리조트로는 현대성우리조트, 보광휘닉스파크, 대명비발디파크, 쌍용양회의 용평리조트, 금호개발의 충무 마리나 리조트 등을 들 수 있다.

2002년 하반기부터 점차적으로 실시하였으나 현재 시행하는 업체와 아직까지 하지 않는 업체가 있긴 하지만 주5일 근무제와 휴가분산도에 따라 자유시간이 더욱 늘어날 것이고, 국민소득 증가와 승용차 보급의 활대 및 가족단위의 레저생활 등으로 레저패턴의 단순 숙박 관광형에서 체류·휴양형으로 변화함에 따라 다양한 시설을 구비한 대형 리조트의 필요성이 대두되고 이러한 레저수요에 대한 확대성향이 대기업들의 활발한 참여현상으로 이어지고 있다. 국내의 종합휴양시설의 개발은 용평리조트, 양지리조트, 천마산스키장, 알프스스키장, 베어스타운, 수안보 오로라벨리 등의 스키산업, 골프산업, 수안보와이키키, 부곡하와이, 마산돌섬, 롯데월드 등의 물을 이용한 사업과 같은 위락형 리조트 사업으로 이루어져 왔다.

<표 7> 한국의 리조트 유형분류

유형		입지지역	주요활동	유형사례
수변형 (해안형)		해안지역	해양레저	해운대 글로리, 효산, 그레이스, 금호 충무마리나, 대천한화
수변형 (강/호수형)		강 및 호수지역	수상레저	대명양평, 양평 파라다이스, 청평 후랜드리, 두산, 충주호, 레릭스빌령랑호
임해형		산악 및 해안지역	등산 및 해양레저	한국, 설악한화, 설악하일라, 설악삼성, 대명설악, 현대설악, 사조마을, 일성설악
건강/온천 스포츠형		대도시 및 온천지역	온천	수안보한화, 하일라돈산, 클럽에이스능강, 글로리, 백암한화, 덕구온천, 일성부곡
위락형		대도시 근교	놀이 및 관광단지	양평한화, 경주한화, 하일라경주, 천안한화, 롯데월드, 에버랜드, 서울랜드
산악형	산악형	산악 및 고산지역	등산	용문산콘도렉스, 코레스코치악산, 지리산레저텔, 지리산하이츠, 지리산 포시즌
	스키형	산악 및 고산지역	스키	베어스타운, 대관령, 알프스
	골프형	산악 및 고산지역	골프	용인 한화, 골드훼미리
	스키/골프형	산악 및 고산지역	스키 및 골프	양지파인, 용평, 대명홍천, 휘닉스파크, 한솔오크벨리, 무주리조트, 현대성우 등

〈출처 : 이재곤, 리조트 관광지의 선택행동에 관한 연구, 경기대 박사학위 논문, 1998. p.28〉

(2) 지역별 경쟁현황

지역별 리조트 현황을 살펴보면 강원도와 제주도 지역이 전체 리조트 공급의 과반을 넘고 있어 압도적으로 많다. 강원도에는 두산리조트를 포함하여 총 8개의 리조트가 있고, 제주도 역시 국내 제일의 관광지답게 8개의 리조트가 분포되어 있다. 특히, 제주도는 수려한 해양경관과 연중 따뜻한 기후상의 특성 때문에 골프장 중심의 리조트가 많이 입지해 있고 강원도와 마찬가지로 총 8개의 리조트가 있다. 다음으로 경기도 3개, 부산 1개, 통영 1개, 전남 2개 등 복합리조트는 총 23개가 전국적으로 분포하고 있다.

<그림 6> 지역별 리조트 분포도

출처 : 문화관광부

<표 8> 대명레저산업의 사업장별 매출총이익률

사업장	매출액 (백만원)	매출총이익률 (%)
설악리조트	17,523	10.7
비발디파크	110,811	22.7
단양리조트	20,280	7.4
경주리조트	18,224	12.9
양평리조트	5,549	-0.5
쏠비치리조트	6,413	-47.9
제주리조트	1,005	-91.7
7개 사업장 계	179,804	14.9

출처 : 대명레저산업 사업보고서

리조트는 자연과 주변 환경 및 레포츠 등과의 연계가 필요한 입지산업으로 주요 경쟁력 중 하나가 수려한 경관과 놀이문화와의 연계성, 양호한 접근성이다. 이는 위의 지역별 분포도에서 알 수 있듯이 수려한 경관을 보유한 강원도와 제주도에 리조트가 포진해있는 사실로도 알 수 있다.

한화리조트와 함께 국내 주요 리조트 운영회사인 대명레저산업의 사업장별 매출액을 보면, 강원도 홍천에 위치하고 있는 비발디 파크가 매출액의 60%를 차지하면서 총 7개의 사업장 중 압도적인 매출액 비중을 나타내고 있다. 주요 리조트 업체들의 사업부문별 매출총이익률을 살펴보아도 2007년 비발디파크 운영 매출총이익률이 22.7%로 7개 사업장 평균 영업이익률인 14.9%를 약 8%p를 상회하는 것으로 나타났다. 즉, 동일한 업체의 같은 수준의 운영시스템과 시설 투자에도 불구하고 이와 같이 사업장 별로 큰 편차가 발생하는 주요 원인은 지리적 특성에 기인하는 경우가 많다. 여기서 지리적 특성이란 첫째, 주변의 수려한 자연경관 및 레저시설(골프장, 스키장, 온천), 둘째, 리조트 객실 인테리어 및 직원들의 서비스수준, 셋째, 인근에 위치하고 있는 국제공항 및 고속도로, 철도 등의 유무이다.

제2절 리조트 유형

1. 스키리조트

(1) 스키리조트

스키리조트는 리조트 중에서 가장 대표적인 형태이다. 스키장은 리조트가 갖추어야 할 체제성, 자연성, 휴양성, 다기능성 등의 요건을 가장 근접하게 갖추고 있는 전형적인 리조트의 형태라고 할 수 있다.

스키리조트는 스키시설을 주 기능으로 하고 숙박, 레저, 스포츠, 위락, 요양, 식음료시설 등을 부 기능으로 하여 하나의 단지를 조성하게 된다. 따라서 스키리조트는 '스키'라는 주기능을 담당하는 시설이 계절성에 연유한다는 특징을 가지고 있다. 또 크고 다양한 슬로프를 제공하해야 하고 여러 종류의 부대시설이 있어야 하기 때문에 개발 규모가 무척 크고 이로 인한 비용 문제를 최소화하기 위해 알맞은 지역을 택하게 된다. 스키슬로프는 산악의 형태를 이용하여 만들어지기 때문에 산악이라는 자연적 여건이 전제되어야 하며 이 때문에 스키리조트는 도심지와 멀리 떨어진 산악지역에 건설된다. 스키리조트의 특징으로 첫째는 스키의 원거리성과 자연환경성이다. 스키의 활동 장소는 우리의 일상 생활권에서 멀리 빗어난 비일상 생활권이라 불리 우는 산악지대에 있으며 이것이 가장 큰 특징이다.

둘째는 스키가 대형 레저 활동이라는 것이다. 다시 말하면 스키의 활동시간이 최소한 하루에서 2, 3일이 필요하다는 것이다. 일상생활의 틈을 메우기 위한 일반적인 스포츠 활동과는 달리 일정기간 일상생활에서 벗어나 자유 시간을 만드는 것이 필요하다는 것이다. 보통 외국의 경우에는 5일에서 1주일정도 머무는 것이 보통이다.

셋째는 계절성이라는 점이다. 스키리조트는 스키 시설을 주 기능으로 하고 숙박, 레저, 스포츠, 위락, 요양, 식음료시설 등을 부 기능하여 하나의 단지를 조성하게 된다. 따라서 스키리조트는 "스키"라는 주 기능을 담당하는 시설이 계절성에 연유한다는 특징은 가지고 있다. 다시 말하면 스키리조트는 겨울을 중심으로 운영하는 것으로서 1/4계절형이라는 특성 때문에 4계절이 뚜렷한 우리나라의 경우에는 비수기 기간이 너무 길어 경영상의 문제를 안게 된다.

(2) 스키리조트가 지역경제에 미치는 영향

스키리조트의 개발은 지역사회발전과 지역기반 인프라 확충에 큰 영향을 줄 뿐만 아니라, 스키장 개발은 대규모 면적과 부지를 필요로 하기 때문에 지역경제를 활성화시키는 역동적인 개발인자로서 긍정적인 효과와 환경파괴 등의 부정적인 효과를 동시에 지니고 있다.

1) 긍정적인 효과

① 직접적 효과 - 지역주민의 고용기회의 확대(동계시즌 기회의 확대), 지역주민의 소득증대 효과
② 간접적 효과 - 지역 내 산업의 진흥 및 발전, 도로·통신·교통망 등의 인프라 시설 확충효과, 특산품제조업·관련제조업 및 서비스업 등의 신규 지역산업 등장, 지역 공동화 현상 방지

2) 부정적인 효과

① 직접적 효과 - 대규모 개발에 따른 환경파괴와 자연훼손, 교통량증가 등에 따른 주민생활환경의 악화 등
② 간접적 효과 - 경제구조 및 고용관계 변화에 따른 부작용 발생, 서비스업과 제 1차 산업 종사간의 괴리감 발생, 지역 유대감 약화, 물가상승, 지가상승, 노동력 부족, 지역의 미풍양속 저해 등

3) 경제적인 효과

① 스키장 건설에 따른 경제적 효과 - 스키장 용지 취득효과, 건설 공사 효과, 도로·상하수도 등의 관련시설·생활시설의 정비효과
② 운영에 따른 경제적 효과 - 스키장 운영에 따른 유지관리비, 광고 선전비 등의 지출효과와 스키장의 소비효과로서 리프트이용을 비롯하여 숙박비, 음식비, 특산품 구입비, 교통비등의 예

(3) 스키리조트의 개발유형과 종류

1) 입지에 따른 종류

① 당일형 스키리조트

대도시 주변에 위치하고 있으며, 양지리조트, 서울리조트, 천마산스키장, 지산포레스트, 강촌리조트 등이 해당된다. 당일형 스키를 즐기려는 이용객들의 목표는 가벼운 마음과 저렴한 비용으로 스키활동만을 즐기기 위한 편리한 스키장을 선택하는데 있으며, 대부분 수도권의 근거리에 위치해서 야간설비를 갖추고 있기 때문에 젊은 직장인들과 학생 등에게 인기가 높은 관광매력물이다.

② 숙박형 스키리조트

관광활동의 일환으로서 리조트를 선택하기 때문에, 지역전체의 매력이나 스키관련시설 및 각종 부대시설의 확충이나 질적 수준이 높아야 한다. 구체적으로 지역전체의 분위기, 웅장한 스키장의 규모, 상급자로부터 초급자까지 즐길 수 있는 다양한 슬로프, 스키활동 이외에 다양한 양질의 즐길 거리·놀 거리·볼거리, 고객만족을 위한 고품질의 숙박시설 등이 갖춰져야 한다. 우리나라에는 용평리조트, 보광 휘닉스파크, 현대성우리조트, 대명 비발디파크 등이 해당된다.

<표 9> 당일형 · 숙박형 스키리조트의 특징비교 분석

당일형 스키리조트	숙박형 스키리조트
- 일상생활의 스키활동 - 휴일, 주말, 야간에 즐기면서 시간과 비용이 적게 들고 방문회수가 많은 편 - 왕복시간이 짧은 편리한 장소 선호 - 대중적인 게렌데(슬로프)가 주된 시설 - 휴일과 주말에 집중되는 많은 스키어들을 수용할 수 있는 시설확충요망 - 일상 생활권 속에서 활동하기 때문에 시장의 규모와 스키장의 규모는 정비례 관계	- 비일상 생활의 스키활동 - 숙박과 기타 관광활동을 겸하기 때문에 시간과 비용이 많이 들고 방문회수가 적은 편 - 다소 원거리에 있어도 매력도가 높은 스키장을 선호하는 경향 - 다양한 층이 즐길 수 있는 다양한 거렌데(슬로프)와 수용태세 및 양호한 환경조성 필요 - 비일상 권이기 때문에 숙박시설이 필수적이며, 숙박시설의 수용능력에 따라 스키장의 규모가 결정됨

<표 10> 우리나라 대표적 스키리조트 특성

구분		특성
서울 근교형	양지 파인 리조트 스타힐리조트 베어스 타운 리조트 서울 스키리조트 고려 지산리조트	- 서울근교형의 경우 대부분이 우수한 입지에 의존하고 있으며 시설투자 규모는 대부분 작다. - 이용객 수, 매출 면에서도 모두 하위 층을 형성하고 있음 - 강원권 대규모 리조트 개발 전 호황을 누렸으나 현재는 심각한 경영난을 겪고 있는 곳이 많음 - 일상적 이용을 중시함. - 교통조건이 상대적으로 유리하다.(접근성이 우수) - 스키장으로서의 자연적 적설조건을 갖추지 않은 곳이 많아 인공 강설 기에 의한 곳이 많음.
강원권형	알프스 리조트 용평 리조트 대명 홍천리조트 보광 휘닉스파크 현대 성우리조트	- 강원권형의 경우 대기업의 진출이 두드러지며 입지에서의 열세를 시설규모로 만회하고 있음. - 알프스 리조트의 경우 긴 역사에도 불구하고 경영난으로 경쟁대열에서 탈락되고 있음 - 용평리조트의 경우 원거리 입지와 신생 종합리조트에 의해 최근 압박을 받고 있으나, 이를 역이용 소수의 이용객을 위한 고급 명문 리조트로의 이미지 변신 시도 - 현재 강원권형 스키리조트가 국내시장의 판도를 나누고 있다. - 자연조건(적설이 풍부)이 유리하다. - 먼 지역과의 교통조건이 불리하기 때문에 관광객 체제 환경(숙소, 이용시설, 오락시설 등)을 좋게 하는 것으로 이를 극복. - 시설의 대형화 요구.
기타	사조마을 스키리조트 무주리조트	- 사조마을의 경우 잦은 경영주체 교체와 사업지연으로 경쟁대열에서 밀려나고 있음.(㎡) - 무주의 경우 지역 내 수요와 수도권 수요를 모두 흡수하여, 시장점유율은 높지만 객단가는 떨어지고 고급스런 이미지를 상실하고 있다.

<표 11> 우리나라 대표적 스키리조트 현황

리조트명	면 적	슬로프 (면)	리프트 (기)	객실 수(실) 콘도 호텔	유스텔	숙박계	곤도라 유무	이용 객수 (천명)	매67출액 (백만원)
무주리조트	4,037,600	31	14	1,438	-	1,438	유	718.4	45,018
용평리조트	3,436,877	31	14	1,524	73	1,597	유	570	46,988
휘닉스파크	2,026,892	18	8	897	76	973	유	531.5	45,335
현대성우	1,368,756	20	9	767	86	853	유	409.3	35,072
대명비발디	1,140,052	13	10	1,090	188	1,278	유	632.2	46,926
베어스타운	698,181	11	8	525	48	573	무	403.8	15,432
사조마을 리조트	656,986	7	4	50	78	128	무	78.5	6,296
강촌리조트	609,674	8	6	222	-	222	무	204.1	-
스타힐 리조트	502,361	5	6	38	-	38	무	72.9	3,342
지산리조트	500,000	7	4	66	-	66	무	410.3	17,404
알프스 리조트	437,076	8	5	604	-	604	무	120	7,344
양지파인	368,638	7	6	302	60	362	무	250	19,864
서울리조트	278,182	4	3	66	-	66	무	0	-
총 계	6,061,275	164	103	7,589	609	8,198	5기	4,401	289,021

(4) 국외 스키리조트

1) 스위스

▷ 체르마트 (Zermatt)

유럽의 스키장 중에서 한국에 가장 잘 알려진 스위스의 체르마트(Zermatt)는 스키시설이나 놀이 환경이 탁월하고 화려하면서도 스키 마니아를 위한 저렴한 숙박 및 서비스시설이 잘 되어있으며, 눈이 적었던 근래에도 양질의 자연설과 도전적인 최상급 슬로프를 보유하여 공식적인 유럽스키장 순위 1위에 랭크되어 있다.

산 넘어 이태리 쪽의 Cervinia지역 스키장이 체르마트와 연계되어 있으며, 총

슬로프 길이는 245Km에 1백22개가 산재해 있고 곤돌라(물론 케이블카 포함) 25개, 리프트 48개가 있다. 이태리와의 연결로 인해 양쪽을 이용할 수 있는 리프트 권을 "International ski pass Zermatt-Cervinia"라고 부른다.

체르마트는 4000미터급 알프스 봉우리 30여개로 둘러싸여 있는, 그야말로 스위스에서도 최고의 경관을 자랑하는 곳이며 특히 삼각형 모양으로 하늘을 찌를 듯이 솟아있는 마터호른(Matterhorn ; 4478m)은 보지 않은 사람은 상상할 수 없는 장엄한 정경이다.

일 년 내내 스키를 탈수 있는 만년설 빙하가 있으며 마터호른을 중심으로 한 탁월한 주변경치로 인해 관광객이 끊이지 않는 곳이다. 이로 인해 평균적으로 물가가 매우 비싸고 사실상 비수기가 없다.

또한 무공해 청정 구역으로 일반 자동차의 출입이 금지된 곳이다. 이곳으로 여행하려면 자동차를 중간 역인 티슈의 대형 주차장에 세우고 그곳에서부터 등산철도로 들어가야 한다. 마을 내에선 전부 전기 자동차로 움직이고 스키어들과 여행자들의 짐을 부릴 수 있도록 자동차 뒤에는 별도의 짐칸이 마련되어 있다.

체르마트는 Klein Matterhorn, Riffelberg-Stockhorn, Sunnegga-Rothorn 세 코스가 독립적으로 위치하고 있고 마을에서 각 스키권역으로 올라가는 것은 산악기차를 이용하는 것이 보통인데 이곳들은 제법 규모가 큰 기차역처럼 생겼으며, 3곳이 모두 따로 떨어져 있으므로 혼동하지 않도록 주의해야 한다.

2) 캐나다

▷ 위슬러 마운틴 (Whistler Mountain)

캐나다에 위치한 2170m의 위슬러 마운틴은 1966년에 개장하여 스키를 즐기기에 최상의 곳으로 스키 애호가에게 사랑 받는 곳이다. 위슬러 산의 정상으로 가려면 곤돌라 빌리지(Gondola Village)와 위슬러 빌리지 에서 리프트나 곤돌라를 타야한다. 이곳에는 약 100개에 이르는 다양한 코스가 마련되어 있어서 초보자나 숙련자 모두 자신의 수준에 맞는 적합한 코스를 선택할 수 있다. 7개의 볼(Bowl)이 있어 블랙 콤보다 2개 많고 다양한 스키 런을 즐길 수 있다. 초중급자 코스가 많고 산 정상보다 산 아래쪽으로 내려오면서 슬로프가 넓어진다.

1966년에 자연적인 지형을 이용해 개발되어 바람 부는 날이나 오전에 스키를 즐기기에 좋다. 위슬러 리프트 티켓은 편의점인 Save on Foot에서 10%이상 저렴하게 구입할 수 있다.

초보자에게는 올림픽 체어(Olympic Chair), 그린 체어(Green Chair)와 같은 코스가 추천되며 알파인 스키에는 프란츠스런 코스(Franz's Run)가 적합하다. 전문스키어에게는 위슬러 볼(Whistler Bowl), 하모니 볼(Harmony Bowl) 등이 좋으며 심포니 볼(Symphony Bowl)은 코스가 아름답기로 유명하다.

3) 뉴질랜드

▷ 퀸스 타운 (Queens town)

뉴질랜드는 특히 북반구 스키어들이 여름에 스키를 즐길 수 있는 곳으로 각광을 받고 있다. 12개의 스키장, 1개의 노르딕 크로스컨트리 코스, 12개의 클럽 필드, 다수의 헬리스키 업체 등이 있으며 다양하고 경치가 뛰어난 지형과 상대적으로 짧은 라인에서 스키를 즐길 수 있다. 스키시즌은 매우 긴 편으로 5월에 시작하여 10월 말까지 계속된다. 주로 제일먼저 오픈하는 스키장은 캔터베리에 위치한 마운트 헛(Mt. Hutt)이며 가장 마지막까지 오픈하는 곳은 루아페후산(Mt. Ruapehu)에 위치한 화카파파(Whakapapa)로 종종 크리스마스 때까지 눈으로 덮여져 있다.

퀸스타운의 겨울은 뉴질랜드 스키지역 중에서 가상 빛나는 코로넷 피크(Coronet Peak)의 오픈을 시작으로 하는 긴 파티와도 같다. 코로넷 피크는 다양한 종류의 지형을 가지고 있기에 모든 수준의 스키어들과 보드들에게 안성맞춤이며 초급자 지역에 있는 146미터의 매직 카펫 리프트는 스키를 배우는데 재미를 더한다. 코로넷의 또 다른 특징은 나이트 스키로서 강렬한 스포츠 스타디움 조명아래에서 환상적인 경험을 할 수 있다.

퀸스타운의 또 다른 스키장인 리마커블스(The Remarkables)는 슬로프가 완만하기에 특히 가족이 함께 가기에 최상의 장소이다. 그렇다고 모두 쉬운 코스만 있는 것은 아니며 파우더 볼(Powder bowl)과 오프 피스트(Off-piste) 익스트림 활강은 좀 더 숙련된 기술을 가지고 있는 상급자를 위한 것이다. 9월에는 리마커블스 스프링 페스티발을 개최하는데 다양한 스노우 스포츠와 흥미진진한 이벤트들이 열린다. 또한 퀸스타운에서는 제트보트, 썰매, 레이크 크루즈와 번지점프를 즐길 수 있다.

4) 미국

▷ 솔트레이크시티 (Salt Lake City)

솔트레이크시티는 '북미에서 가장 살기 좋은' 부유한 도시로, 일교차가 크고 겨울이 긴 기후로 인해 '1년 중 6개월 동안 스키를 탈 수 있는 곳'이라는 명성을 가져다주었다. 10월 말부터 4월 초까지 이어지는 스키 시즌 동안 미국 각지에서 몰려온 부자들은 이 도시에 엄청난 돈을 뿌리고 간다. 시 당국은 관광객 유치를 위해 양질의 스키장 건설에 많은 비용을 투자해 지금에 와서는 도심에서 30분 내지 1시간 안에 갈 수 있는 스키장만 13군데에 이를 정도로 인프라가 잘 형성돼 있다.

2002년 동계올림픽 개최로 더욱 유명해진 솔트레이크시티는 도시를 감싸고 있는 로키에서 스키를 즐기려는 사람들로 인해 겨울 스포츠 관광지로서 인기가 높으며 매년 4백만 명이 넘는 사람들이 방문하는 스키리조트 지역이라고 할 수 있다.

▷ 아스펜 (Aspen)

미국 중부지역인 콜로라도 주에 위치하며, 주도인 덴버(Denver)에서 남서쪽으로 3시간 30분 거리에 위치한, 미국 내 최고의 럭셔리한 스키장으로 알려져 있는 북미 최고의 스키지역이다. 아스펜하이랜드와 아스펜마운틴의 2개의 스키지역으로 나누어지며, 연속적으로 버터밀크와 스노메스 스키지역이 붙어있어, 스키를 탈 수 있는 지역은 총 4곳으로 넓어지는 거대한 스킹 지역이다. 1994년 2개의 고속4인승 체어리프트가 설치되었다. 첫 번째의 리프트는 20년 전에 설치되었고 최상급자나 스노보드들은 1994년 개장된 134에이커에 달하는 TEMERITY, TWILIGHTZONE, SHERWOOD FOREST, MOMENT CHUTES, P-CHUTES BOOMERANG, GOLDEN HORN WOODS 에서 스킹을 할 수 있다.

이곳은 로키 산맥의 중심지역으로 3,000미터를 넘나드는 고도와 건조한 사막의 날씨로 인하여, 이 지역에 뿌리는 건조한 눈(콘 스노)은 세계 최고의 설질로 손꼽히고 있으며, 다이내믹한 4개의 스키장에 병풍처럼 둘러싸여, 하나의 스키리조트를 이루고 있는 꿈의 스키장이기도 하다.

5) 프랑스

▷ 샤모니 (Chamonix)

샤모니는 유럽 최고봉인 몽블랑을 우러르고 있는 1백년 역사의 프랑스 명문 스키리조트로 1924년 제1회 동계올림픽이 열렸었다. 1893년 계곡에서 처음 스키를 타기 시작한 이래 1901년 개장한 샤모니 스키장은 초급에서 전문가에 이르기까지 모든 스키어들을 위한 다양한 슬로프가 골고루 분포되어 있어 매년 스키시즌이 되면 외국으로부터 많은 스키 마니아들이 찾아오고 있다.

계곡 사이의 마을을 중심으로 남북으로 경사면에 펼쳐진 슬로프의 수는 20개로 중 상급 코스가 80%를 차지한다. 최장 코스 길이는 26km.

몽블랑 스키패스를 구입하면 몽블랑 지역에 있는 13개의 스키장을 자유로이 이용할 수 있으며, 각 스키장을 연결하는 자동차와 버스를 무료로 탈 수 있다. 또한 이 패스를 가지면 이탈리아의 Courmayeur-Val Veny)에서 스키를 즐길 수도 있다. 특히 3천8백42m의 에귀 드 미디 산 정상에서 발레브랑쉬로 내려가는 빙하 대활강이 압권이다.

리프트 46개(1,050m - 3,842m), 슬로프 64개, 크로스 컨츄리 코스 43km, 호텔 63개를 보유하고 있다.

6) 일본

▷ 시가코겐 (志賀高原)

나가노 현에 위치한 시가코겐 지역은 일본 최고, 최대의 스키 지역으로 유명한 곳이다. 시가코겐 지역에는 9개의 스키지역과 21개의 스키장이 모여 하나의 거대한 스키지역을 이루며, 나가노 동계올림픽이 개최된 스키장이기도 하다. 해발 850~1930m에 위치해 11~5월까지 스키 및 스노보드를 탈 수 있으며 해마다 40만 명(스노보드 60%)이 다녀간다.

19개 코스(초급 30%, 중급 40%, 상급 30%)가 있으며 166인승 로프웨이 1기, 4인승 리프트 2기, 2인승 리프트 12기, 1인승 리프트 2기를 갖추고 스노보드 파크(킥카, 스파인 힙, 웨이브, 테이블 탑)와 스키전용 슬로프를 운영하고 있다.

숲 속의 초급 코스 '스카이 랜드A 코스'가 명물이고 '키오치코스(최대 경사

32도 커브 심한 상급전용)'은 올림픽과 월드컵 대회에서 사용한 난이도 높은 경사로 상급자들을 수용한다.

시가코겐 내에는 각각의 개성 있는 21개의 스키장이 있어, IC티켓을 구매하면 모두 이용이 가능하며 각각을 연결하는 셔틀버스도 이용이 가능하다. 시가코겐내 21개 스키장의 71개 리프트, 곤돌라, 로프웨이 등을 이용할 때마다 챌린지 카드에 도장을 받고 전부 받으면, 기념품을 제공해 시즌이 끝난 후에 추첨을 통해 상품을 제공한다. 모두 이용하는데 3~4일정도가 소요되며 챌린지 카드는 숙박자에 한해 제공, 또한 매월 3일은 어린이 날로 지정하여 무료 리프트를 제공한다.

7) 중국

▷ 야부리

중국에서 가장 큰 규모를 자랑하는 야부리 스키장과 그 중심마을인 윈드밀(Windmill)빌리지는 스키와 스포츠를 위해 특별히 만들어진 중국에서도 가장 큰 곳이기도 하다. 중국의 헤룽지안 주의 북쪽 도시 중의 하나인 하얼빈에서 200킬로미터 떨어진 곳에 위치하며 1996년 2월 제3회 동계 아시안게임이 열린 스키장이다. 야부리 스키장은 국립산림 공원 안에 있으며 일 년 내내 스포츠와 레크리에이션을 위해 만들어진 곳이며 연중 관광의 장소이다. 윈드밀 빌리지는 방문객들에게 실내와 실외의 훌륭한 시설을 갖추고 있는 곳으로 유명하다. 허지만 국가의 다른 체제로 인하여 일반 자유주의 국가에서 접하는 만큼의 시설을 기대할 수는 없다.

이곳의 특징은 연중 자연과 더불어 스포츠를 즐길 수 있도록 여러 개의 아이템을 운영 중이며 특히 크로스컨트리 스키코스가 만들어져 있다. 윈드밀 마을에 있는 레크리에이션의 편이시설로는 토보깐런이라고 불리는(일종의 봅슬레이 비슷한 여름시설) 세계에서 가장 긴 코스가 있으며 미니 골프코스, 낚시, 테니스 코트, 하버 크라프트(공기 부양선), 연날리기, 스노모빌, 열기구, 양궁시설, 잔디썰매장 등을 갖추고 있다. 날씨와 온도는 한겨울에는 시베리아 한랭전선으로 인하여 예상외로 추우며 스키를 타기에 가장 좋은 날은 2월말 이후이다.

2. 골프리조트

(1) 골프의 개요

국내 골프산업은 1998년 박세리 선수의 세계 메이저대회 2회 우승을 포함해 4회 우승을 계기로 99년 10월 김대중 대통령의 '골프대중화 선언'이 나오면서 호황국면에 접어들고 있다. 특히 1998년 박세리 선수의 세계 메이저대회에서의 우승은 IMF 사태로 시름에 빠져 있던 우리 국민들에게 희망을 주었고 골프에 대한 일반국민들의 부정적인 인식을 변화시키는데 크게 기여하였다. 즉 박세리 선수는 골프의 불모지나 다름없는 우리나라에서 골프를 대중화시키는데 시금석 역할을 한 것으로 높이 평가할 만하다.

2002년에는 골프장 이용객수가 1,428만 명에 달했는데, IMF 사태의 영향을 받은 1998년보다 71.6%나 증가하였다. 골프장수도 165개소로 95년(99개소)보다 66.7% 증가했다.

홀 당 이용객수를 보면, 회원제 골프장은 2002년에 4,160명, 퍼블릭 골프장은 6,743명에 달했다. 회원제 골프장의 홀 당 이용객수를 18홀로 환산하면 1998년 56,736명에서 2002년에는 74,898명으로 늘어나면서 골프부킹난이 극에 달하고 있다.

전체 골프장중 퍼블릭 골프장의 비중은 1995년의 16.2%에서 2002년에는 29.1%로 높아졌다. 그러나 홀수를 기준으로 한 퍼블릭 골프장의 비중은 1995년의 9.8%에서 2002년에는 15.8%로 높아졌지만 골프 선진국에 비해서는 여전히 낮은 수준이다. 퍼블릭 골프장의 수익성이 회원제 골프장의 수익성보다 높다는 점에서 앞으로 퍼블릭 골프장이 크게 늘어날 가능성이 높다.

정부도 늘어나는 중산층 골퍼들의 수요를 충족시키기 위해 저렴하게 이용할 수 있는 퍼블릭 골프장에 대한 세제, 금융, 행정지원을 확대할 것으로 기대된다. 이 경우 지원받는 퍼블릭 골프장의 그린피는 정부의 통제를 받는 것이 합당할 것이다. 노무현 대통령도 후보시절 퍼블릭 골프장의 비중을 30% 수준으로 끌어올리겠다고 공약한 바 있다.

골프회원권을 분양할 때 받는 입회보증금 규모도 업체 평균 437억 원에 달하고 있는데, 향후 골프경기 침체를 대비해 이 제도를 사전에 개선해야 한다. 그리고 골프장에 대한 중과세로 18홀 회원제 골프장의 평균 조세부담액이 연간 43억 7천만 원에 달하고 있고 그린피에서 차지하는 비중도 39.3%에 달했는데, 세금이 그린피 인상의 주요인으로 작용하고 있다.

한편 우리나라 골프장의 원조는 원산골프장으로, 1900년에 외국인 고문관이었던 영국인에 의해 만들어져 일본의 골프장보다 1년 앞서 생겼다. 그러나 골프는 원산지인 스코틀랜드에서부터 귀족운동으로 탄생했기 때문에 일반인들이 즐기는 대중운동으로 발전하지 못했다. 골프 선진국인 일본도 골프에 대한 일반 국민의 부정적인 이미지는 우리와 비슷하다. 그러나 100여년의 역사를 갖고 있는 국내 골프산업은 골프인구의 급증과 그린피 인상 등으로 경영실적이 크게 호전되면서 호황업종으로 부상했고, 현재의 호황세가 지속될 전망이다.

(2) 골프리조트의 특징

골프는 스포츠이다. 따라서 골프장은 체육 시설이다. 이 체육시설이 단순히 골프장으로서의 역할에 국한된다면 이는 체육시설의 일종으로서 "골프장"으로 이해될 것이며 리조트로서의 이해하기에는 다소 미흡한 점이 많다 할 것이다. 골프장은 골프클럽, 컨트리클럽, 리조트 클럽 등 세 가지 유형이 있다.

가. 골프 클럽은 단순히 코스만을 가진 골프장을 말한다. 홀, 그린, 페어웨이, 벙커 등 코스와 부대시설로 그늘 집, 클럽하우스 등을 갖춘 정도의 수준을 골프 클럽이라 한다.

나. 컨트리클럽은 골프코스는 물론 테니스장, 수영장, 숙박시설, 사교시설 등을 갖추고 있는 골프장으로서 회원 중심의 폐쇄적 사교클럽의 성격을 가지고 있다.

다. 리조트 클럽은 리조트의 조건을 갖춘 골프장을 말한다. 리조트의 조건을 충족하면서 골프장이 주 기능의 역할을 하는 경우를 말한다. 대부분 스키장에 속해있는 골프장의 경우가 이에 속한다고 할 수 있다. 컨트리클럽에 비해 훨씬 개방적이다.

현재 우리나라에서 대중화되어 있는 유형은 골프 클럽이 대표적이라 할 것이다. 그럼에도 대부분은 컨트리클럽이라는 명칭을 사용하고 있다. 이는 사교적인 관점에서 골프장을 일류의 고품격 클럽으로 조성하고자 하는 욕구 때문이다.

3. 해양리조트

(1) 해양관광

해양관광이라 함은 한마디로 바다에서 즐길 수 있는 모든 관광자원을 이용하는 것을 이야기 한다. 즉, 해상, 해중, 해저에서 이루어지는 모든 활동을 포함한다. 해양관광단지는 이러한 해양관광이 이루어지는 곳을 묶은 곳을 해양관광단지라 말한다. 이런 해양관광은 최근에 주목을 받고 있는 것이 사실이다.

일반적으로 해양관광이라고 하면 그 범위는 매우 광범위해지는데 가장 오랫동안 계속되어 오고 있는 해수욕과 해안낚시에서부터 일출일몰의 감상, 요트크루징(cruise ship voyage), 선박을 이용한 낚시, 스쿠버다이빙(Scuba diving), 윈드서핑(Wind surfing), 서핑(Surfing) 등에 이르기까지 여러 가지가 있으며, 넓은 의미에서는 유람선에 의한 해안풍경의 관람, 관광잠수선 및 해중 전망 탑에서의 해중관람, 해양박물관과 대형수족관의 관람 등의 관광적 요소와 휴식, 보양 등 휴가적 요소까지 포함된다. 해양관광단지는 이러한 해양관광 또는 레크리에이션을 머무르면서(체제), 즐기며(위락), 반복해서(재방문) 찾는다는 리조트적 의미가 복합된 개념이라 할 수 있다.

즉, 이러한 해양에 대한 전체적인 관광 욕구를 충족 시켜주는 것이 해양 리조트인 것이다. 해양 리조트는 가장 일반적인 해양 활동의 하나인 해수욕의 유래는 해변의 공기를 흡입하고 깨끗한 바닷물을 마심으로써 질병을 치료하기 위한 의료목적에서 비롯되었다고 한다. 그 후 해양에서의 활동(생산 활동 제외)이 육체적 건강뿐 만 아니라 심신휴양 및 생활의 활력을 주는 여가활동으로서의 즐거움을 이해하게 된 것은 18세기 중엽에 이르러 유럽의 해안에서부터였다.

그러나 해양 레크리에이션의 활동을 즐기는 오늘날과 같은 개념의 리조트 개발은 19세기에 대량 수송을 위한 철도교통의 발달과 함께 이태리 북부의 Riviera 지방에서 남부 프랑스의 Cote d'Azur 지방을 중심으로 한 지중해 지역에서 시작되어 19세기 후반에는 미국의 Florida에까지 이르렀다고 할 수 있다.

한편 제2차 세계대전 후 소득과 여가의 증대, 항공기 및 자동차 등 교통수단의 발달과 보급 등으로 이전의 고급스러운 리조트와는 달리 다양한 해양-레크리에이션이 가능한 대중적이며 경제적인 리조트개발이 구미 각국에서 널리 전개되었다.

(2) 해양리조트 개념

오늘날 해양리조트의 개념은 해변 또는 해양에서의 자연경관 감상과 함께 활동성 레저가 주가 되는 리조트로 이해되고 있다. 즉 비치나 마리나를 핵으로 다양한 해양 레저 및 레크리에이션 시설과 숙박 및 편의시설을 갖추고 관광객의 욕구를 만족시키는 점에서 기존 산악형 리조트와는 구별되고 있는데, 바다 특유의 기상 및 해상의 영향을 많이 받기 때문에 이용일수가 짧은 것이 단점으로, 이를 극복하고 사업채산성을 높이기 위하여 실내스포츠 시설 및 영화관 등의 다양한 위락시설을 배치하고 각종 강습강좌 및 시뮬레이션 시설, 컨벤션 센터 등이 복합적으로 설치되기도 한다.

해양으로 진출하고자 하는 인간의 노력은 인류역사가 시작된 후로 계속되어져 왔다. 이러한 노력을 바탕으로 오늘날의 해양개발기술은 눈부신 발전을 거듭하여 새로운 개발영역 즉 제 4의 개발영역으로 자리하고 있다.

그러나 육상과는 현저하게 다른 환경을 가지고 있고, 지구표면적의 3분의 2라는 광범위한 지역을 차지하는 해양을 정복하기란 쉬운 일이 아니다. 인간이 그 한계를 넘어 해저 10,000M까지 잠수하는 성과를 얻었지만, 특별한 연구나 탐사를 위해 해양에 접근하는 것 외에 일반인들이 레저나 관광의 목적으로 수중에 접근하기란 쉬운 일이 아니다.

이와 같은 이유로 해서 해양은 더욱 신비스러운 매력을 가지고 있으며 또한 접근성을 보다 높일 수 있는 방법의 연구가 세계적으로 활발히 진행되어 미국, 일본 등에서 수중전망시설의 개발에 대한 성과들을 얻기 시작했다.

이와 같은 기술적인 성과와 아울러 기존의 것들과는 차별되는 관광이나 레저에 대한 필요성의 증가는 복잡한 현대를 살아가는 도시인들의 취향에 부합되는 해양과 관련된 산업의 발달을 가속화 시키고 있다. 과거 풍치의 관람이나 해수욕, 낚시 등으로만 인식되던 해양레저 또는 해양관광은 소극적인 이용패턴을 벗어나 바다를 매체로 한 이용자가 직접 참여하거나 보다 근접하는 형태의 적극적인 방향으로 개발되기에 이르렀다.

이러한 추세로 우리나라에서도 해안에서 계절에 관계없이 요트나 윈드서핑을 즐기는 사람들을 볼 수 있으며, 미국, 일본 등 선진국에서는 수상레저에서 한 단계 나아 가 해중비경의 관람으로까지 확대되고 있다.

여가시간의 증대와 소득수준의 향상, 교육기회의 확대 등으로 해양관광과 레저의 수요증가는 가속화될 것으로 보이는데, 고부가가치의 첨단 과학 산업과는 구별되는 매력산업으로서의 해양산업 또한 증가할 것으로 예상되고 있다.

① 해양리조트의 정의

해수욕, 보드타기, 요트타기, 수상스키, 낚시, 해상해중탐사 등과 같은 다양한 레저 활동을 즐길 수 있는 체재를 위한 종합적인 레저. 레크리에이션 시설 또는 지역이다.

② 특징

바다를 중심으로 한 레저 활동인 점에서 내륙의 호수 및 강변의 수변 위락활동과 구별되고 활동대상의 범위가 넓고 활동과 자연여건과의 상관성이 많다.

해변을 중심으로 이루어지는 활동과 자연여건과의 상관성을 활동별로 그 이용공간을 살펴보면 해수욕, 조개 줍기, 서핑, 카약활동은 주로 백사장을 중심으로 한 해변에서 이루어지며 요트타기, 보트타기, 수상스키는 해안의 호안을 중심으로 해면에서 이루어지는 활동이다.

가장 일반적인 풍경관람활동은 해중이나 호안을 제외하고 전 공간에서 가능한 활동들이며, 리조트 구상하는데 가장 중요한 주안점인 휴식, 보양활동은 배후지외 여건과 환경을 고려하여 해안 및 해양 공간외 인접공간인 배후지공간에 고려하여야 한다.

가. 요트 : 요트 인구의 지역별 분포는 서울이 약 70%를 차지하고 있으며, 다음이 부산으로서 대부분이 대도시에 편중되어 있는 실정이고 그 이유는 장소적 제한과 함께 요트가 돈이 많이 드는 고급레포츠이기 때문이다. 요트 인구 증가는 요트에 대한 인식변화 및 관심의 고조로 점차 가속화 될 것으로 예상되며 2000년에는 약 30,000명에 이를 것으로 전망이 된다.

나. 윈드서핑 : 요트에 비해서 적은 비용으로 즐길 수 있는 레포츠로서 인구 또한 요트에 비해 많다. 이용인구의 약 70%가 서울에 집중되어 있으며 나머

지는 지방에 분산되어 있고, 윈드서핑은 요트에 비해 장소적 제한을 적게 받아 평소에는 주로 가까운 강이나 바다에서 성행하고 있다.

다. 수상스키 : 강이나 호수 주변에서 많이 이용되고 있고, 여러 가지 제약조건을 수반하는데, 무엇보다도 가장 큰 제약조건은 바람의 영향을 많이 받는 것으로서 윈드서핑과는 반대로 바람이 없는 지역에서 주로 행해진다.

라. 스킨스쿠버 : 국내의 스킨스쿠버의 인구가 약 50,000명 정도로 추산되며 매년 교육인구가 3000~5000이어서 빠른 증가가 기대되는 것으로 2001년 이르러서는 약 50~100만 명 정도가 될 것으로 전망되었다.

마. 바다낚시 : 바다낚시의 인구는 150만 명 이상인 것으로 나타났고, 인구가 그 규모가 크고 전국적으로 고루 분포되어 있기 때문에 유치가 쉬울 것으로 예상되며, 낚시인구의 유치로 인한 비수기의 시설활용방법에도 매우 양호한 것으로 사료된다.

이것에 대한 관련된 것이 다음 표와 같다.

<표 12> 활동과 자연 여건과의 상관성, 현대리조트개발론(채용식 외, 2002 346p)

이용공간 / 활동	배후지	해안				해면	해중
		단애	암초	사장	호안		
해수욕				○		○	
조개줍기				○		○	
서핑				○		○	
로봇(row boat)				○		○	
카약				○		○	
요트타기					○	○	
보트타기					○	○	
수상스키					○	○	
스킨다이빙			○		○	○	○
스쿠버다이빙			○		○	○	○
배낚시					○	○	
해안낚시			○	○	○	○	
지인망				○		○	
물놀이			○				
생물수집			○				
보양	○						
캠프	○			○		○	
모래스키				○			
모래하키				○			
풍경관람	○	○	○	○		○	
해중관람						○	○
견물, 견학	○						

③ 현황

해양레저의 개발이 미진한 것은 해양레저의 대표적인 활동이라 할 수 있는 해수욕 등을 피서에만 국한된 것으로 인식하고 있어 여름철에만 이용 가능한 것으로 보고 있는 것이기 때문이다. 해양 레저 활동이 주로 여름철에 이루어지는 것은 당연하지만 동적이고 다양한 형태의 레저 활동이 증가하고 있는 상황에서 낚시, 해양경관감상, 해상관광호텔, 해양수족관 등 계절에 관계없이 이루어질 수 있는 해양레저 활동이 증가할 것이다.

④ 마리나

마리나는 해변리조트의 꽃이다. 미국에서 요트나 모터보트의 정박지라는 뜻으로 쓰이는 말이다. 마리나는 천연의 굴곡부를 이용하는 예는 드물고, 매립 또는 굴착에 의해 인공적으로 조성하는 경우가 일반적이다. 마리나는 해양리조트다운 풍경을 구성하는 요소로서 빼놓을 수 없는 매력물이다. 즉 마리나는 단순히 요트와 모터보트의 보관시설이 아니고 많은 사람들에게 그러한 매력을 느끼게 할 수 있는 시설이라고 인식되고 있다. 마리나의 기본패턴은 우선 방파제로 둘러싸인 조용한 정박지가 있고, 배후에 보관을 위한 공간이 확보된다.

<그림 7> 비진도

<그림 8> 한산도

(3) 해외 해양 리조트의 현황

❖ 마리나 델 레이(Marina Del Rey) (미국)

- 개관

+ 마리나 델 레이 : 로스앤젤레스 공항 근처의 해변에 있는 세계 최대 규모의

마리나로 무수한 마리나에 임대 아파트 건설

+ 바다와 흰 배의 요트군, 떼 지어 날아가는 갈매기로 상징되고, 여유 있는 생활을 연상시키는 마리나는 마음에 드는 경관의 하나(조망권 강조)
+ 기본적 개발개념 : 마리나, 맨션 등을 중심으로 한 복합적 대규모 임해개발
- 마리나 델 레이는 요트, 낚시는 물론 사이클링, 테니스, 조깅, 롤러스케이트, 윈드서핑 등의 즐거움을 주는 각종의 레저 시설 설치-도구는 렌탈이 가능하고 각각 지도도 받을 수 있어 초심자도 충분히 스포츠를 즐길 수 있다.
- 현재 세계 최대라고 불리는 요트 하버는 약 8400척(해상 보관 약 6400척, 육상보관 약 2000척)을 수용하고 있다.

<그림 9> 마리나 델 레이 전경

❖ 랑그도크 루시옹(Languedoc-Roussillon) 리조트 (프랑스)

1. 위치 및 환경

· 프랑스 남부의 '니스'와 '상뜨로 뻬'까지 연해 있는 지중해변 길이 약 180km, 폭 20km의 지역으로 파리로부터 약 900km정도 떨어진 곳에 위치

· 주변국들과의 접근이 용이하며, 전형적 지중해성 기후로 온난하다

· 수많은 사적들과 특유의 풍물들이 산재. 개발 전에는 포도 농업이 주를 이룸

2. 개발 계획 및 과정

· 랑그도크 루시옹 지역의 리조트 개발계획은 1963년 드골 대통령이 프랑스

의 명예와 운명을 걸고 시작한 국토개발계획의 일환으로서 추진

· 정부의 프로젝트 팀 발족 → 7개 레저 개발 단위지역으로 나누어 마리나 중심으로 개발 → 개발의 시행은 지역관광개발청이 주관 → 민간에 분양

3. 개발 전략의 특징

· 중앙정부의 주도 하에 추진
· 개발 과정에서의 투기 억제를 위한 제도적 노력
· 제3섹터 방식의 국가, 지방공공단체, 민간 기업으로 구성된 개발회사를 설립하여 개발추진
· 관광지 개발사업 추진 안이 확정되면 정부가 바뀌어도 계속적으로 지속되어 개발의 구상을 그대로 유지
· 시장의 변화에 탄력적으로 대처하기 위해 정부의 간섭을 최소화하고 공평한 시장의 기회를 제공하기 위해 노력

4. 개발 후 효과

· 건설목표를 관광지 개발로 설정한 이유는 이 지역이 포도 산업이 주산업인 농업지대로서 우수한 기술인력 확보가 곤란하여 첨단산업 등 입지로는 어려울 것으로 판단하여 관광 개발 사업을 주목표로 설정
  - 프랑스 내 코트다쥐르 지역의 예를 보면, 우선 관광지로 개발되면 첨단기술이 사후에 들어서는 사례가 있었음
  - 현재 주변도시에 IBM 등 주요 첨단산업 기업이 입주 중임
· 고용창출효과는 35,000여명의 상시고용과 25,000여명의 임시고용효과를 나타냄
· 관광객 수는 63년 50만 명 수준에서 98년에는 1,400만 명으로 증가하였으며, 이중 800만 명이 해수욕장을 이용 (평균 체류일수 7~8일)
· 성수기는 4월(부활절) ~ 10월이며, 7월 15일부터 8월 15일까지가 최고조기
· 이 개발에 따라 랑그도크-루시옹 지역에는 총 2백억 프랑의 개발사업투자가 발생함에 따라 정부는 이에 따른 막대한 부가세 수입을 확보

지구명	개발 면적	주요 시설	비고
그랑드 모뜨 (Grand Motte)	3000 천평	* 숙박시설 : 호텔, 콘도, 별장, 휴가촌 * 위락시설 : 카지노, 나이트클럽, 레스토랑 * 운동시설 : 마리나, 테니스, 요트교실 * 기타 : 관광안내소, 선박수리공장, 쇼핑센터, 관리사무소	
까르농 (Carnon)	210천평	* 숙박시설 : 콘도, 별장, 호텔 * 운동시설 : 마리나 (450척 수용)	
까프닥드 (Capd' Agde)	1800 천평	* 숙박시설 : 휴가촌, 별장, 콘도, 호텔 등 * 운동시설 : 마리나, 경마장, 테니스 등 * 위락시설 : 나이트클럽, 레스토랑 * 기타 : 쇼핑센터, 커뮤니티센터, 영화관 등	
그뤼상 (Gruissan)	4800 천평	* 숙박시설 : 휴가촌, 야영장, 호텔 등	
생시프리앙 (Saint-Cyprien)	720천평	* 숙박시설 : 호텔, 별장, 콘도 등	
바르까레 (Barcare)	900천평	* 숙박시설 : 콘도, 별장, 휴가촌, 야영장 등 * 위락시설 : 나이트클럽, 레스토랑 등 * 운동시설 : 마리나, 테니스코트 등 * 기타 : 쇼핑센터 등	
뢰까르 (Leucate)	900천평	* 숙박시설 : 호텔, 별장, 콘도, 휴가촌 등 * 운동시설 : 마리나(500척), 스포츠 교실, 요트클럽 * 기타 : 쇼핑센터 등	

4. 스파(온천)리조트

(1) 스파(Spa)리조트

최근 몇 년 전부터 전 세계적인 트렌드로 급부상한 웰빙(Wellbeing), 내추럴(Natural)의 영향으로 그와 함께 딱딱한 일상 스트레스로 부터의 탈피와 심신의 안정을 되찾고자 하는 현대인들의 요구에 따라 다양한 탈 스트레스 산업이 발전하고 있다.

그 중 스트레스와 피로로 인한 근육의 긴장과 심리적 중압감, 두통 등의 해소와 휴식, 원기회복의 탁월한 효과가 있는 스파(Spa) 산업이 가장 각광받고 산업적으로 확대되어가고 있다.

스파는 건강(Health)과 휴식(Relax), 향기(Aroma)를 주는 자연친화적인 Relax Program을 통해 삶의 활력을 불어넣고 인간의 삶의 질을 향상시키기 위한 목적을 가진 산업이다.

현재 전 세계적으로 스파의 열풍으로 스파 산업이 활성화 되어가고 있으며, 스파를 관광산업으로 지정하여 다양한 서비스와 프로그램, 시설의 정비를 통해 상당수의 고객을 유치, 많은 수입을 올려 국가적 성장을 하고 있는 곳이 계속적으로 늘어나고 있다.

스파(Spa)의 사전적 정의를 보면 '스파는 마사지나 물의 열, 부력 따위로 온몸의 혈액 순환을 촉진하여 피부를 관리하고 몸의 스트레스를 해소할 수 있는 시설을 갖추어 놓은 가게'로 정의 되어져 있다.

몸을 씻기 위한 '목욕'의 목적으로 행해지던 예전에 비해 현대의 목욕은 그 의미와 종류가 세분화 되고 복잡해져 하나의 거대 산업으로 발전하고 있으며 이와 함께 다양한 관리방법과 기기, 제품 등 관련분야의 산업 발달과 동시에 관광적 상품으로까지 확대되고 있어 중요한 경제적 가치를 가지고 있는 스파는 현재 세계의 트렌드로 떠오르고 있다. 국제스파협회 (ISPA : International Spa Association)의 정의는 스파(Spa)는 몸, 마음, 정신 모두에 균형된 건강을 되찾기 위한 다양하고 전문적인 솔루션을 의미한다고 하였고, 대한스파협회(KISPA : Korea International Spa Association)의 정의는 스파(Spa)란 물의 열, 부력 및 마사지를 이용해 인체의 혈을 자극, 몸의 평온과 스트레스를 해소시키고 질병 예방 및 신체 컨디션을 재조정하는 선진 수 치료 시설이다.

인간의 몸, 마음, 정신과 웰빙을 목적으로 다양한 전문적인 서비스와 체계적인 관리가 제공되는 곳이다. 스파(Spa)의 일반적 정의는 목욕시설과 미용시설을 비롯하여 심신안정을 위한 다양한 시설 등이 갖추어진 곳으로 물을 이용한 건강의 추구를 넘어서 건강과 미(美)를 증진시키기 위한 각종 테라피의 전반적인 뜻으로 정의되어지고 있다.

(2) 스파(Spa)의 역사

스파(Spa)는 BC 500년 의학의 아버지 히포크라테스가 그리스의 코스 섬에서 최초로 물, 불, 공기, 흙의 4가지 요소를 이용해 뜨거운 물에 입욕하여 환자를 치료한 것에서 시작되었다.

그 이후 고대로 거슬러 올라가 18세기 스파우(SPAU)라는 벨기에 리게 근처의 한 작은 마을 이름에서 스파(Spa)가 유래되었다.

이 작은 마을에는 치유 효과가 있는 광천수를 다량 함유하고 있어 많은 사람들이 질병치료와 건강증진의 목적을 가지고 왕래 하였다.

당시 고대시대에는 목욕문화의 활발한 발달이 이루어져 있었으며 로마에는 1600명을 수용할 수 있는 대규모 욕장인 'Roman Thermae'이 있어 상류층의 사람들은 광천수를 이용한 목욕과 온천 휴양을 통해 사교적 활동을 즐겼다.

그 이후 Thermae가 유럽에 전파되어 Caracalla Theramae, Palestra 등이 생겨나 꾸준히 유행했고 현재에도 유럽의 온천 도시에는 마을에는 치료를 위한 타운이 있다.

중세시대는 교회의 반대로 인해 목욕은 단순히 물을 끼얹는 수준으로 최대 한 달에 한 번의 목욕만이 허락되었으나, 기사단이 돌아오면서 목욕문화가 다시 활성화 되었다.

1850년을 전후로 한 18-19세기에는 벨기에, 바덴바덴 등을 중심으로 따뜻한 물에 입욕하는 온천이 부활하였으며, 벨기에 Spau지역의 온천요법이 알려지면서 이와 유사한 형태의 목욕문화가 대중화 되었고 물이 좋은 곳의 개발이 시작되었다.

20세기에는 프랑스를 중심으로 해수를 이용한 요법이 큰 유행을 불러일으켰으며 독일에서는 Kneipp 신부가 폐렴에 걸리면서 냉수욕(cold water baths), 부분욕(partial shower), 바디청결(body wash)을 이용해 스스로 치료를 하여 워터테라피의 선구자가 되었다.

그 이후 스파는 다양한 목적과 형태로 발전되어 상류층을 중심으로 luxury, vacation Spa, Diet center 등의 형태로 다양하게 활성화되어지고 있으며 건강과의 관련성에 대해 깊이 연구를 하여 스파의 대중화를 이끌어 가고 있다.

즉, 고대시대의 스파(Spa)가 최근 웰빙(Wellbeing)이 트렌드로 급부상함과 동시에 단순히 물을 이용한 목욕과 치료의 개념에서 벗어나 다양한 테크닉, 기기 등의 접목으로 심신의 안정과 건강의 증진, 미용적 효과와 휴식, 레저의 개념으로까지 확대, 다양한 장소로의 확대를 가져와 헤드스파는 헤어살롱에서도 접할 수 있게 된 것이다.

(3) 스파(Spa)의 구성요소 및 효과

스파(Spa)는 하이드로테라피(Hydro Therapy), 에스테틱(Aesthetic), 식이요법, 명상, 휘트니스로 구성된다. 이 5가지 요소의 포커스를 심신의 건강에 맞추고, 그 해법은 고객에게서 찾고자 하는 것이 바로 스파이다. 스파는 반드시 건강, 기쁨, 재미, 휴식, 명상 이라는 테마를 모두 가지고 있어야 한다.

① 스파(Spa)에서의 물의 역할

스파(Spa)에서 가장 중요한 것은 물이다.

온천의 기반인 '물'은 소금에서 해초, 진흙에서 필수 오일에 이르기까지 다양한 첨가제와의 결합을 통해 사용되어지는데 이때 첨가제는 인간의 생리적, 심리적 기능을 강화시켜주는 역할을 한다. 스파(Spa)에서의 물은 피부이완, 피부보습, 인체기능의 자극, 불만해소, 갈증해소, 국부적 치료, 냉각, 마찰 등 치료요법으로 사용되어지고 있다.

또한 미용제품과 화장품에서 수분의 흡수를 촉진시키거나 인체의 신진대사촉진, 지방과 유독물질을 분해시켜 인체가 노폐물을 배출시킬 수 있도록 하는데 큰 역할을 한다.

미용학적 측면에서의 치료에서 물은 다양한 방법으로 사용되어지고 있어 많은 긴깅직, 미용적 효과를 나타내고 있다.

② 스파(Spa)의 효과

수압, 온열과 냉열, 부력, 수류를 이용하여 인체 내 세포의 활성 및 혈의 자극으로 의료적 처치를 병행하기도 하며, 질병의 예방 및 비만치료, 스트레스 해소 등 다양한 효과를 얻을 수 있는 하이드로테라피이다.

스파의 가장 큰 직접적 효과는 부드러운 우윳빛의 뽀얀 피부라고 할 수 있지만 정신적 안정과 재충전 또한 스파의 큰 목적이며 간접적 효과라고 할 수 있다.

스파를 통해 얻을 수 있는 다양한 효과에는 혈액순환 개선, 스트레스해소, 혈액순환장애의 개선, 체내 독소 배출, 셀룰라이트 억제, 신진대사의 활성화, 피부트러블 개선 등이 있다.

최근에는 병원과의 연계를 통해 휴식과 치료를 병행하는 '메디컬 스파'가 큰 각광을 받고 있다.

스파를 통해 피부를 진정시키고 통증 없는 레이저 기기로 성형수술을 시행하고 수술로 인해 긴장된 몸과 마음을 마사지를 통해 다시 안정시키는 프로그램으로 진행되고 있는 메디컬 스파는 한국만의 독특한 메디컬 스파인 한방과 연계한 메디컬 스파 프로그램으로 변형된 메디컬 스파의 형태를 보여주고 있기도 하다.

또한 병원과의 연계로 몸의 독소를 빼내는 과정을 거치기 때문에 대부분 0.5kg-2kg까지 몸무게를 감소시킬 수 있지만 이를 통해 체질의 변화를 이루기 위해서는 최소 100일 이상의 기간이 걸리기 때문에 스파로 단기간에 효과를 보기는 힘들다고 할 수 있다.

(4) 리조트 스파 (Resort Spa)

리조트 스파(Resort Spa)는 도시를 벗어난 대도시 인근이나 근처에 위치한 자연 친화적인 느낌의 스파를 즐길 수 있는 스파의 유형이다.

리조트 스파는 재미와 휴식, 건강을 동시에 챙길 수 있기 때문에 가족 여행 및 휴양으로 많이 이용되고 있어 최근에는 가족단위의 테마 스파로 리조트 스파가 많이 활성화 되고 있는 실정이다.

① 리조트 스파(Resort Spa)의 특성

하루나 이틀 정도의 짧은 휴가를 한 시설에서 다양한 서비스와 편안한 휴식을 취할 수 있게끔 프로그램이 구성되어 있기 때문에 시간에 기는 현대인들에게는 맞춤형의 스파가 될 수 있는 것이 리조트 스파의 특성이다.

② 리조트 스파(Resort Spa)의 효과

- 릴렉스 (Relaxastion), 안티스트레스 (anti-stress), 심신회복(Refresh), 사교 및 친목 도모

▶ 대표적인 리조트 스파 : 아산 스파비스, 안면도 오션캐슬 아쿠아월드, 덕산 스파캐슬 등

(5) 세계스파 (World Spa)

현재 2008년 영국의 스파 산업은 호텔 중심의 체인형 스파가 증가하고 있으며 남성 : 여성의 고객 비율이 24 : 76으로 남성고객의 비율이 꾸준한 증가를 보이고 있다.

<재래식 입욕법>

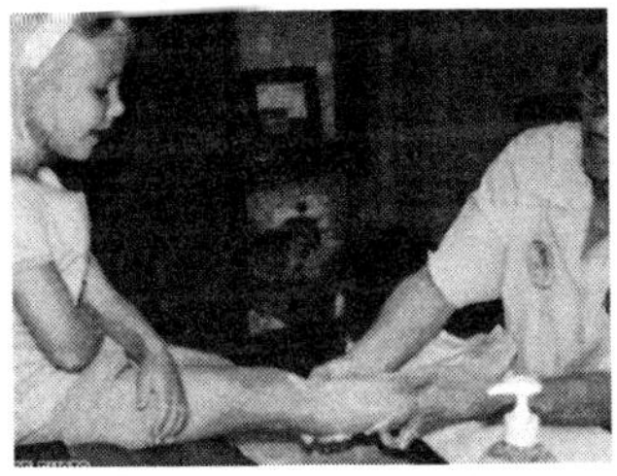

<어린이 스파 패키지>

이에 따라 스파 운영자들 또한 소비자의 기호 흐름을 서비스에 적절히 반영한 프로그램을 많이 제시하고 있다. 국제 스파협회(International Spa Association)의 통계에 따르면 미국의 스파 중 17%의 스파는 13세 이하의 어린이를 위한 스파 패키지를 제공하고 있다고 알려진 바 있다.

실제로 뉴욕 맨해튼의 연 플라자 호텔에 위치한 워렌 트리코미 살롱에서는 엄마와 딸을 위한 스파 서비스가 있다. 또한 러시아에는 재래식 입욕이 부활하여 모스크바의 도심에서는 17세기 슬라브 전통 방식의 복고풍 스파 모듈이 인기를 끌고 있다. 2백년 된 삼나무 목재로 만든 스팀 목욕통에서 알타이 녹용(사슴뿔) 증기욕을 즐기는 메뉴와 메밀 삶은 자루를 이용한 증기욕 및 스크럽, 꿀 마사지, 우유를 적신 타월을 몸에 감싸는 래핑법 등 다양한 형태의 서비스가 제공되고 있다.

여기서 특이한 점은 모스크바에서는 현대식 스파보다 재래식 요법을 더 선호한다는 점이다.

이같이 웰빙의 트렌드에 따라 국내뿐 아니라 세계적으로 스파의 열풍이 일어나고 있다.

동남아시아만의 전유물로 여겨지던 스파와 테라피가 이제 전 세계적으로 확대되어 나가고 있는 것이다.

1) 세계 스파시장 현황

Reason for Spa Visit	Percentage
Relieve Stress	47 %
Reduce Stress	46 %
Soothe Sore Joints/Muscles	38 %
Feel Better About Myself	31 %
Mental/Emotional Health	28 %
Improve My Appearance	22 %
Overall Wellness	19 %
Opportunity to Socialize	8 %
Recovery from Injury	5 %
Lose Weight	4 %
Recuperation from Cancer	<1 %

얼마 전 세계적 전문 조사기관에서 [스파를 찾는 이유]에 대한 설문조사를 실행한 결과 가장 높은 퍼센트를 차지한 이유가 스트레스를 완화시키기 위함이었으며 이외에도 근육의 이완과 심신의 안정 등을 위하여 스파를 많이 이용하는 것으로 나타났으며 스파를 이용하는 고객의 수가 점점 늘어나고 있음을 밝힌 바 있다.

예전에는 스파를 위해 소비자들이 먼 거리를 이동해야 하는 불편함을 느껴야 했지만 이제는 스파의 여러 영역이 소비자의 일상생활에 좀 더 가까이 접근해오고 있으며 이에 따라 올해 세계 스파시장의 트렌드는 공간의 이동으로 떠올랐다.

좀 더 쉬운 표현으로 나타낸다면 스파 서비스가 이루어지는 장소의 변화가 이루어졌다는 것이다. 얼마 전까지만 해도 스파를 받기 위해서는 리조트 스파나 데스티네이션 스파처럼 많은 거리를 이동해야 했지만 이제 더 이상 스파 서비스는 특별한 장소에서만 이루어지지 않게 되었다는 것이다.

국제 스파협회(ISPA)에서는 최근 이러한 경향을 몇 개의 영역으로 나누어 제시하고 있으며 아직까지는 모든 국가가 아닌 일부 스파 선진국에서만 이러한 현상이 일어나고 있다.

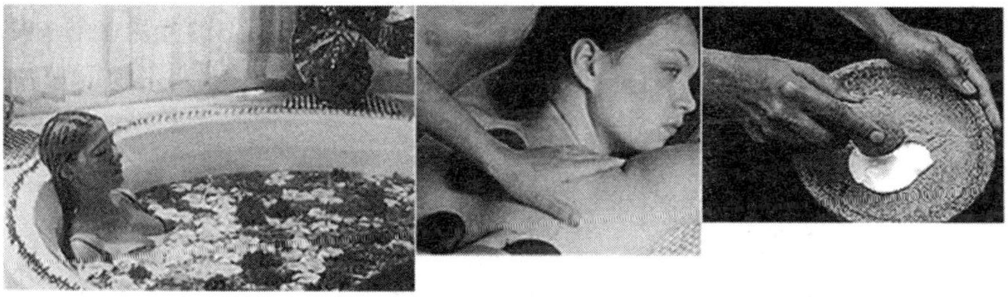

2) 태국의 스파

은은한 음악, 기분 좋은 아로마향에 쌓여 전문 치료사들이 직접 해 주는 마사지를 받으며 평온한 휴식을 취하고 있는 모습을 상상해 보세요. 이 모든 것이 간절히 원하던 것이라면, 태국은 당신이 찾는 스파의 천국입니다. 수십 년 동안 스파는 건강을 지키는 최고의 수단으로 여겨왔으며, 스파를 통해 많은 관광객의 관심을 불러일으킨 태국은 여러 종류의 스파와 리조트를 개발 해 왔습니다.

태국에서 즐기는 스파는 전통 마사지, 허브 트리트먼트, 그리고 수천 년 동안 사용되어 온 방법으로 통증과 고통을 치료하는 증기실 치료법 등이 있습니다. 태국인들이 스파의 효험을 오랫동안 누려온 20여 년 동안 태국의 관광산업은 지속적으로 발전해왔고, 세계 각지에서 휴양지를 찾아오는 여행객에게 아름다운 태국의 해변 및 리조트 등에서 즐기는 마사지를 소개해 왔고, 태국을 스파 최고의 나라로 소개해 오고 있습니다.

1990년도 초반부터 방콕, 반얀트리 리조트, 푸켓 그리고 후아힌의 씨바숌 호텔 등은 진정한 스파를 즐길 수 있는 장소로 자리 잡았습니다. 오랫동안 세계인들의 사랑을 받아온 태국의 스파. 아시아 최고의 스파라는 명성을 넘어 이제는 세계 제일의 스파로 손꼽히고 있습니다. 이러한 명성에 힘을 얻어 태국은 스파에서 헬스케어로 영역을 확장하고 몸과 마음의 건강, 평온한 휴식을 찾고자 하는 사람들에게 최적의 장소로 많은 관광객들에게 사랑 받고 있는 나라입니다.

① 태국의 스파시장 현황

태국 내 관광 및 Health Care산업 발전에 힘입어 고급 SPA 산업이 2004년에 약 20% 성장하여 시장규모가 약 120억밧(3,600억 원)에 이르게 될 것이라는 전문조사기관의 예측이 나왔다.

Kasikornthai 전문 조사기관에 따르면, SPA 산업은 연간 100억밧(3,000억 원)씩 성장해 왔으며 태국이 환경 및 관광산업에 대한 투자가 늘어남에 따라 그 전망이 더 밝을 것으로 내다봐지고 있다.

서양 스타일의 SPA 시설로는 10년 전에 오리엔탈 호텔의 오리엔탈 SPA가 그 처음이었다.

지난 3, 4년 동안 SPA 시설은 태국 내 특급 호텔을 중심으로 급증해왔으며 현재는 호텔 판매의 중요부문을 차지하고 있다. Kasikornthai기관도 SPA는 고객들을 최고급 호텔에 투숙하도록 유도하는 중추적인 매력 요소일 뿐만 아니라 호텔 측에도 고수익을 창출해 내고 있다고 밝혔다.

일반적으로 호텔이나 고급 리조트 시설 내에 SPA를 위한 투자금액은 대략 3억 원에서 많게는 9억 원 가량으로 대부분의 비용이 시설 설비와 장식비용으로 사용된다. 그러나 전문가들의 의견에 따르면 1, 2년 안에 투자비용이 회수되는 것으로 보고 있다.

태국의 SPA 산업이 빠르게 성장할 수 있는 주요원인으로는 태국 전통마사지와 Herbal Treatment가 서양 스타일의 SPA와 잘 어울리기 때문인 것으로 평가받고 있다.

② 태국의 대표적인 스파

- Four Seasons Resort & Spa -Chiang Mai, Thailand

세계 유수의 여행 또는 라이프스타일 잡지에서 몇 년째 세계 최고의 스파 리조트로 꼽고 있는 곳. 먼저 아름다운 산 속에 둘러싸인 리조트 환경이 평온을 가져다준다. 그리고 태국 왕족의 사원처럼 느껴지는 스파는 고급스럽고 섬세한 약 50여 가지의 트리트먼트를 준비하고 있다. 태국의 전통 테라피는 물론 아유르베다, 레이키, 중국의 추나 요법도 체험할 수 있다. 그중 가장 특별한 경험은 이차라Ytsara테라피로 각종 열대 과일로 직접 만든 트리트먼트제로 타이마사지와 보디 스크럽을 즐길 수 있다.

PRICE RANGE 타이전통마사지 90분 4300THB, 엘레미스 아로마 스톤 테라피 75분 5,800THB, ADDRESS Seasons Resort Chiang Mai, Mae Rim-Samoeng Old Road, Mae Rim, Chiang Mai, TEL +66 53 298181 WEB

✎ Body Treatments

혈액순환을 개선하고 온몸의 기가 막힌 곳을 통하게 하는 순서로 스파마사지 처음단계이다

✎ Massages

마사지는 세계최고의의 전문성과 만족도를 느끼는 서비스로 마사지보다는 지압에 가깝다.

✎ Deluxe Spa packages

마사지는 여러 가지 기본적인 형태와 종류별로 조합을 해놓은 프로그램으로 진행되며 손님의 취향에 따라 선택하면 된다.

- 팜허벌 스파 (Palm Herbal Spa) -

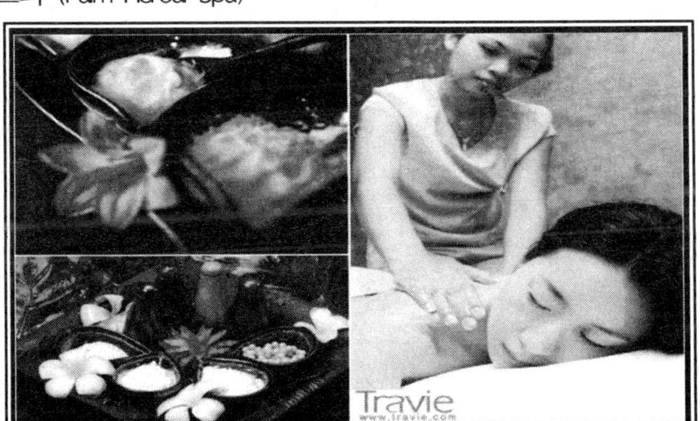

3) 캐나다 스파

① 캐나다 스파 시장의 현황

- 캐나다 관광공사에 따르면, 18세 이상의 성인 4명 중 1명은 스파이용자이며, 지난 십년간 캐나다에서 설립된 스파의 수는 연평균 17% 정도로 증가해 2007년에는 15억 이상의 매출을 기록함.
- 2004~05년 동안 캐나다 스파시설은 1984곳에서 2338곳으로 354개 업소가 증가했으며, 2006년 3월까지 캐나다 스파 매장은 2300개를 넘음. 스파 시장에 있어서 온타리오는 전체 캐나다 44%로 가장 큰 주이며, 다음으로 브리티시 콜롬비아와 퀘벡(각각 전체 시장의 대략 1/5를 차지함), 앨버타 순임.
- 스파를 방문한 경험이 있는 사람들을 대상으로 방문 이유를 조사한 결과, 대략 80% 정도가 스트레스 해소와 휴식 목적이었으며, 나머지 약 20%가 건강 목적으로 나타남.

○ 캐나다 스파 매장의 현황

- 스파 매장은 평균적으로 6.3년이 됐으며, 지난 2년간 새로운 매장은 26% 정도 생겨남. 전체적으로 캐나다 스파 산업은 발달단계에 있다고 봄. 캐나다의 스파 매장에서 93%를 차지하는 두 가지 유형은 데이스파(도심형 스파) 74%와 리조트·호텔 스파(19%)임.
- 트리트먼트 룸은 이 산업에서 가장 기본이 되는 서비스 영역으로 94%를 차지하며, 소매(80%)와 뷰티살롱(70%) 또한 스파 산업에서 핵심적인 서비스 및 제품 분야임.
- 스파매장에서 1/3 이상(37%)의 소매는 부티크를 통해서이며, 그 다음으로 33%가 작은 코너에 국한돼 있는 추세임. 전체적으로 소매를 통한 스파의 대략 70%는 스파매장 운영에 있어서 소매 영업이 매우 중요하게 자리 잡고 있는 실정임.

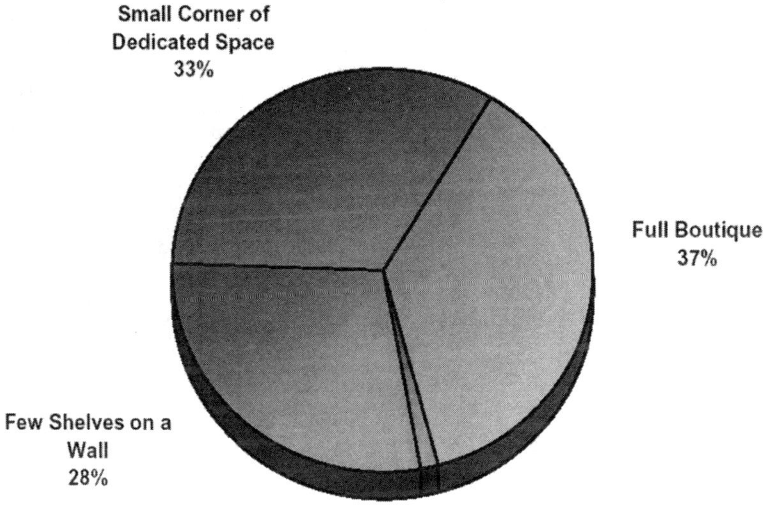

<스파 소매구조>

② 캐나다 스파시장 트렌드

친환경 열풍으로 인해 가장 중요시되는 산업 중 하나인 스파산업은 세계적으로 전 분야에 걸친 친환경 열풍으로 인해, 스파산업에도 오가닉 스파 또는 친환경적인 스파가 주목받고 있으며, 관련 스파 제품들이 호응을 얻고 있으며, 이에 따라 오가닉 마사지 오일, 크림, 바디 트리트먼트제 등 화학성분을 최대한 줄인 제품을 선호하는 편이다. 시대의 흐름을 반영한 스파 상품의 패키지화로 인하여 가족을 위한 스파 뿐만 아니라, 이전에는 미용관리에 관심을 기울이지 않았던 남성들이 최근 피부 관리 등을 위해 스파를 찾는 경우가 급속도로 증가하고 있다. 이 계층들을 위한 패키지 상품이 하나의 트렌드로 부상하면서, 패밀리 스파·모녀 또는 부자를 위한 스파 패키지·남성 트리트먼트를 위한 패키지 등 다양한 패키지가 등장하였다. 캐나다 스파 산업의 점차적인 영역 확대로 메디컬 트리트먼트의 수요 증가로 인해 룸 안에 Wi-Fi 등이 설치된 하이테크의 스파가 등장했으며, 과학기술을 이용해 전문적인 가이드와 함께 우울증이나 불면증을 겪고 있는 사람들을 치료할 수 있는 메디컬 스파도 등장하게 되었다.

- 신뢰할 수 있는 의료진들이 제공하는 메디컬 트리트먼트 전통요법과 서양 의술을 혼합한 메디컬스파가 각광받음.

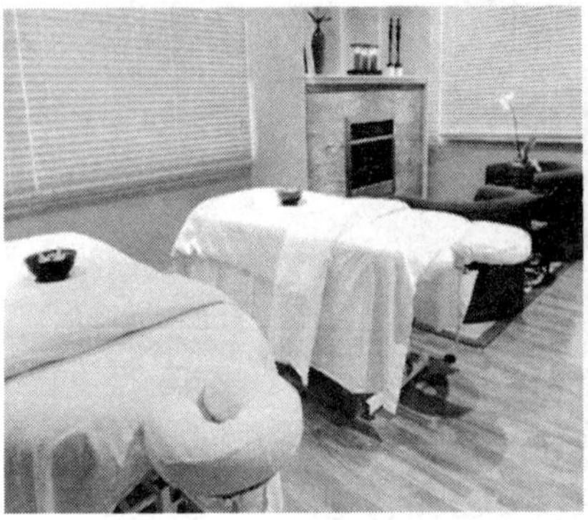

5. 워터파크

(1) 워터파크

요즘 주 5일근무제의 도입으로 여가활동은 일상생활에서 큰 비중을 차지하게 되었으며, 단순히 휴식뿐만 아니라 생활의 질을 높여주며, 인생의 경험을 풍부하게 해주는데 긍정적인 역할을 해왔다. 국내 레저산업이 라이프 사이클 상 성장기에 접어들면서 인간과 밀접한 관계를 맺고 있는 물을 주제로 한 레저공간인 워터파크의 조성이 이루어지게 되었다. 워터파크란 물을 매개체로 한 놀이시설, 건강시설, 휴식공간이 함께 어우러진 복합 물놀이 공간으로 앞으로 무한한 잠재력을 지니고 있는 레저의 장이다. 그러나 현재 국내 워터파크 조성은 선진사례를 단순히 모방한 단편적인 설계가 이루어지고 있는 실정이며, 다양한 운영방안과 설계기법의 개발이 부진한 실정이다. 워터파크(water park)는 물속에서 단지 수영과 물놀이만을 즐기는 것이 아니라 물을 매개체로 한 각종 놀이시설과 건강시설, 그리고 휴식공간이 함께 갖추어진 물놀이 공간을 말한다. 즉 워터파크는 물을 이용해 즐기고 휴식하는 동시에, 스릴이 추가된 복합적이고 동태적인 물놀이 기능을 가진 물 중심 공원(water oriented park)인 테마파크이다. 물을 매개체로 하여 물과 접하며 놀이를 위한 기능을 가진 Pool을 최소한의 시설로 물과 함께 놀고, 물을 이용해 휴식하는 즐거움뿐만 아니라 여기에 스릴이라는 요소가 추가된 복합적이고 역동적인 물놀이 기능과 수경을 즐기는 레저공간으로서 쾌적성과 오락을 중시하는 물을 주제로 한 테마파크이다. 미국의 워터파크 협회에서 발행하는 협회지 「Splash」에 의하면 워터파크란 프리풀, 워터 슬라이드, 인공 파도풀 등을 아이템으로 하는 레저풀이 있는 것을 말하며 대부분이 옥외형 레저시설이라고 정의하고 있다. 유럽, 특히 독일에서는 전통적인 쿠어 시설에 레저기능을 병설하여 워터파크한 경우가 많다. 일본에서는 미국 스타일의 옥외형 레저 풀과 유럽스타일의 옥내형 스파 시설이 같이 병설된 워터파크의 조성이 이루어지고 있고, 레저 풀을 같이 설치한 복합형의 건강센터나 스포츠센터까지도 워터파크로 정의하고 있다.

결론적으로, 오늘날 전 세계적으로 통용되는 워터파크는 경관적 조경요소 및 편의시설 등 부대시설과 각종 물놀이 시설로 이루어진 복합 레저시실이며 건강시설과 관련된 스파 시설들까지 워터파크의 범주에 포함시키고 있다.

워터파크의 개념은 애매하면서도 광범위하며 다양하다고 볼 수 있다. 따라서 물을 주제로 하는 레저시설을 통틀어 그 시설의 개발 컨셉이냐, 건강지향이냐, pleasure 지향인가로 대별할 수 있으며 각각의 역사적 발전과 융합에 따라 오늘날 워터파크는 형성되었다.

(2) 워터파크의 현황

우리나라의 워터파크의 전형은 건강센터와 쿠어 하우스의 등장(부곡 하와이, 수안보 와이키키, 롯데월드 스위밍)이다. 국내의 워터 파크는 물을 테마로 한 건강과 레저시설로 정의되며, 시설내용은 온천욕기능과 Pleasure(유희)기능이 복합화 되는 과정에 있으며 계속 발전해 나갈 것으로 보인다. 부곡하와이, 수안보 와이키키는 지금은 건강지향이 주체이고, pleasure지향이 부수적인 시설로 활용되고 있다. 워터파크를 병설한 건강센터로는 롯데월드 스위밍이 있으나 아직은 활성화 되지 못한 상태이다. 워터파크의 개념이 본격 도입된 곳은 미국이라고 할 수 있다. 미국 올랜도에 위치한 '웨튼 와일드(Wet'n Wild)'가 물 중심의 동태적인 놀이기능을 가진 워터파크의 원형으로 알려져 있다. 동양에서는 1926년에 일본 동경 도시마엔 풀이 최초로 개장되어 레저 풀의 역사는 오래되었으나 본격적인 워터파크로 발전한 것은 1986년이다. 즉 나카시마 스파 랜드(Spa Land)는 대규모의 바닷물을 끌어들여 해수 풀을 만들고 워터 슬라이드를 도입하였다.

한편 워터파크를 운영하는데 있어 최대 관심사는 고객이다. 통상 입장객의 집객범위는 이동시간으로 2시간, 거리 100km 이내이지만 고속도로 개통으로 그 범위가 다소 넓어질 수 있다. 입장객수를 계절별로 보면, 여름방학 때인 7~8월 동안에 가장 많고 나들이철인 봄에 가장 적게 이용한다. 특히 8월에는 연간 입장객수의 20~30%를 차지하고 있다.

실내형 워터파크는 볼링장처럼 비오는 날의 입장객이 늘어나는 특성을 갖고 있다. 특히 봄, 가을은 날씨에 좌우되는 경우가 많다고 한다. 또한 워터파크가 물을 주제로 운영되고 있기 때문에 청결하고 쾌적하며 안전하다는 이미지를 심어주지 못하면 사업에 실패할 가능성이 높다.

6. 테마파크

(1) 테마파크

일반적으로 주제공원(Theme Park)은 놀이공원(amusement parks)을 연상하게 된다. 이러한 연상 작용은 대부분의 국내 주제공원들이 놀이공원 중심의 시설구성에 기인한다고 볼 수 있다. 실제로 국내 주요 10여개 주제공원 중 한국민속촌과 대전엑스포 과학 공원 등 일부를 제외하고 대부분 놀이공원으로 분류될 수 있다. 그러나 이는 협의의 주제공원의 개념으로 주제를 놀이시설의 제공으로 제한하여 조성한 사례들이다. 그러나 많은 선험연구에서는 주제공원을 보다 광범위한 영역으로 확대하고 있다.

미국의 주제공원산업은 세계에서 가장 큰 규모와 시설 및 방문객을 가지고 있으며, 또한 이미 성숙기에 도달하였지만 더욱더 성장하기 위하여 적극적인 마케팅 전략을 수립, 실시하고 있다. 61개국 3,400여 회원사를 가지고 있는 International Association of Amusement Parks and Attractions(IAAPA)에 따르면, 미국에 약 600여개의 크고 작은 주제공원과 놀이공원이 있으며, 2억 6천만 명의 방문객으로 약 50억 달러의 매출액을 나타내고 있는데 이는 전 세계의 약 63%에 달하는 수치이다. 1955년 디즈니랜드가 기존의 파크들과 차별화된 주제를 가지고 65에이커(acre)의 면적에 $50million의 예산을 들여 대규모의 시설을 개장하면서, 상업적 성공을 거두자 기존의 Amusement Park들도 점차 테마파크로 변신하게 되었다.

이런 변화가 생기면서 여러 연구에서 테마파크에 관하여 논하였고 이의 개념을 정의하였는데 Preyer (1995)는 주제 공원을 관광객에게 새로운 형태의 여가를 제공해 주는 인공적인 공원이라고 정의 하였다.

상기이 다양한 개념정의를 토대로 볼 때 테마파크는 "단순한 놀이시설의 제공, 판매하는 사업이 아니라 문화, 사회, 경제, 과학 등 광범위한 소재를 중심으로 방문객들에게 일상생활을 떠나 문화적 혹은 오락적 체험을 가능하게 하여 여가선용의 기회를 제공하는 주제의 복합체" 라고 정의할 수 있겠다. 여기에서 소재란 주제를 표현하는 재료를 뜻하고 일반적으로 테마파크에서 주제를 표현하는 소재로는 건축물, 직원들의 유니폼, 유기시설(Attraction), 이벤트, 식음료, 기념품 등을 꼽을 수 있겠다.

테마파크는 주제라는 뜻의 테마(theme)와 공원, 유원지라는 뜻의 파크(park)의 합성어이다. 즉, 테마파크는 단순한 유원지를 말하는 것이 아닌 하나의 특정한주제가 있는 놀이공원을 말하는 것이다. 테마파크에서는 놀이기구, 조경, 공연, 음식점, 직원들의 복장, 캐릭터, 심지어는 음식 접시 등 모든 요소요소가 주제와 관련이 있는 것을 볼 수 있을 것이다.

테마파크에서는 남녀노소가 즐길 수 있으며 현실과 다른 비일상적인 공간에서 새로운 경험을 느낄 수 있다. 최초의 테마파크는 월트디즈니에 의해 1955년 7월에 美 LA에 디즈니랜드라는 이름으로 설립되었고, 지금도 그 명성이 이어지고 있다. 우리나라의 대표적인 테마파크로는 롯데월드와 부천 아인스월드를 들 수가 있다. 기존의 어뮤즈먼트파크(Amusement Park)들이 서로 비슷비슷한 유기시설을 설치해두고 고객들을 유인했다면 새로이 탄생한 테마파크들은 자신만의 독특한 테마를 가지고 이를 표현하기 위해 여러 가지 조작적 장치를 해서 고객들을 일상에서 탈피한 시간을 제공하고 있는 것이다.

(2) 테마파크의 특징

가. 전체를 통합하는 테마가 있다.

나. 테마에 기초한 문화적 정보와 모티브가 전개되고 있다. 그러므로 내용의 폭이 넓고 생각의 깊이가 있다.

다. 테마파크는 차별화된 개성을 가지고 있다.

라. 레저시설로서의 즐거움과 엔터테인먼트가 있다.

마. 테마에 기초해 보통은 비일상적인 환경으로 전개된다.

바. 테마파크는 사전에 손님에게 이미지를 주고 집객의 동기와 선택성을 부여한다.

사. 테마파크는 매력적인 유희장치와 이벤트, 게다가 각종 상품의 소매업과 음식업 등을 포함한 형태로 복합적 성격이 매우 짙다.

테마파크는 아주 간단히 말해서 어느 특정한 테마를 설정해서 전개한 것이라고 할 수 있지만 무엇을 위해 테마를 설정하는가에 대한 문제는 테마파크에서의 테마의 기능과 역할을 알아봄으로써 해결될 수 있겠다.

우선, 테마를 그 유형별로 분류하자면 〈표 13〉과 같은데 그것들은 각각 문화적, 역사적, 교육적, 그리고 환상적인 요소 등을 포함하며 여러 가지 표현수단에 의해 표현되고 이는 테마파크의 독특한 분위기를 창출함으로써 고객들에게 비일상적인 경험을 체험케 하는 것이다. 여기에서 비일상적인 체험이란 반드시 환상적이거나 신기한 것만을 말하는 것이 아니라 우리 모두 각자의 평범한 일상과 다른 것을 뜻하고 이러한 비일상적 체험은 어린 시절의 추억, 즐거운 놀이 등을 경험하면서도 느껴질 수 있는 것이다.

테마파크를 찾는 사람들은 이러한 비일상적인 경험을 통해 향수(nostalgia)를 느끼고 상상력을 자극받음으로써 파크에 쉽게 싫증을 내질 않고 여러 번 다시 찾는데 이런 점에서 볼 때 테마는 사람들에게 향수를 느끼게 하고 상상력을 자극하면서 파크에 재방문력을 부여한다고 할 수 있다. 하지만 테마는 결코 그 자체만으로는 사람들을 설득할 수 없고 이를 적절히 꾸며주는 표현수단을 필요로 하는데 테마파크에서 눈으로 보이는 모든 것은 전부 이러한 테마의 표현수단이라 해도 지나치지 않을 것이다. 이런 테마표현 수단들을 좀 더 자세히 분류하여 설명하자면 다음과 같다.

첫째, 건축물이나 사인 물, 그리고 각종 유기 시설 등의 디자인이다. 고객들이 테마파크에 처음 입장했을 때부터 퇴장할 때까지 일관된 디자인의 패턴을 접하면 그들은 파크에 머무르는 동안 현실세계와 동떨어진 다른 세계에 있다는 기분을 느끼게 될 것이고 이는 바로 테마구현의 바람직한 모습일 것이다.

둘째, 각종 어트랙션들이다. 이러한 어트랙션은 탑승물(rides)뿐만 아니라 각종 이벤트(event)나 쇼(show) 또는 캐릭터 등까지 포함한 개념이다. 손님들은 파크 내의 다양한 어트랙션을 경험하면서 점점 더 테마에 빠져든다.

세 번째로 식당, 상품점등의 상업시설들을 들 수 있는데 고객들은 파크 안에서 다양하고 맛있는 음식을 접하며 비일상적인 기분이 심화되고 상품점에서 독특한 캐릭터 상품들을 구입함으로써 그들의 즐거운 경험을 일상생활에 돌아가서도 추억으로 삼을 것이다.

네 번째로 꼽을 수 있는 것이 테마송이나 B. G. M(Back Ground Music)등의 음악이다. 음악은 분위기를 연출하는데 있어 굉장히 중요한 역할을 수행하는데 아무리 디자인이나 기타 시설물들이 테마를 잘 꾸며주었다고 해도 음악이 테마와 어울리지 않는다면 테마는 효과적으로 구현되기 어려울 것이기 때문이다. 이상과 같은 네 가지의 테마표현수단들은 서로 동시에 테마를 꾸며주며 고객들의 감각과 감성을 자극하여 테마파크에서 테마가 효과적으로 구현되게 만들어주는 구실을 하는 것이다.

테마를 테마파크의 생명과 같다고 말하기도 하는데 이는 테마파크에서 테마가 다양한 소재의 이용을 통해 고객의 향수와 상상력을 자극하는 기능을 함으로써 테마파크에서 가장 중요한 고객들의 재방문을 이끌어내어 테마파크를 발전시키는 역할을 수행하기 때문이다.

<표 13>

테마유형	표현방법	적용사례
인간사회의 민속	어느 시대, 어느 지역을 특정 짓는 민가나 건축물 또는 분위기를 재현하여 민속적, 문화적, 시대성을 표현한다.	한국 민속촌 일본의 하우스 텐보스, 스페인촌, 하와이의 폴리네시안 빌리지
역사의 단면	역사적 내용과 인물에 중점을 두고 환경과 상황을 재현한 것으로 한다. 이 경우 지역에 연관된 소재가 많고 사실과 가설의 조화를	

	도모하는 형태로 개발하고 있다. 구체적인 예는 적지만 평창(메밀꽃 필 무렵의 배경지)의 이효석 생가 주변의 테마파크화 등이 이러한 경우이며, 또한 지자체 별로 춘향전 파크, 홍길동 파크 등이 계획 중	
지구상의 생물	생물의 본래 생식하는 환경을 재현하면서 그를 중심으로 정보, 실연쇼 등으로 구성한다.	씨월드 Discovery World (플로리다) 해유관, 오끼나와선 인장가든 (일본)
구조물	구조물의 크기, 높이, 거대조형이나 구조물의 미니어춰의 재미가 화제와 흡인력 된다. 외관의 인상과 내부 공간으로부터의 조망 및 내부공간의 이용과 연출이 중요하다.	매드로담 및 레고랜드, 대만의 소인국
산업	지역의 산업시설이나 목장 등을 개방, 전시하고 체험시키는 행태를 취한 것이고 체재, 반복이 가능하다	허쉬초코렛 파크 이천의 도자기촌, 담양 죽세공마을, 금산의 인삼 테마파크
예술	영화세트나 미술작품의 야외 갤러리 정원 및 음악이벤트 등을 환경으로서 이용한다.	유니버셜 스튜디오
놀이	스포츠 활동과 건강을 아이템으로 하는 것으로 레저 풀, 어뮤즈먼트머신 등을 도입하여 시설을 구성한다.	에버랜드의 캐리비안 베이, 롯데월드, 서울랜드, 에버랜드
환상적인 창조물	동화와 애니메이션의 캐릭터를 중심으로 이야기의 일부를 재생하거나 SF세계 등을 테마로서 비일상성에 중점을 둔 구성을 한다.	디즈니랜드
과학과 하이테크	우주, 통신기술 등 현재 과학기술의 모습을 정보와 함께 전시하거나 체험케 한다.	스페이스월드
자연자원	관광단지나 위락 단지 내에 온천, 스포츠시설 등을 복합시켜 체재형 파크로 구성한다.	설악 워터피아

<롯데월드>

<아인스 월드>

7. 실버리조트

(1) 실버리조트

① 실버산업의 정의

정년 60세 이상의 고령자들을 대상으로 하여 민간 기업이 시장 경쟁의 원리에 입각한 재화 및 서비스의 공급을 행하는 산업을 의미한다.

② 실버산업의 현실

가. 사회가 발전하면서 급속한 고령화 사회로 진입을 하면서, 고령층을 위한 리조트 사업이 필요하게 되는 시점이다. 평균수명의 연장과 여가시간의 증가, 고소득 연금 생활자들의 증가로 고령자들은 황혼을 보내기 위해 자신만의 라이프스타일을 강조하는 실버 리조트를 찾는다.

나. 현재 일본은 세계 유일의 고령화 국가로 유명하다. 특히, 고령화 사회 단계를 지나, 본격적인 고령화 사회로 진입을 하면서, 심각한 노인문제에 대두되었다. 그래서 일본은 어느 나라보다 훨씬 노인문제에 대해서 적극 대처하고 있으며, 공공복지제도 확충과 고령자들을 위한 공공 서비스 제공과 더불어 민간 실버산업 참여와 유치에도 보다 적극적으로 대처하고 있다.

다. 우리나라에도 현재 고령화 사회가 빠르게 진행이 되어가고 있고, 앞으로도 2020년에 우리나라 인구 반 이상이 노인층들이 젊은 층을 능가 할 것이라는 통계가 나왔다. 그래서 우리나라에도 실버산업이 절실히 필요한 실정이고 노인들을 위한 실버관광 상품 개발과 실버 관광 상품의 확대를 해야 할 것이다. 현재 우리나라에는 아직까지도 고령자들을 위한 실버 리조트가 부족한 실정이다. 그래서 노인층을 위한 실버관광을 위한 프로그램을 조속히 개발을 해야 하고, 실버 관광을 위한 대책이 시급하다.

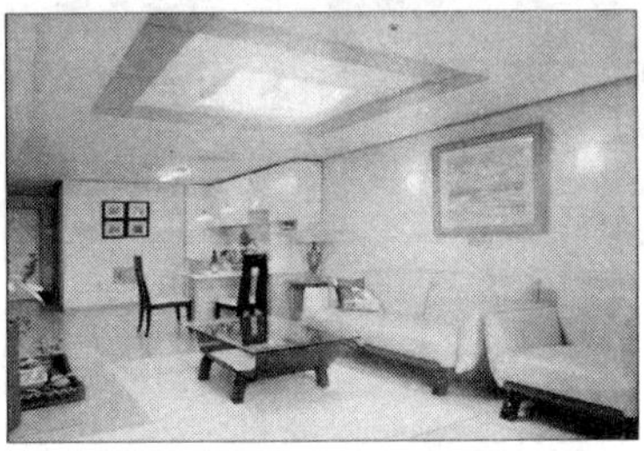

<노블카운티내부(경기도 00시)>

<노블카운티(경기도 00시)>

8. 카지노리조트

(1) 카지노리조트

카지노는 도박, 음악, 쇼, 댄스 등 여러 가지의 오락시설을 갖춘 집회장(작은 집) 이라는 의미의 이탈리아어 casa가 어원이고, 르네상스시대의 귀족이 소유해 있었던 사교, 오락용의 별관을 뜻했으나, 지금은 해변, 온천, 휴양지 등에 있는 일반 옥내 도박장을 가리키는 말이다.

우리나라의 카지노산업은 1960년대 경제개발을 위해 외화 획득이 절대적으로 필요했던 시기에 처음으로 허용되었으며, 그 후 사업체 수나 영업규모 등이 크게 증가하였다. 1980년대와 90년대 초 신규 허가의 완화로 카지노시설이 늘어나기는 하였으나 그 동안 우리나라는 카지노산업이 갖는 부정적 이미지로 인하여 가급적 최소의 사업 범위만을 허용하는 한편 내국인의 출입을 엄격히 제한해왔다. 그러나 1997년 12월 IMF 관리체제가 시작된 이후 우리경제는 심각한 외

환위기를 벗어나기 위해 외화수입 증대가 초미의 관심사로 등장하였고, 이를 위해 수출 증대는 물론 관광산업 진흥 등을 통한 외화 획득의 중요성이 크게 부각됨으로 인해 정부는 관광부문의 규제완화와 「외국인투자유치촉진법」을 활용하여 20-30억 달러의 외국인 투자 유치 목표를 설정하였고, 관광산업부문에서 카지노산업을 유력한 외자유치 가능 업종의 하나로 인식하였다

카지노 산업에서 카지노를 운영하는 업체들을 통칭하는 것인데 카지노 산업은 시장의 특성상 다음과 같은 특징을 가지고 있나.

가. 인적서비스에 대한 높은 의존성
나. 연중무휴 및 높은 고용효과
다. 관광객 체재기간 연장 및 관광객 경비를 늘린다.
라. 호텔영업에 대한 기여도 및 의존도가 높다.
마. 상품의 비탄력성, 비보관성, 비이동성, 비산축성을 가진다.
바. 관광객을 위한 게임장소의 제공과 오락시설의 제공기능을 가진다.
사. 야간 관광상품 및 실외 관광상품으로서 대체가 가능하다.

<강원 랜드>

<강원 랜드 내부>

<표 14> 카지노 업체 현황

(2007. 12. 31. 현재)

시·도	업 소 명 (법 인 명)	허가일	운영형태 (등급)	대표자	종사원수 (명)	'07매출액 (백만 원)	'07입장객 (명)	전용영업장면적 (㎡)
서울	파라다이스워커힐카지노 【(주)파라다이스】	'68. 3. 5	임대 (특1)	추호석	769	205,799	206,700	3,083.1
	세븐럭카지노 서울강남점 【그랜드코리아레저(주)】	'05. 1.28	임대 (컨벤션)	박정삼	704 (본사 포함)	154,876	219,715	2,839.9
	세븐럭카지노 힐튼호텔점 【그랜드코리아레저(주)】	'05. 1.28	임대 (특1)	박정삼	496	96,056	440,727	2,811.94
부산	세븐럭카지노 부산롯데호텔점 【그랜드코리아레저(주)】	'05. 1.28	임대 (특1)	박정삼	279	32,422	115,183	2,234.32
	파라다이스카지노 부산 【(주)파라다이스글로벌】	'78.10.29	직영 (특1)	이평규	268	40,634	64,300	2,283.5
인천	골든게이트카지노 【(주)파라다이스인천】	'67. 8.10	임대 (특1)	정연수	202	17,322	16,469	1,060.6
강원	호텔설악파크카지노 【(주)호텔설악파크】	'80.12. 9	직영 (특2)	우성하	14	67	409	547.9
경북	경주힐튼호텔카지노 【(주)베니스타】	'79. 4.11	임대 (특1)	김영은	87	3,117	4,404	1,240.3
제주	라마다프라자카지노 【(주)에이스통상】	'75.10.15	임대 (특1)	박성호	37	2,900	9,772	2,359.1
	파라다이스그랜드카지노 【(주)파라다이스제주】	'90. 9.1	임대 (특1)	김한기	127	11,355	21,762	2,756.7
	신라호텔카지노 【벨루가(주)】	'91. 7.31	임대 (특1)	정덕일	127	4,337	8,928	1,953.6
	제주오리엔탈호텔카지노 【(주)풍화】	'90.11. 6	임대 (특1)	동만홍	86	3,841	8,514	1,121.5
	롯데호텔제주카지노 【(주)두성】	'85. 4.11	임대 (특1)	김한기	168	24,229	32,409	1,205.4
	엘베가스카지노(구, 남서울) 【(주)나자인】	'90. 9. 1	직영 (특1)	제프리 맥도웰	285	7,469	12,261	1,026.6
	하얏트호텔카지노 【(주)유니콘】	'90. 9. 1	임대 (특1)	문승율	86	-	-	803.3
	트로피카나카지노 【(주)신성개발】	'95.12.28	임대 (특1)	이병수	69	8,506	14,785	823.85
16개 업체(외국인대상)			**직영:3 임대:13**		**3,804**	**612,930**	**1,176,338**	**28,151.61**
강원	강원랜드카지노 【(주)강원랜드】 **(내국인대상)**	'00.10.12	직영 (특1)	조기송	1,775	969,933	2,451,920	6,878.35
17개 업체(내 · 외국인대상)			**직영:4 임대:13**		**5,579**	**1,582,863**	**3,628,258**	**35,029.96**

주) 매출액은 관광진흥개발기금 부과금액을 기준으로 한 것임

<표 15> 카지노 사업주체, 허가일, 사업장소, 사업장규모-외국인

사 업 주 체	허 가 일	사 업 장 소	사업장규모 (㎡)	비고
(주)파라다이스 파라다이스워커힐카지노	'68. 3. 5	서울 워커힐호텔	3,083.1	
그랜드코리아레저(주) 세븐럭카지노 서울강남점	'05. 1. 28	서울 코엑스 컨벤션별관	2,839.9	
그랜드코리아레저(주) 세븐럭카지노 힐튼호텔점	'05. 1. 28	서울 밀레니엄서울힐튼호텔	2,811.94	
그랜드코리아레저(주) 세븐럭카지노 부산롯데점	'05. 1. 28	부산 부산롯데호텔	2,234.3	
(주)파라다이스글로벌 파라다이스카지노 부산	'78. 10. 29	부산 파라다이스호텔	2,283.5	
(주)파라다이스인천 골든게이트카지노	'67. 8. 10	인천 하얏트리전시인천호텔	1,060.6	
(주)호텔설악파크 호텔설악파크카지노	'80. 12. 9	속초 설악파크호텔	547.9	
(주)베니스타 경주힐튼호텔카지노	'79. 4. 11	경주 힐튼호텔	1,240.3	
(주)에이스통상 라마다프라자카지노	'75. 10. 15	제주 라마다프라자호텔	2,359.1	
(주)파라다이스제주 파라다이스그랜드카지노	'90. 9. 1	제주 그랜드호텔	2,756.7	
벨루가(주) 신라호텔카지노	'91. 7. 31	제주 신라호텔	1,953.6	
(주)풍화 제주오리엔탈호텔카지노	'90. 11. 6	제주 오리엔탈호텔	1,121.5	
(주)두성 롯데호텔제주카지노	'85. 4. 11	제주 롯데호텔	1,205.4	
(주)나자인 엘베가스카지노	'90. 9. 1	제주 더호텔	1,026.6	
(주)유니콘 하얏트호텔카지노	'90. 9. 1	제주 하얏트호텔	803.3	
(주)신성개발 트로피카나카지노	'95. 12. 28	제주칼호텔	823.85	

<표 16> 카지노 사업주체, 허가일, 사업장소, 사업장규모-우리나라

사 업 주 체	허 가 일	사 업 장 소	사업장규모 (㎡)	비고
(주)강원랜드 강원랜드카지노	2000. 10. 12	강원 강원랜드호텔	6,878.35㎡	

<표 17> 연도별 매출액 및 입장객('04~'07)

(단위 : 백만원)

구분	2004년		2005년		2006년		2007년	
	매출액	입장객(명)	매출액	입장객(명)	매출액	입장객(명)	매출액	입장객(명)
파라다이스 워커힐카지노	237,042	374,939	260,189	322,195	218,538	255,119	205,799	206,700
세븐럭카지노 서울강남점	-	-	-	-	74,385	218,598	154,876	219,715
세븐럭카지노 힐튼호텔점	-	-	-	-	39,525	224,302	96,056	440,727
세븐럭카지노 부산롯데점	-	-	-	-	10,740	54,094	32,422	115,183
파라다이스 카지노부산	60,635	126,452	52,173	103,730	49,374	88,015	40,634	64,300
파라다이스 카지노인천	17,081	17,673	28,704	18,100	13,774	16,428	17,322	16,469
호텔설악파크카지노	937	1,908	75	357	45	308	67	409
경주힐튼호텔카지노	6,107	21,682	1,734	6,327	2,982	4,697	3,117	4,404
라마다프라자카지노	12,125	16,226	5,653	14,559	7,100	19,962	2,900	9,772
파라다이스 그랜드카지노	27,781	32,406	20,221	20,971	13,240	24,177	11,355	21,762
신라호텔 카지노	18,159	14,436	14,132	14,932	2,405	3,745	4,337	8,928
제주오리엔탈호텔카지노	8,130	12,536	9,865	10,611	6,111	9,548	3,841	8,514
롯데호텔 제주카지노	30,909	37,478	27,183	42,573	20,023	36,706	24,229	32,409
엘베가스 카지노	11,402	14,037	8,554	12,256	9,343	14,193	7,469	12,261
하얏트호텔 카지노	2,923	2,723	1,621	1,540	-	-	-	-
트로피카나 카지노	4,359	4,649	4,548	5,943	12,012	18,823	8,506	14,785
소계	437,590	677,145	434,652	574,094	479,598	988,715	612,930	1,176,338
강원랜드 카지노	736,769	1,784,730	810,193	1,881,559	802,086	1,793,746	969,933	2,451,920
합계	1,174,359	2,461,875	1,244,845	2,455,653	1,281,684	2,782,461	1,582,863	3,628,258

주) 매출액은 관광진흥개발기금 부과금액을 기준으로 한 것임

<표 18> 카지노사업자 관광진흥개발기금 부과 현황

(단위 : 백만원)

구분	2002	2003	2004	2005	2006	2007
워커힐카지노	22,375	21,763	23,164	25,479	21,314	20,040
세븐럭(강남)	-	-	-	-	6,899	14,948
세븐럭(힐튼)	-	-	-	-	3,412	9,066
세븐럭(부산)	-	-	-	-	534	2,702
파라다이스부산	5,136	4,800	5,524	4,677	4,397	3,523
골든게이트카지노	1,239	953	1,168	2,330	837	1,192
호텔설악파크카지노	9	5	9	1	0.4	0.7
경주힐튼호텔카지노	280	199	265	47	109	116
제주 라마다프라자카지노	1,156	419	673	243	315	105
파라다이스그랜드카지노	2,428	1,730	2,238	1,482	784	596
제주 신라호텔카지노	1,531	959	1,276	873	80	177
제주오리엔탈호텔카지노	349	237	367	453	266	152
제주 롯데호텔카지노	1,186	1,988	2,551	2,178	1,462	1,883
제주 엘베가스카지노	448	610	600	388	427	333
제주 하얏트호텔카지노	75	303	564	41	-	-
제주 트로피카나카지노	1	247	178	187	661	385
소계	**36,213**	**34,213**	**38,557**	**38,380**	**41,498**	**55,218.7**
강원랜드	46,312	64,959	73,167	80,479	79,669	96,453
합계	**82,525**	**99,172**	**111,744**	**118,859**	**121,167**	**151,671.7**

<표 19> 연도별 외래객 대비 카지노이용객 현황

(단위 : 명, %)

연도	외래관광객 (A)	순수관광목적 입국객(B)	카지노이용객 (C)	외래관광객 대비 점유율(C/A)	순수관광객 대비 점유율(C/B)	연평균 성장률(%)
1991	3,196,340	1,856,442	595,115	18.6	32.1	19.2
1992	3,231,081	1,861,655	680,397	21.1	36.5	14.3
1993	3,331,226	1,901,105	650,420	19.5	34.2	△4.4
1994	3,580,024	2,040,259	625,865	17.5	30.7	△3.8
1995	3,753,197	2,476,828	633,174	16.9	25.6	1.2
1996	3,683,779	2,327,722	517,672	14.1	21.8	△18.2
1997	3,908,140	2,580,128	518,178	13.1	20.1	0.1
1998	4,250,216	3,064,917	689,254	16.0	22.0	33.0
1999	4,659,785	3,454,238	694,899	14.9	20.1	0.8
2000	5,321,792	3,874,481	636,005	12.0	16.4	△8.4
2001	5,147,204	3,768,747	626,851	12.1	16.6	△1.4
2002	5,347,468	3,843,504	647,722	12.1	16.8	3.3
2003	4,753,604	3,217,167	630,474	13.2	19.5	△2.6
2004	5,818,138	4,185,069	677,145	11.6	16.1	7.4
2005	6,022,752	4,347,318	574,094	9.5	13.2	△15.2
2006	6,155,046	4,364,701	988,715	16.1	22.7	72.2
2007	6,448,240	4,388,429	1,176,338	18.2	26.8	4.8

<표 20> 연도별 관광외화수입 대비 카지노매출액

연 도	관광외화수입 (천불)(A)	연평균 성장률(%)	카지노외화수입 (천불)(B)	연평균 성장률(%)	점유율(%) (B/A)
1991	3,426,416	△3.7	116,544	25.1	3.4
1992	3,271,524	△4.5	136,351	17.0	4.2
1993	3,474,640	6.2	173,176	27.0	4.9
1994	3,806,051	9.5	250,763	44.8	6.6
1995	5,586,536	46.8	286,342	14.2	5.1
1996	5,430,210	△2.8	265,560	△7.2	4.9
1997	5,115,963	△5.8	243,013	△8.5	4.8
1998	6,865,400	34.2	203,877	△16.1	2.9
1999	6,801,900	△0.9	251,787	23.5	3.7
2000	6,811,300	0.1	301,153	20.0	4.4
2001	6,373,200	△6.4	296,355	△0.8	4.6
2002	5,918,800	△7.1	327,075	10.4	5.5
2003	5,343,400	△9.7	334,335	2.2	6.3
2004	5,696,400	6.6	377,521	1.3	6.6
2005	5,649,800	△6.7	423,538	12.1	7.5
2006	5,294,500	△8.6	502,943	18.7	9.5
2007	5,750,100	△0.2	659,866	31.2	11.5

<표 21> 2007년도 국적별 카지노입장객 현황

(단위 : 명)

국적별 / 업체별	전체 입장객	국적별							
		일 본	%	중 국	%	대 만	%	기 타	%
워 커 힐	206,700	55,053	26.6	89,511	43.3	19,567	9.5	42,569	20.6
세 븐 럭 (강남)	219,715	61,232	27.9	25,886	11.8	13,991	6.4	118,606	53.9
세 븐 럭 (강북)	440,727	245,198	55.6	49,897	11.3	30,167	6.8	115,465	26.2
세븐럭 (부산롯데)	115,183	88,157	76.5	3,732	3.2	1,877	1.6	21,417	18.6
부산 파라다이스	64,300	43,573	67.8	11,497	17.9	-	-	9,230	14.3
골든게이트	16,469	8,209	49.8	2,426	14.7	520	3.2	5,314	32.3
설 악	409	6	1.5	38	9.3	-	-	365	89.2
경주힐튼	4,404	2,412	54.8	458	10.4	25	0.6	1,509	34.2
라 마 다	9,772	7,378	75.5	1,802	18.4	181	1.9	411	4.2
그 랜 드	21,762	17,270	79.4	4,058	18.6	-	-	434	2.0
신 라	8,928	6,103	68.4	1,312	14.7	-	-	1,513	16.9
오리엔탈	8,514	3,884	45.6	2,655	31.2	929	10.9	1,046	12.3
롯 데	32,409	21,153	65.3	5,653	17.4	295	0.9	5,308	16.4
엘베가스	12,261	5,967	48.7	5,065	41.3	945	7.7	284	2.3
하 얏 트	-	-	-	-	-	-	-	-	-
트로피카나	14,785	12,041	81.4	2,296	15.5	8	0.1	440	3.0
합 계	1,176,338	577,636	49.1	206,286	17.5	68,505	5.8	323,911	27.5

<표 22> 카지노업체 게임 시설현황

(2008.4.20. 현재)

지역	업체명	종사원수	테이블 게임									머신 게임		총 대수
			블랙잭	룰렛	바카라	빅휠	다이사이	포커	카지노워	마작	소계	슬롯머신	비디오게임	
서울	파라다이스워커힐카지노	769	22	6	45	1	2	5	1		82	89	59	9종230대
	세븐럭카지노(서울강남점)	704 본사 96명 포함	15	4	34	1	1	4	-		59	39	73	8종171대
	세븐럭카지노(힐튼점)	496	14	11	25	-	2	4	1		57	71	71	8종199대
부산	세븐럭카지노(부산롯데점)	279	9	6	15	1	1	3	-		35	25	45	8종105대
	파라다이스카지노부산	268	7	4	20	1	1	2	1		36	30	13	9종79대
인천	골든게이트카지노	202	6	1	16	-	1	2	-		26	23	20	7종69대
강원 속초	호텔설악파크카지노	14	3	2	7	1	1	-	-		14	16	-	6종30대
경북 경주	경주힐튼호텔카지노	87	4	2	14	1	1	2	-		24	38	-	7종62대
제주	라마다프라자카지노	37	7	4	21	1	1	-	-		34	32	3	7종69대
	파라다이스그랜드카지노	127	6	3	18	1	1	-	1		30	76	10	8종116대
	신라호텔카지노	127	4	2	12	-	2	1	-		21	-	-	5종21대
	제주오리엔탈호텔카지노	86	4	2	11	-	1		-		18	13	2	6종33대
	롯데호텔제주카지노	168	4	4	23	-	1	-	-	6	38	50	10	7종98대
	엘베가스카지노	285	2	1	12	-	2	2	-		19	44	6	6종69대
	하얏트호텔카지노	86	2	2	13	1	1	-	-		19	10	2	7종31대
	트로피카나카지노	69	4	2	13	-	1	-	-		20	24	-	5종44대
소계		3,804	113	56	299	9	20	25	4	6	532	580	314	10종 1,426대
강원 정선	강원랜드카지노	1,775	49	10	61	2	4	4	2	-	132	681	279	9종 1,092대
합계		5,579	162	66	360	11	24	29	6	6	664	1,261	593	10종 2,518대

* 주) 종사원수는 계약직 직원포함(용역직원 제외)

<표 23> 2007년도 카지노업체별 매출액 및 HOLD율

(단위 : 백만원)

구 분	드롭액	지급액	매출액	HOLD율(%)
워커힐파라다이스	1,246,241	1,039,112	207,129	16.6%
세븐럭 (서울강남)	960,108	805,232	154,876	16.1%
세븐럭(서울힐튼)	485,113	389,057	96,056	19.8%
세븐럭(부산롯데)	235,156	202,734	32,422	13.8%
파라다이스 부산	242,253	201,494	40,759	16.8%
파라다이스 인천	110,162	92,540	17,622	16.0%
설악파크	77	11	66	85.7%
경주힐튼	6,741	3,623	3,117	46.2%
제주라마다프라자	14,813	12,121	2,692	18.2%
제주그랜드	63,187	55,909	7,278	11.5%
제주신라	27,375	23,362	4,013	14.7%
제주오리엔탈	9,639	5,860	3,779	39.2%
제주롯데	106,692	89,484	17,208	16.1%
엘베가스 (구. 크라운프라자)	13,905	6,579	7,326	52.7%
제주하얏트	0	0	0	0
제주트로피카나	14,816	8,284	6,531	44.1%
소 계	**3,536,278**	**2,935,402**	**600,874**	**16.9%**
강원랜드	7,458,254	6,487,714	970,540	13..0%
합 계	**10,994,532**	**9,423,116**	**1,571,414**	**15.8%**

주) 매출액은 '07년도 테이블과 머신게임의 수입에서 손실금(지급금액)을 제외한 것임

강원 랜드는 주주구성은 공공부문 51%, 민간부문 48.6%, 자사주 0.4%로 구성되어 있으며 사업단 385억 원, 강원도 71억 원, 정선·태백·삼척·영월 90억 원, 민간 520억 원, 자사주 4억 원 등 총 1070억 원 규모이다. 조직 및 인원('08년 4.20월말 현재)을 살펴보면 조직은 5본부 12실 60팀, 1센터 1단, 1연구소이고 인원은 3,227명(현원 3,214명) 카지노사업본부에 1본부 1실 11팀(1,775명)이 종사하고 있다. 카지노 시설은 슬롯머신 960대, 테이블 132대 등이다.

<표 24> 강원랜드 매출액 및 입장객

(백만 원 / 명)

구분	매출액	입장객	1일 평균매출액/입장객
2000.10.28~12월	88,436	209,349	1,360 / 3,221
2001년	453,178	899,590	1,242 / 2,465
2002년	468,520	918,698	1,284 / 2,517
2003년	656,084	1,547,847	1,797 / 4,240
2004년	736,768	1,784,730	2,018 / 4,890
2005년	809105	1,881,559	2,220 / 5,155
2006년	802,101	1,793,746	2,198 / 4,914
2007년	969,933	2,451,920	2,657 / 6,718
계	**4,984,125**	**11,487,439**	**1,847/ 4,265**

자료 : 문화체육관광부

9. 생태리조트

① 개관

생태리조트는 우리나라 리조트 미래상의 실현을 목표로 하는 장기적, 종합적, 미래지향적인 계획이므로 부분별 기초조사 결과를 토대로 장래의 전망을 예측하여 전체의 구상이 창의적이고 포괄적이며 시행의 과정과 변화에 탄력성이 있도록 계획을 수립하여야 한다. 특히 국토종합계획을 비롯하여 상위계획이나 관련 법규 및 제도를 검토하고 내용을 정확하게 인지하고 난 후 단위 테마별 기본계획을 수립하여야 한다.

자연환경, 경관, 생태계, 녹지 공간 등의 정비, 개량, 보호 및 확충과 테마별 환경오염 예방에 주력하여, 리조트 관광공간으로서 환경적인 측면에서 건전하고 지속 가능한 개발이 이루어 질 수 있도록 계획하여야 한다.

② 개발 목표

가. 환경보호 및 생태보호

생태 리조트는 환경적으로 건전하고 지속가능한 개발(ESSD)의 개념을 도입하여 미래의 잠재고객들에게 자신들의 욕구를 충족시킬 수 있도록 그 능력과 여건을 저해하지 않으면서도 현 세대의 요구를 충족시키는 개발이 되도록 해야 한다.

생태리조트 개발에 도입할 지속가능한 개발은?

ㄱ. 당해 지역주민의 삶의 질의 향상이라는 포괄적인 의미를 내포한다.

ㄴ. 민족과 민족 간, 계층과 계층 간, 세대내 세대 간의 형평성을 고려하는 교류화합의 장이 된다.

ㄷ. 단기적인 영향뿐만 아니라 장기적인 영향을 고려한 사전예방조치의 필요성이 강조되어야 한다.

나. 21세기형 여가·관광 공간 추구

21세기에는 문화, 교양, 창조형 리조트, 레저생활과 자연으로 회귀하고자 하는 인간본연의 자아성찰 욕구가 증대될 것이며, 자기개발 프로그램형 레저가 증가될 것이다.

* 특정지역에서 비일상적인 형태의 모임을 통해 만난 사람들 간에 형성된 레저유형인 커뮤니티형 레저생활 즉 동호회커뮤니티 등이 레저를 주도하게 될 것이다.

다. 우리나라의 관광경쟁력 제고와 관광목적지로의 위상강화 및 세계적인 관광 허브를 추구하기 위해서는 21세기형 관광자원인 생태리조트단지 개발, 환경 관광상품개발, 환경과 문화를 접목한 관광아이디어 상품개발 등을 통하여 경재우위에 설 수 있다.

③ 지역이미지 극대화

단지개발 -> 지역 소득의 증대 -> 지방정부 세수증대 -> 사회간접자본 투자 -> 지역 생산 및 생활환경 수준 향상 -> 투자 자본 및 투자 기업 유치 -> 취업기회의 확대 및 고용 증대 -> 지역 인구유지 매력 상승 -> 지역 이미지 극대화

<그림 10> 한솔 오크밸리

10. 관광농원

(1) 관광농원

① 정의

농업 본연의 활동을 바탕으로 내방객들의 편의를 위한 부대시설을 설치하고 영농 체험활동, 자연 학습, 휴식, 체육활동 등에 활용함으로써 도,농간의 교류를 촉진하고 농가소득 증대와 지역 개발 촉진을 도모하는 친 환경적인 사업이다.

② 개발 현황

최근 관광단지와 관광휴양지 및 관광농업개발에 관한 관광농원개발 현황을 보면 전국적으로 많은 증가 추세를 보이고 있다. 우리나라는 1984년 농어촌 개발촉진법을 제정하여 농어촌 휴양자원 개발사업 차원의 일환으로 시작된 관광농원 개발 사업은 그동안 많은 시행착오를 거듭하면서 점차 새로운 서비스 산업으로 정착되었다.

구분	대전	광주	울산	경기	강원	충북	충남	전북	전남	경북	경남	제주	계
농원수	1	1	2	19	52	33	52	29	71	45	53	21	379

[* 참여 농가 1, 711호, 자료 : 농림부(1999년 말)]
(지역별 관광농원 개발현황, 현대리조트개발론, 채용식 외, 446p)

<표 25> 관광특구 지정 현황

〈'08. 9월 현재〉

시·도	특구명	지정지역	면적(㎢)	지정일
서 울 (4)	명동·남대문·북창	중구 소공동, 회현동, 명동 일원	0.63	'00.3.30
	이태원	용산구 이태원동, 한남동 일원	0.38	'97.9.25
	동대문 패션타운	중구 광희동, 을지로5~7가, 신당1동 일원	0.58	'02.5.23
	종로·청계	종로구 종로1가~6가, 서린동, 관철동, 관수동, 예지동 일원, 창신동 일부 지역 (광화문빌딩~숭인동 4거리)	0.54	'06.3.22
부 산 (2)	해운대	해운대구 우동, 중동, 송정동, 재송동 일원	6.22	'94.8.31
	용두산자갈치	중구 부평동·광복동·남포동 전지역, 중앙동·동광동·대청동·보수동 일부지역	1.038	'08.5.14
인 천(1)	월 미	중구 신포동, 연안동, 신흥동, 북성동, 동인천동 일원	3.00	'01.6.26
대 전(1)	유 성	유성구 봉명동, 구암동, 장대동, 궁동, 어은동, 도룡동	5.86	'94.8.31
경 기 (2)	동두천	동두천시 중앙동, 보산동, 소요동 일원	0.39	'97.1.18
	평택시 송탄	평택시 서정동, 신장1·2동, 지산동, 송북동 일원	0.49	'97.5.30
강 원 (2)	설 악	속초시, 고성군 및 양양군 일부 지역	138.10	'94.8.31
	대관령	강릉, 동해, 평창, 횡성 일원	1,324.28	'97.1.18
충 북 (3)	수안보온천	충주시 수안보면 온천리, 안보리 일원	9.22	'97.1.18
	속리산	보은군 내속리면 사내리, 상판리, 중판리 갈목리 일원	43.75	'97.1.18
	단양	단양군 단양·매포읍 일원(2개읍 5개리)	4.45	'05.12.30
충 남 (2)	아산시온천	아산시 음봉면 신수리 일원	0.84	'97.1.18
	보령해수욕장	보령시 신흑동, 웅천읍 독산관당리, 남포면 월전리 일원	2.52	'97.1.18
전 북 (2)	무주구천동	무주군 설천면, 무풍면	7.61	'97.1.18
	정읍내장산	정읍시 내장지구, 용산지구	3.50	'97.1.18
전 남 (2)	구 례	구례군 토지·마산·광의·신동면 일부	78.02	'97.1.18
	목 포	북항, 유달산, 원도심, 삼학도, 갓바위, 평화광장 일원(목포해안선 주변6개권역)	68.94	'07.9.28
경 북 (2)	경주시	경주시내지구, 보문지구, 불국지구	32.65	'94.8.31
	백암온천	울진군 온정면 소태리 일원	1.74	'97.1.18
경 남 (2)	부곡온천	창녕군 부곡면 거문리, 사창리 일원	4.82	'97.1.18
	미륵도	통영시 미수 1·2, 봉평, 도남동 산양읍 일원	32.90	'97.1.18
제 주(1)	제주도	제주도 전역(부속도서 제외)	1,809.56	'94.8.31
13개 시·도 26개 관광특구			3,582.028	

<표 26> 관광단지 개발현황

(2008.4)

단지명 (지정/ 조성계획)	위 치	사업 기간	규모 ㎢	사업비 (억원)	개발주체	주요도입시설	추진현황
보 문 (79. 7/ 04.11)	경북 경주시 신평동, 천군동 일원	1974-2010	8.006	9,709	경북관광 개발공사	관광호텔,콘도,골프장, 신라촌, 상가, 놀이시설, 청소년수련시설 등	- 숙박시설, 골프장, 상가, 관광분수 등 운영 중 - '06까지 투자비 : 8,233억원 - '07시행 : 소형호텔, 승마장, 산책로보강 등 589억원 - '08투자계획 : 427억원 - '09이후계획 : 460억원
중 문 (71.5/ 78.6)	제주도 서귀포시 중문동, 색달동 일원	1978-2010	3.562	18,089	한국관광 공 사	관광호텔,콘도,골프장,해양수족관,식물원,상가,야외공연장,놀이시설 등	-관광센타,숙박시설,골프장,관광식물원, 해양센터(돌고래쇼장) 등 운영중 -'07까지 투자비: 10,325억원 -1단계(중부):호텔(1,323실)콘도(216실)관광식물원, 해양센터 등 운영 중 -2단계(동부)컨벤션센터,평화센터 운영중, 앵커호텔콘도미니엄 공사 중 - 향후추진 : 콘도미니엄,중문랜드,관광호텔 등 공사 추진 준비중
해 남 화 원 (92.10/ 94.6)	전남 해남군 화원면 주광리,화봉리 일원	1991-2011	5.084	10,631	한국관광 공 사	관광호텔,콘도,골프장,마리나,해수욕장,해양문화센타,휴양병원 등	- 부지매입 및 기반조성 공사중 - '06까지 투자비: 1,350억원 - '07:기반조성, 편익시설, 골프장 등 624억원
화 양 (03.10.30/ 06.05.04)	여수시 화양면 장수리, 화동리, 안포리	2004-2015	9.989	15,031	주식회사 일 상	호텔, 스포츠타운, 골프장, 테마파크, 화훼원, 오션파크	- 부지 매입, 용역실시 등 - '06년까지 투자비 : 638억원 - '07: 토지보상,용역, 골프장 착공 등 626억
감 포 ('93.12/ 97.3)	경북 경주시 감포읍 대본리, 나정리 일원	1997-2015	3.975	8,500	경북관광 개발공사	관광호텔,콘도,골프장,오션랜드,레포츠랜드,노인휴양촌,청소년수련시설,수목원 등	- 토지매입 완료, 골프장 운영중 - '06까지 투자비 : 968억원 - '07시행 : 토지매입, 기반공사, 문화재지표, 시굴조사 124억원 - '08투자계획 : 217억원 - '09이후계획 : 7,191억원
원 주 오크밸리 (95.3/ 96.1)	강원도 원주시 지정면 월송리 일원	1995-2013	11.300	11,525	한솔개발 주식회사	관광호텔,콘도,골프장,스키장,미술관,청소년수련시설,생태관광지등	-콘도, 골프장 , 스키장 운영, 회원제 골프장 증설 등 -'07까지 투자비 : 8,224억원 -'08:미술관,박물관,전망휴게소, 콘도 등 788억원
김 천 온 천 (96.3/ 97.12)	경북 김천시 부항면 파천리 일원	1997-2011	1.424	5,357	주식회사우촌개발	관광호텔,콘도,온천장,스포츠센타,승마장,노인휴양촌,연수원등	- 기반조성 및 온천장공사 - '05까지 투자비 : 357억원 - '07 : - ※ IMF 부도이후 장기부진 (주)우촌개발로부터 '07.4월 이후 공사재개 의사 통보하여 온 상태임 - 외자유치를 위하여 노력중이나 답보상태
평 창 봉 평 (98.10/ 99.3)	강원도 평창군 봉평면 면온리, 무이리, 진조리 일원	1994-2009	3.995	9,488	(주)보광	관광호텔,콘도,골프장,스키장,체육관,빙상장,상가등	-숙박시설, 골프장(18, 6홀), 스키장 운영중 -'07까지 투자비: 7,097억원 -'08: 콘도, 스키장, 다목적홀 등 1,578억원

단지명 (지정/ 조성계획)	위 치	사업 기간	규모 ㎢	사업비 (억원)	개발주체	주요도입시설	추진현황
용유 무의 (00.2/ 수립중)	인천 중구 을왕동, 덕교동, 무의동 일원	2003-2020	21.650	800,000	인천경제자유구역청	관광호텔,콘도,골프장, 마리나,카지노,상가등	-1단계(1.29㎢) 2006. 9:실시계획승인 -2단계:1단계를 포함한21.65㎢ · '08. 4월중 개발계획 승인예정 · '08.4: 1단계지역 보상추진(3,500억원 규모)
평 창 용 평 (01.2/ 04.3)	강원도 평창군 도암면 용산리, 수하리 일원	1986-2015	17.129	14,385	(주)용평리조트	관광호텔,콘도,골프장, 스키장,빙상장,워터파크, 테마파크등	-호텔,콘도,골프장,스키장,빙상장 운영 -'07까지 투자비: 11,836억원 -'08 :4차콘도 224실,5차콘도106실, 워터파크등 1,294억원
안 동 문 화 (03.12/ 05.4.28)	경북 안동시 성곡석동동 일원	2000-2015	1.662	3,989	경북관광개발공사	호텔, 콘도, 공예촌, 골프장, 놀이공원 등	- 진입도로 및 기반조성공사 중, '07년도 부지매입 완료 - '06까지 투자비 : 820억원 - '07시행 : 부지조성 등 361억원 - '08투자계획 : 401억원 기반조성 및 공공건축물 공사 - '09이후계획 : 2,407억원 공공건축물 공사 및 민자시설
동부산 (05.3/ 06.3)	부산 광역시 기장군 기장읍 시랑리 일원	2000-2011	3.638	8,812	부산도시공 사	호텔, 콘도, 복합상가, 골프장, 테마파크, 녹지시설 등	-'06.6 진입도로 1단계 공사준공 -'07:토지협의보상, 실시설계, 진입도로 2단계 공사 중 -'07까지 투자비 : 3,913억원 -'08:이주단지 및 단지조성공사 ('08예산:2,648억원)
횡성 두원 (05.6/수립중)	강원 횡성군 둔내면 두원리, 우용리, 조항리 일원	1992-2011	4.251	5,008	현대시멘트(주)	콘도, 호텔, 골프장, 스키장, 식물원, 공연시설 등	-콘도, 스키장, 체육시설 운영중 -'07까지 투자비: 3,951억원 -'08: 관광호텔, 페어웨이빌라 콘도 공사 등 175억원
알펜 시아 (05. 9/ 2006.4)	강원도 평창군 도암면 수하리, 용산리 일원	2004-2008	4.912	11,245	강원도 개발공사	호텔, 콘도, 엔터테인파크, 골프장, 스포츠파브, 워터파크, 컨퍼런스센터 등	- 콘도,스키장,골프장 등 공사중 - 바이애슬론경기장 준공('07.12) - '07년까지 투자비 : 2,984억원 - '08년 : 골프장, 스키장, 호텔 등 5,921억원
광주 어등산 (06.1.31/'07.4.3)	광주광역시 광산구 운수동 어등산 일원	2005-2015	2.732	3,400	광주광역시 도시공사	빛과예술센터, 테마파크, 골프장, 관광호텔, 콘도미니엄 등	-'08.3월 착공 예정 -환경영향평가 및 실시설계 완료, 토지보상중 -'06까지 투자비: 150억 -'07: 토지보상비, 기반조성비 등 220억
성산포 해양관광단지('06.1.12/ '06.1.12)	서귀포시 성산읍 고성리 127-2번지 일원	2006 ~ 2011	0.651	3,870	(주)보광제주	호텔, 콘도미니엄, 웰컴센터, 전시관, 해중전망대, 해양구제공원, 해수스파랜드, 엔터테인먼트 센터 등	- '06.01.12 개발사업 승인 (4,177천㎡ 중 651천㎡) - '08.02 현재 공정율 68% - '08.06 1단계 사업완료 예정
송 도 ('08.3.31/ 수립예정)	인천 연수구 동춘동, 옥련동 일원, 남구 학익동 일원	2008~	2.113	미정	인천관광공사+ 지주의 SPC 구성(예정)	미정	- '08.3.31 관광단지 지정 고시

제3장 리조트의 유형에 따른 향후 전망

제1절 리조트의 종류에 따른 전망

1. 스키리조트

❖ 우리나라 스키리조트의 현황과 전망

1995년 1인당 국민 소득 1만 달러를 넘어 시기 시작하면서 스키인구가 급속히 증가하여 스키장도 덩달아 증가했다. 전체 스키장 중에서 95년 이후에 개장한 곳이 5군데나 된다. 스키장 내방객은 측정할 수 있는 리프트 탑승객도 400만을 초과하는 등 급성장을 보여 왔다. 1998년부터 IMF체제가 되면서 급속히 증가하던 리조트 사업이 1998년부터 2003년 까지는 중단 되거나 포기 되는 운명을 가져오게 되었다. 이 기간 동안은 국민 소득이 1만$이하에서 머물고 이후부터 국민소득 1만$이상으로 경제가 회복되리라는 예상이 가능 하다면 국민 소득 1만$가 넘는 2004이후부터 리조트산업은 다시 활기를 찾게 될 것이란 추정이 가능해진다.

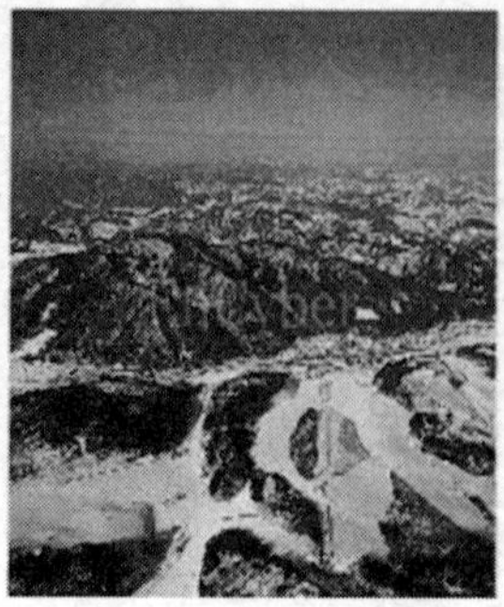

<그림 11> 용평 리조트

<표 27> 용평 리조트 소개

위치	강원도 평창군 도암면 용산리 130번지 (태백산지의 발왕선(1,458m) 북쪽 자락
운영 주체	(주) 용평 리조트
개장 일자	1975년 12월
주요 시설	- 숙박시설: 특급호텔 191실, 콘도 825실, 유스호스텔 54실(총 1,070실) - 골프장: 회원제 18홀, 퍼블릭 9홀, 골프연습장, 클럽하우스 등 - 스키장: 슬로프 18면(레인보우, 레드, 골드, 실버, 옐론, 핑크, 뉴레드, 그린 등) 리프트 15기, 곤돌라 1기(3.7km 길이의 8인승) - 부대시설: 수영장, 사우나, 볼링장, 헬스클럽, PC방, 산악 썰매장, 인도어 골프장, 서바이벌 게임장, 산악자전거길, 6홀 규모의 간이골프 퍼팅연습장, 산림 욕로, 양구장, 게이트볼/크로켓골프장, 테니스장, 캠프장 등
기타사항	- 520만평 부지의 종합 리조트타운 - 한국 최초의 스키장 - 연평균 250m의 눈이 내리고 연평균 6.4도로 기온이 낮아 11월부터 이듬해 4월초까지 스키를 즐길 수 있고, 스키시즌이 끝나는 4월부터 11월까지는 18홀과 퍼블릭코스에서 골프를 칠 수 있다. - 1998년 월드컵스키대회, 1999년 강원 동계아시아경기대회 개최 - 2010년 동계올림픽 유치 준비 - 주변관광지: 오대산국립공원, 대관령목장, 대관령박물관 등 - 스키시즌 중에 수도권 일대에서 단지까지 셔틀버스와 직행버스 운행

2. 골프리조트

❖ 우리나라 골프리조트의 현황과 전망

우리나라 골프장은 2003년 12월 31일 기준으로 175개이다. 이중에서 회원제 골프장은 122개, 대중 골프장이 53개소이다. 우리나라 골프장 개발의 가장 큰 문제는 환경오염, 환경파괴, 자연재해 발생 등의 문제가 발생한다는 것이다. 또 하나의 문제는 골프가 우리나라에서는 아직도 고급 스포츠, 사치 스포츠로 인식되고 있으며 이러한 인식은 쉽게 바뀌지 않을 것이라는 전망이다.

현재 우리나라에서 대중화되어 있는 유형은 골프 클럽이 대표적이라 할 것이다. 그럼에도 대부분은 컨트리클럽이라는 명칭을 사용하고 있다. 이는 사교적인 관점에서 골프장을 일류의 고품격 클럽으로 조성하고자 하는 욕구 때문이다. 하지만 골프 클럽의 수준에 있는 우리나라의 골프장은 골프장이 과소비를 조장하고 계층 간의 위화감을 조성하는 대표적인 모델이라는 인식 때문에 법률적으로 골프장이외의 시설은 그 설치를 엄격히 제한하였기 때문이다.

현재의 골프장이 컨트리클럽으로 발전하기 위해서는 법률적인 제한 요인이 완화되어야 하고 대중의 인식이 전환되어야 될 것이며 한 단계 더 나아가 리조트로서의 골프장이 조성되기 위해서는 휴양 시설 등이 부대시설로 자유롭게 설치될 수 있는 분위기가 선행되어야 할 것이다. 1999년 3월 31일 개정된 체육시설 설치 및 아용에 관한법률시행령에 따라 시설제한이 완화되었다. 시설제한의 완화는 부분적이나마 골프리조트 조성에 커다란 계기가 될 것이다.

<그림 12> 보광 휘닉스파크 리조트

<표 28> 보광 휘닉스파크 리조트 소개

위치	강원도 평창군 본평면 면온리 1095번지 (태기산 700m 고지)
운영 주체	(주) 보광 휘닉스파크
개장 일자	1995년 12월
주요 시설	- 숙박시설: 호텔 141실, 콘도 756실, 연수 호텔 - 골프장: 퍼블릭 골프장 6홀, 18홀 골프코스 - 스키장: 계곡형 슬로프 12면, 리프트 9기, 곤도라 1기 - 부대시설: 쇼핑센터, 오락시설, 스낵코너, 레스토랑, 노래방, 디스코텍 등
기타사항	- 장기 체제형 리조트 추구(도시민들의 휴식과 문화생활 향유) - 최근 젊은 세대가 선호하는 스노보드를 탈 수 있도록 12면 중 3면 개방) - 스쿨라이드 시설 확충(국내최초로 스키 강습장에 초급 스키어들을 위한 컨베이어 벤트 시스템 활용) - 동양 최대 규모의 스키 렌탈 하우스 - 종업원 수: 약 525명 - 주변 관광지: 오대산, 치악산 국립공원을 비롯해 방아다리약수, 평창강유원지, 백룡동굴, 금당계곡 등

3. 해양 리조트

- 시설 규모 중 호텔이나 콘도미니엄을 제외한 대부분의 시설물이 영세성을 면치 못하고 있어 쾌적한 해양관광 · 레저활동창출의 장애요인이 되고 있다
- 해양수족관, 해안전망대, 수중식물원, 수중동식물 전시관 및 각종 운동시설, 예를 들면 해변관광지의 골프장 등의 특화 시설물 개발이 취약하다.
- 호텔과 콘도미니엄이 비록 해상과 접하고 있으나 해상 호텔과 같은 다양한 해양 관광숙박 시설개발이 미흡하다.
- 서남동해안을 잇는 관광유람선의 개발이 시급한 과제이며 특히 서남해 다도해지역의 무형문화재, 향토 문화재, 민속, 설화를 바탕으로 한 다양한 해양관광 상품개발이 미흡한 실정이다.

한국해양스포츠, 관광지역 및 리조트는 그 숫자나 시설의 상태가 완벽하지 못

하고, 현존하는 시설 역시 여러 가지 이유로 아직까지는 열악한 상황이라고 할 수 있다.

그러나, 대기업을 중심으로 해양스포츠와 관련된 리조트의 필요성과 그 경제적 가치 등을 점차 인식하고 있는 단계이고, 나아가 내륙과 연계된 리조트의 필요성에 대한 인식이 점차 확대되어 가고 있는 중이다.

미국, 일본, 프랑스 등의 선진국들에서는 이와 같은 해양리조트 개발이 일반화되고 있는 추세를 보이고 있으며, 미개발지역에 대한 도입을 위한 적극적인 노력들을 보이고 있다. 최근 우리나라에서도 서해안과 동해안의 일부지역에서 이들을 포괄적으로 수용하는 해양성공원계획이 추진되고 있으나 전반적으로 볼 때 개발정도는 미흡하다.

그러나 세계적인 추세나 우리나라의 여행패턴의 변화를 감안할 때 해양리조트개발의 필요와 이의 효과적인 수행을 위한 검토는 매우 중요하다. 따라서 해양리조트개발은 풍부한 수요와 아울러 높은 부가가치를 가지는 매력이 있는 관광 요소로서, 효과적인 계획만 수반된다면 새로운 관광패턴의 수용, 지역특성의 반영, 지역민의 이익창출과 경제 활성화라는 현재의 국내관광개발의 당면과제를 보다 확실하게 만족시켜줄 것으로 기대해도 충분할 것이다.

관광개발을 위해서는 양적 증대와 아울러 질적 다양화가 필수조건이라 할 수 있는데, 이들 양자를 모두 충족시키는 개념에서 시도되고 있는 것이 바로 해양성관광계획이며, 이를 보다 구체화시키는 방안의 하나가 해양관광단지의 개발인 것이다. 한편 지역발전의 측면에서도 해양리조트 개발의 필요성은 계속 증가하고 있다. 전국토의 균형개발에 대한 의미가 1970년대에 들어서면서 "생산성 내지 생산능률의 극대화(equilibrium)"로 인식되었다가 1980년대에 들어서면서 "배분의 균등선(equity)"의 개념으로, 90년대에는 "지역자치(self-government)"의 정착으로 전환되어 가고 있는 시점에서 그 동안 낙후되어 왔던 여러 지역에 대한 형평적 발전이 전례 없이 강조되고 있다. 이러한 점에 관련하여 미국, 일본 등 선진국의 경우 경제적으로 낙후되어온 지역에서 관광개발을 통하여 지역경제를 활성화시키고 있는 현상에 비추어 볼 때, 한국에서도 지역 간 균형발전의 하나로 관광개발의 중요성을 인식할 단계에 이르렀다고 생각다. 정부는 그 동안 관광자원의 개발, 관광지와 관광단지의 조성에 있어서 자원의 매력도와 입지조건만을 강조하여 관광자원의 지역 간 불균형을 초래하였고, 관광객의 흡인력이 큰 수도권 및 동남권 일부지역이라든지, 입지적 조건 및 자원의 매력도가 우수한 내륙 산악권은 관광개발이 활발히 진행된 반면, 특색 있는 해양관광의 개발에는 소홀한 점이 없지 않았다.

따라서 지역 경제 활성화 및 지역균형발전의 차원에서도 자연관광의 매력도가 높고, 잠재력에 비해 개발이 지연되어온 해안지역에 대한 해양관광단지나 레크리에이션기지의 개발이 필요하다.

<표 29> 롯데 오션캐슬 소개 (안면도)

구분	세부사항			
개발방향	1. 사이버 공간의 현실화를 통한 21세기 新 해양리조트 2. 휴양+문화+예술+비즈니스+해양스포츠= 오션캐슬문화			
개관일	2001년 7월 21일			
형태	오션동(호텔형)		캐슬동(별장형)	
건축규모	지상 11층, 지하 1층		지상 2~3층, 지하 1층(주차장)	
건축연면적	23,986.99㎡(약 7,256 평)		6,534.12 ㎡(약 1,976 평)	
객실규모	**평형**	**객실수**	**평형**	**객실수**
	18평	58실	34평	12실
	24평	64실	50평	12실
	28평	68실	56평	16실
	36평	10실	73평	8실
	계	200실	계	48실
세미나 및 연회시설	대연회장 1개소 400명 중연회장 2개소 각 70~120명 소연회장 5개소 각 20~40명			
아쿠아월드	- 여성전용 뷰티 스파 센터: 머드뷰티스파, 초콜릿과 꿀 마사지, 그 외 각종 부분 마사지 등 - 실내정원 패밀리스파: 세계 최초의 실내정원 스파떼라피 공간, 유황해수사우나: 유황해수탕, 머드탕, 열탕, 원적외선 사우나도크, 온돌찜질방 등 - 노천선셋스파: 수치료 마사지를 받을 수 있는 바데풀, 영상과 음악, 아로마를 함께 즐기는 각종 이벤트탕, 홍송탕, 오션뷰스파, 폭포탕, 지압탕 등			
식음시설	- 오션동 內: 커피숍, 한식당, 단체식당, 야외식당, 스낵 바, 베이커리 - 클럽하우스: 횟집, 레스토랑, BAR, 선셋 카페			
해양스포츠	- 윈드서핑, 수상스키, 니 보드, 웨이크보드, 제트스키, 땅콩보트, 모터보트, 래프팅보트, 비치발리볼, 바나나 보트, 패러세일링 등 - 바다낚시(갯바위 낚시 및 선상낚시)			

문화부분	- 송림 바람아래 광장: 야외 바비큐 뷔페, 야외 공연장, 썬텐존, 오션뷰까페 - 벚꽃터널, 해변 이벤트광장, 조각정원, 송림 산책로
기타 편의시설	- 해양 스포츠 센터: 해양스포츠 렌탈 및 강습, 탈의실, 샤워실 - 편의시설: 슈퍼마켓, 오락실, 인터넷 PC방, 노래방, 기념품 판매점 등
관광지內 연계시설	- 현재: 안면도 자연휴양림, 국제 꽃박람회장 및 수목원 지구(2002.04) 방포항 바다낚시 지구 - 개발예정 시설: 골프장, 테마파크, 엔터테인먼트 지구, 마린월드, 병술만 해수호 지구 등

<오션캐슬 전경>

4. 스파(온천)리조트

(1) 우리나라 온천리조트의 현황과 전망

우리나라에서 전국적으로 한국자원연구소의 검사를 거쳐 온천물로 공인받은 곳은 모두 275군데가 있다. 이중에서 90%정도는 일반 물 성분에 약간의 광물질이 포함된 단순천이다.

특이천은 10%에 그치고 있다. 온천지구로 고시된 곳은 122곳 그러나 영업 중인 곳은 64곳에 불과하고 나머지는 위락단지 조성공사가 진행 중이다. 온천 지구는 90년대 들어 갑자기 증가 추세를 보이고 있다.

온천은 도시지역이든 농촌지역이든 관계없이 자연적인 현상에 의해서 이루어지기 때문에 서울 시내에서도 온천의 발견이 가능하다고 볼 수 있다. 산업으로서 스파의 전망 역시 밝다. 도시적인 삶에 날로 지쳐가는 현대인들은 점점 원시의 '자연 상태'로 돌아가 치유와 안정, 재충전의 시간을 보내기를 갈망하고 있기 때문이다. 스트레스에는 직접적인 약이 없다. 더욱이 천혜의 관광자원이 부족한 우리나라는 관광 상품으로 스파의 발전을 검토해 볼 필요가 있다.

다만, 완결된 프로그램을 갖춘 전문가 없는 스파는 오히려 관광객을 실망시키고 역효과를 낼 수 있다는 점을 생각해야 한다. 스파는 미국과 일본 등 선진국에서는 이미 휴가의 대안으로 자리 잡은 지 오래다. 그만큼 프로그램에 대한 고객의 요구나 평가 수준도 높다는 얘기다.

태국 등 동남아에서는 값싼 인건비를 바탕으로 한 스파가 관광산업의 주 수입원으로 자리 잡았다. 단순한 친절이 아닌 전문적인 서비스를 필요로 하는 스파 테라피에 양질의 교육을 받은 고급 인력을 활용해 '질'의 만족을 높이는 게 우리만의 상품 경쟁력을 높이는 방안이 될 수 있을 것이다.

화장, 미용, 의료, 호텔, 리조트 산업과 동반 성장하는 스파는 그야말로 복합산업의 일환으로서 가능성 역시 무궁무진하다. 세계 스파시장 규모는 2500억 달러에 이르고 있다.

(2) 대구 스파밸리 소개

대구 스파밸리

스파밸리는 스파와 워터파크 기능이 어우러진 대구 유일의 복합휴양센터이다. 이곳 바데풀에는 물 · 기포 · 초음파를 이용해 마사지 효과를 주는 초음파탕을 비롯해 하이드로마사지, 물맞이욕, 회전욕, 침욕, 스트레치욕, 보행욕, 경계산욕, 버섯분수 등 다양한 수치료 시설들이 있다. 온천사우나는 대나무탕, 소나무탕, 뽕나무탕, 향나무탕, 천초탕의 5가지 이벤트 탕으로 구성된 음양오행탕과 색다른 느낌의 노천탕이 특징. 특히 기를 방출하는 초자연 신물질을 이용한 UK-ball사우나는 몸 안의 유해물질을 배출하는 데 뛰어난 효과가 있다고. 워터파크에는 총 8종류의 파도를 자유자재로 만들어 바다와 같은 느낌을 주는 파도풀을 비롯해 유수풀, 워터슬라이드, 다이빙풀, 유아 전용 시설인 키즈풀과 선탠과 일광욕 효과를 주는 솔라룸, 경계산욕, 보행 등이 가능한 바데풀이 마련되어 있다.

- 양수탕 : 양수탕의 이슬과 빛 소금은 고객님 체내의 수분조절과 독소제거 효과로 맑고 건강한 정신과 육체를 선사해 준다.

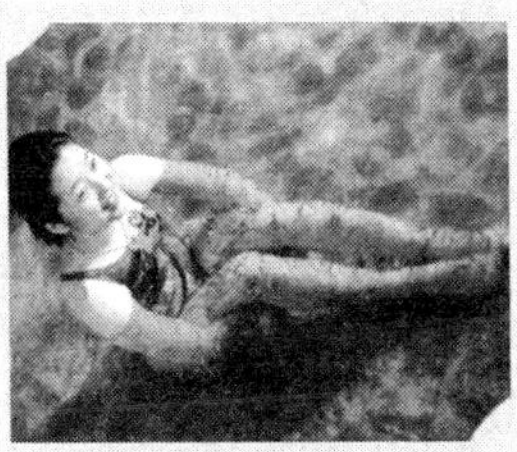

- 닥터피쉬 : 물고기를 이용하여 노후화된 피부각질을 제거함으로써 피부의 재생효과를 돕고 물고기의 입으로 지압을 받음으로써 혈액순환에 도움이 되는 신개념의 테라피일종이다

- 초음파탕 : 물, 기포를 동시에 보내어 전신지압에 좋으며, 인체에 유익한 초음파가 건강에 도움을 준다.
- 입위욕, 좌위욕 : 온도 압력에 의해 피부에 기계적 자극을 주며 혈액순환을 원활하게 한다.

이 밖에 하이드로 마사지, 스트레치욕, 침욕, 물맞이욕 등이 있다.

5. 워터파크

(1) 워터파크의 향후 전망

워터파크 도시로의 이동이라고 말할 수 있다. 본래 pleasure pool은 여름 휴가기간 동안 자녀들의 레크리에이션 수요를 수용하기 위한 시설로 출발 하였던 것이다. 그러나 온천욕 기능을 도입하는 시설기획이 시작되면서 사업지역 주변이 급속하게 도시화가 진행되었고, 오늘날에 와서 워터파크는 확실하게 도시적 사교의 장으로 변천되었다고 볼 수 있다. 전반적인 워터 파크화가 진행되면서 국내 워터파크는 물을 테마로 한 건강 및 레저 시설이 있는 물과 인간의 관계를 유도해낸 테마파크로 발전하고 있다는 것이다. 고도로 집적된 종합 산업화의 추세이다. 부곡하와이의 예를 보면 워터 파크는 장치형 서비스 산업으로 워터파크의 체류기간이 장기화되는 것에 따라 다양한 소비활동이 파생된다.

(2) 문 제 점

워터파크 조성이 기존 외국사례와 비슷한 시설도입과 공간구성 등으로 인해 우리나라만의 독특한 지역적 문화적 특성이 고려되지 않고, 한국 정서에 맞는 차별화된 구성이 부족하고 국내 워터파크 개발의 경우 사업주체가 모두 민간단체이기 때문에 지역 주민에 대한 서비스를 전제로 하기보다는 수익성을 추구하기에 공공 기관 단체의 적극적 참여를 유도하여 사회체육의 일환으로 건전한 국민 레저의 장으로 조성 되는 것이 필요하다.

시설 배치시 이용자가 집중하는 시설의 적절한 분산과 이용자가 많을 때에 대기할 수 있는 충분한 공간 확보가 부족하며, 지형상 심한 고저차가 많고 동선상 분기점이 많고 워터파크에 대해 안내해 주는 안내소나 안내판, 안내 프로그램이 부족한 점이 없지 않아 있으며, 공원 내의 이용자들의 방향성을 제시해 줄 체계적인 안내 시스템의 도입이 요구된다.

이용객수와 체재시간을 늘이기 위해 음악회, 인공 파도 풀에서의 영화관람 등 다양한 프로그램 개발과 공간 사이에 휴식을 할 수 있는 공간적 배려가 필요하다. 주요 시설물을 중심으로 한 오락 중심의 조성이 아닌 4계절 이용률이 높은 건강 휴식시설을 도입한 다양한 워터파크의 조성이 필요하다.

6. 테마파크

(1) 우리나라 테마파크 현황

본래 테마파크라는 공간은 '역사 · 문화, 민속, 자연, 과학기술, 환상 등'에서 이용객들이 감동하고 즐길 수 있는 개발 소재를 발굴하여 그에 맞는 시설과 놀이 프로그램, 캐릭터 등을 일체성을 갖도록 마련해 놓은 창의적 공간이다.

한국의 테마파크는 97년 어린이 대공원이 개장하면서 시작되었으며, 에버랜드(76), 서울랜드(88년), 롯데월드(89년) 순으로 점차 확대되어 (사)한국종합유원시설협회가 추정하고 있는 국내 전국적으로 크고 작은 테마파크는 모두 26개이다. 테마파크는 대부분 해당 지역사회 주민들이 주 이용객이 되므로 그들의 정서나 놀이 형태에 잘 부응하는 장소로 조성되어야 성공하게 된다. 지역민의 정서나 가치관은 해당 지역의 역사와 문화, 민속이나 생활풍습 등과 밀접한 관계를 맺고 있다. 그러므로 테마파크 사업의 성공은 지역민의 정서와 지역 환경의 고유성에 착안한 테마를 잘 개발한 후, 그에 관한 관광시설과 놀이프로그램, 캐릭터 등을 전문적으로 개발해 입장객들이 감동할 수 있는 경험을 제공해 줄 수 있느냐에 달려 있다.

이런 관점에서 볼 때, 향후 우리나라에서 개발되는 테마파크는 컨셉과 디자인 개발 및 사후 운영 등에서 한국의 역사와 문화, 민속, 의식주 등 생활양식과 세시 풍속에 내재되어 있는 고유성을 활용해 한국인의 정서에 효과적으로 부응토록 하는 것이 매우 필요할 것이다. 유구한 역사에서 볼 때, 우리 민족은 정의와 평화를 사랑하고 이웃과의 협력과 예절을 중히 여기며 창조 정신과 개척 정신도 우수한 민족이다. 온갖 역경을 은근과 끈기 및 슬기를 갖고 잘 극복해 온 불굴의 정신을 가진 자랑할 만한 민족이기도 하다. 이러한 우리 민족의 고유성과 특성을 테마파크의 초기 개발 계획 과정에서부터 사후 운영 단계까지 하드웨어와 소프트웨어를 총 동원하여 효과적으로 표출해 내는 테마파크가 '한국적 테마파크'라고 할 수 있다. 우리 민족이 보유한 값진 정신이나 이념 등이 암암리에 내재된 채, 요즘 한국인들의 희로애락에 대한 감정이나 권선징악에 대한 판단 기준 등에 부응하는 개발 컨셉이 관련 시설과 놀이 프로그램에 잘 구현되는 테마파크가 있다면 그런 테마파크는 '한국적 테마파크'로서 자랑할 만한 관광시설이고 문화시설일 것이다. 그런 테마파크가 출현한다면 우선적으로 요즘 젊은 한국인들에게 크게 선호될 것이고 더 나아가 국제적인 테마파크로 자리 매김 될 수 있을 것이기 때문이다.

그 중 수도권에 해당하는 서울, 경기도에 9개의 대형 테마파크가 집중되어있는 것을 알 수 있는데, 수도권의 주요 테마파크로는 에버랜드, 롯데월드, 서울랜드, 드림랜드, 어린이 대공원 등이 있다.

테마파크(Theme Park)란 일정한 주제로 전체 환경을 만들면서 쇼와 이벤트로 공간 전체를 연출하는 레저시설이라고 할 수 있다. 일본 경제 산업성에서는 테마파크는 '입장료를 받아 특정한 비일상적인 테마 하에 시설 전체의 환경을 만들어 공간 전체를 연출해 고객에게 오락을 제공하고 있는 사업체중 상설 또한 유료의 탑승물(Ride)과 관람물(Attraction)을 갖춘 사업체'라고 정의하고 있다. 또한 유원지(Leisure Land)는 '수목, 연못 등 자연환경을 갖추고 유료의 각종 유희시설을 배치해 고객에게 오락을 제공하고 있는 사업체'라고 정의하고 있다.

따라서 테마파크는 기존 유원지에 일정한 테마를 준 공원으로 유원지보다는 한 단계 앞선 시설이라고 할 수 있다. 즉 유원지는 어른들이 휴일에 아이들에게 이끌려서 가는 곳이라면 테마파크는 어린이들은 물론 어른들까지 휴가를 내서라도 스스로 가고 싶다고 생각하는 시설이라고 할 수 있다.

(2) 테마파크 산업

테마파크 사업은 '꿈'을 고객에게 파는 사업인데, 이 꿈을 실현하기 위해서는 막대한 자금이 투자되어야 한다. 그러나 인기가 있는 테마파크라 할지라도 사업수지 면에서는 흑자를 기록하지 못하는 경우도 있다.

테마파크 사업은 계절변동성이 높고 기후에 좌우된다는 의미에서 1차 산업적인 특성을 갖고 있다. 또한 초기투자비가 막대하고 시설유지비 및 추가투자비가 막대하다는 점에서 장치산업적인 요소가 있는 2차 산업적인 특성을 갖고 있다. 개장 후에는 많은 인력을 필요로 하면서 인건비가 많아지는 3차 산업적인 성격도 있다. 즉 테마파크 사업은 1차, 2차, 3차 산업이 함께 공존하는 복합 산업이라고 할 수 있다.

테마파크의 수익성을 확보하기 위해서는 입장객을 많이 끌어들일 수 있어야 한다. 입장객수는 파크의 입지, 규모, 시설, 서비스 등 여러 가지 요소에 의해 결정된다. 아무리 입지가 좋다하더라도 시설과 서비스가 매력적이지 못하다면 집객력은 낮을 수밖에 없다. 반대로 시설과 서비스가 아무리 매력적이고 대규모라 할지라도 입지가 나쁘면 집객력은 떨어진다. 특히 입장객수를 지속적으로 확보하기 위해서는 추가적인 설비투자가 필수적이다.

한편 테마파크 사업은 관광진흥법상 전문 휴양업으로 분류된다. 이 법에 따르면, 전문 휴양업이란 '관광객의 휴양이나 여가선용을 위하여 일정한 장소에 음식, 숙박시설, 농어촌 휴양시설 등 휴양에 적합한 시설을 갖추고 이를 이용하게 하는 업'으로 정의되어 있는데, 민속촌, 스키장, 해수욕장, 유기장, 수영장 등이 전문 휴양업에 속한다.

우리나라의 대표적인 테마파크로는 롯데월드, 삼성에버랜드, 우방타워랜드, 서울랜드, 한국민속촌 등을 꼽을 수 있다. 2002년의 13개 테마파크 입장객수는 전년보다 6.4% 증가한 3,446만 8천명에 달했는데, 우리 국민 10명당 7명꼴로 테마파크를 찾은 셈이다.

7. 실버리조트

(1) 실버산업의 전망 및 과제

현재 선진국들과 마찬가지로 우리나라에서는 핵가족화, 인구의 고령화, 낮은 출산율로 인하여 노인의 부양과 노후 생활 문제가 심각하게 대두 되었다. 이러한 상황에서 공공복지 부문이 서비스의 욕구를 충족을 시키지 못하는 경우가 노인 복지 문제를 가정생활에 기대 하는데 무리가 있을 뿐만 아니라 경제 발전과 생활수준의 향상에 따라 서비스에 대한 욕구는 매우 다양하고 개별적이 되어 국가가 그 모든 욕구를 충족시키기에는 무리가 따를 것이다. 따라서 이런 상황에서 민간 기업이 실버산업 참여가 불가피 하게 될 것이다. 따라서 실버산업의 발전 가능성은 정부기관이 민간 기업의 복지서비스에 대한 참여를 어떻게 볼 것인가 하는 입장과 그에 따른 정책 수립과도 결부 될 것이다.

대안으로써 고령자 복지공급시스템을 공급 및 운영주체로 나누어 공급시스템의 개념을 공공적 서비스와 비공공적 서비스로 분류 하면 다음과 같다.

<표 30> 복지공급시스템 비교

공공적 복지공급 시스템	비공공적 복지공급 시스템
- 국가 혹은 지방자치단체가 설치, 운영하는 행정형 공급 조직 - 행정책임에 귀속하는 조치행위를 인가된 특별 법인에 위탁하여 운영하는 인가형 공급조직으로 구분	- 복지 수요에 부응하여 개인의 선택에 의한 수요자 부담 원칙과 시장 원리에 입각한 시장형 공급조직 - 사단법인 혹은 협동조합의 형태로 참여자의 의무와 권리가 한정 되어 운영되는 참가형 공급조직으로 공급체제 구분

실버산업이란 이러한 개념 규정 가운데 시장형 공급조직 영역에 속한다. 이때 미래의 이득은 현재의 희생에 대한 대가를 의미하는데, 현재의 소비 억제에 대한 미래의 보상인 화폐의 시간 가치와 미래의 위험감수에 대한 보상으로 구성되므로 복지투자 사업일지라도 민간의 경영자원 투입이 전제되어야 한다. 실버산업과 관련하여 중요한 것은 민간의 경영자원 투자인 만큼 실버산업의 질적

관리와 서비스 이용 가격을 적정하여, 노인을 위한 투자를 마련해야 할 것이다.

8. 카지노리조트

(1) 카지노 산업의 흐름과 추세

외국의 카지노는 중세 유럽의 귀족사회에서 사교의 한 수단으로 태동하여 17~18C에 걸쳐 유럽각지에서 소규모 카지노 설립하여 근대 카지노의 시작하였다. 1848년 독일의 Baden Baden에는 프리드리히 욕탕과 카지노가 건설되어 온천과 카지노를 중심으로 한 사업이 선보이기 시작하였다. 20C 초까지는 카지노의 모태인 중유럽 지역이 카지노의 메카였으나, 1930년대에 미국으로 카지노가 도입되어 네바다 주에서 대공황을 극복하기 위한 경제대책으로 카지노를 본격적으로 육성, 상업적 성격의 카지노로 발전하여 미국이 새로운 카지노의 중심지로 등장하였다. 네바다 주에서 시작한 카지노가 1980년대에는 미국전역으로 확산, 1994년 현재 26개주에서 카지노가 운영 중에 있고, 13개 주에서 카지노 산업의 합법화를 위한 입법조치가 상정 중에 있다. 호주, 사이판, 태국 등에서도 신규개설 또는 증설하고 있는 실정이다. 따라서 카지노는 전 세계적으로 86개국 1,478개 업체가 운영되고 있어 지구촌 50%이상에 달하는 국가에서 카지노 산업이 활발하다.

최근 이러한 이유에서 문화관광부 관계자는 "외국인 관광객 유치 확대를 통한 관광산업 육성 및 관광수지 개선, 카지노산업의 경쟁력 제고를 위해 서울과 부산에 외국인만 출입할 수 있는 전용 카지노를 3개 추가로 허가키로 했다"고 밝혔다.

이런 긍정적인 측면인 외국관광객 유치와 외화획득, 자국인의 외화유출방지, 카지노사업자체의 세수확보, 경제 활성화 등에 의해서 관광사업중 가장 고부가 가치사업 중의 하나이다.

하지만 카지노의 추가로 인한 부정적인 측면 역시 존재한다.

1) 주변국의 경쟁적 카지노 도입 붐 속에서 국내업체간 '출혈경쟁'만 가중될 것

외국인 전용 카지노의 경우 외국인만을 상대로 한 작은 시장 규모에 비해 소규모 업체가 과다하게 난립해 있고 국내 외국인 전용 카지노는 13개로 인근 아시아 국가 중 가장 많은 카지노를 보유하고 있다.(마카오 11개, 말레이시아 1개, 호주 12개, 한국 14개(강원 랜드 포함) 이런 소규모 카지노의 난립으로 우리 국내업체간 고객유치 경쟁이 심화 되어 채산성 악화를 초래하고 있으며, 현재7 국내 외국인 전용 카지노 13개(아시아중 최다 보유) 업체의 평균 가동은 평균 7%로 조사됐으며, 선두업체인 서울 워커힐 카지노의 경우에도 평균 가동률이 17%에 불과한 것으로 나타났다. 이 같은 상황에서 신규카지노가 설립될 경우 업체 간 과당경쟁으로 인한 경영악화가 우려되고 있다. 이러한 상대들끼리의 의 견차이도 좁히지 못한 상태에서 카지노 산업을 늘리기만 한다면 구내간의 출혈경쟁만 가중될 것이 뻔하다.

2) 국가 이미지 추락

현재 한국은 아시아에서 카지노를 운영하고 있는 국가들 중에서 가장 많은 14개의 카지노를 운영하고 있다. 그리고 다시 3개의 신규카지노 허가를 발표한 상태이다. 현재 1조6천억 원에 달하는 문화관광부 소관 기금의 3분의 1가량이 사행 사업으로 조성된 것으로 확인됐다. 문화관광부 및 산하기관이 제출한 자료에 따르면, 2003년 문화관광부 기금 1조6천억 원 가운데 사행사업이 차지하는 실적이 4천5백억 원으로 전체의 28%에 달했다. 구체적으로 카지노, 복권, 경정, 경륜 등으로 조성된 금액으로 확인됐다. 이러한 점만 보더라도 카지노 신규 허가는 도박 산업을 육성하고, 외국인의 사행심을 조장해 손쉽게 기금의 재원을 마련하려는 문광부의 기금 관리 방식에서 비롯된 것이라는 문제점이 지적되고 있으며, 국제사회에서 한국의 이미지에 큰 손상을 입힐 우려가 있을 것이다. '카지노 도박'보다 문화 국가로서 한국의 이미지를 제고하는데 신경을 써야 할 때가 아닌가 생각이 든다.

3) 일자리 창출 및 경제적 파급효과 실효성 '의문'

문화관광부는 이번 신규허가로 서울과 부산에서 모두 1억5000만 달러의 외화 획득을 예상했다. 하지만 이와 관련, "정부가 '지역독점'을 해소한 것으로 볼 수 있을지는 몰라도 신규 매출이익이 창출될 수 있을지 의문시 되고 있다. 하지만 이런 우려의 목소리는 고려하지 않고, 문화관광부는 신규허가로 1억 달러 이상의 매출이 늘어나면 숙박, 음식, 쇼핑 등 유관산업의 생산(약1519억 원)과 부가가치(1608억 원)효과가 있을 것으로 전망했다. 또한 약 1만1700여명의 고용유발효과로 청년실업 완화에 기여할 것으로 기대했다. 하지만 문광부의 입장과는 달리 업계에서는 이에 대해 기존 카지노 업체당 낮은 고용 인원 수준(업체당 200여명)과 일반 관광객의 낮은 여행경비(총 5박 일정에 여행경비 130만원) 등 때문에 일자리 창출과 파급효과의 실효성이 크지 않을 것이다

9. 생태리조트

(1) 지역경제 활성화 및 지역주민 소득증대

<표 31> 지방자치 시대의 특징

구 분	경제개발시대	지방화시대
지도이념	경제적 효율성	사회적 효율성(형평성)
의사결정	중앙집권	지방분권
정부역할	중앙정부중심	지방정부역할 증대
개발방식	거점 개발 (중앙에서 직접 참여)	균형개발, 정주권 개발 (개발의 지원 및 유도)
민간부문역할	중요시하지 않음	중요시 함

현대리조트개발론, 채용식 외, 427p

가. 타 지방과 다른 창조의식 함양

나. 세계적 시야 확립을 위한 많은 정보 접촉, 시대감각 제고

다. 당해 지역의 풍토와 지리적 특성, 생태계, 환경성 및 역사, 문화, 산업, 전통

을 철저히 파악하여 최고보다는 유일을 추구

라. 현존하는 지역의 환경위험과 생태계의 문제점 해소 및 긍정적 활용방안 강구

마. 대형투자가 필요한 시설 정비보다 지역 환경을 바탕으로 한 각종 프로그램 위주 개발이 강구

10. 관광농원

(1) 건전한 국민관광의 활성화

주말이나 휴가 기간을 이용하여 가족단위로 관광농원을 방문하여 부족한 일손을 돕는 한 편, 자녀들에게 자연과 농촌을 경험케 함으로써 교육적인 효과를 거둘 수 있을 뿐만 아니라 저렴하고 질 높은 산지 농산물을 구매할 수 있는 등의 이점이다.

(2) 관광농업의 특화

기존의 관광농원이 과수원, 농원, 목장을 위주로 단순하게 구성되어 일반인들의 관심을 끌지는 못했지만 시간이 흐를수록 전문화, 다양화 추세가 강조되어 활성화될 전망이다. 상품구성에 있어서는 기본 농작물을 중심으로 고정 소비자를 확보해 나감은 물론 단기 이용객들을 위하여 다양한 동식물을 재배, 사육하여 비수기를 없애는 방안이 모색되고 있어 4계절 이용 가능한 관광농원을 지향하고 있다. 그리고 관광객들이 관광농원에서 관광을 마치고 도중에 미식관광코스로 이용할 수 있도록 지역특산물을 중심으로 다양한 음식을 마련하거나 직판매하는 방안이 검토되고 있다.

(3) 관광농업의 종합 관광지로의 발전

1) 관광농원의 성격이 농업시설을 기반으로 하는 것이므로 넓은 전답을 기본적

으로 가져야 하며 또 주변 유휴지를 자연과의 조화성을 기해 관광 레크리에이션 공간으로 전환시키게 됨으로써 넓은 면적이 필요하게 되며, 각 종 부대시설로서 주차장, 휴게소 매점, 식당, 화장실 등이 있어야 한다.

2) 이용계층을 적극 유도하기 위한 방편으로써 여가공간의 다양화가 요구되는데 가족관광의 경우 어린이를 위해서는 놀이터를 마련해야 하며 청소년들을 위해서는 운동시설과 문화교육시설을, 장년층을 위해서는 적절한 휴식공간이 필요할 것이다.

3) 소비자들의 욕구에 부응하는 동시에 관광농원의 경영합리화를 가하기 위해서는 종합관광지 또는 관광리조트로의 변모가 필요하며, 차후 이러한 변화는 크게 진전될 것으로 보여 진다.

제2절 리조트산업 향후전망

1. 리조트 개발절차

복합리조트 개발은 관련 행정절차가 매우 복잡하다. 그 이유는 리조트 안에 숙박시설, 골프장, 스키장, 테마파크, 쇼핑센터, 음식점, 게임장 등 다양한 기능과 시설이 입지하게 되고 여러 시설들이 각각 관련된 법제도에 의가하여 사업승인을 받아야 하기 때문이다. 또한, 일부 인허가의 경우 유사한 내용을 상이한 기준으로 평가하고, 중간 과정에서 차질이 생길 경우 다시 원점으로 돌아가 초기의 계획자체를 수정하는 경우도 빈번하다.

<표 32> 복합리조트 개발 관련법률

구분	내용
관광관련법	- 관광진흥법 - 관광진흥개발기금법
입지관련법	- 국토이용계획및이용에관한법률 - 산림법, 농지법 - 하천법, 수도법, 사법 - 연안관리법, 자연공원법 - 환경영향평가법 등 환경관련법 18개 법률
시설관련법	- 체육시설의 설치·이용에 관한 법률 - 도시계획시설기준에관한규칙 - 건축법, 주차장법 - 관광숙박시설지원등에관한법률 - 자연재해대책법 - 에너지이용합리화법 등
조세관련법	- 토지 취득시 : 취득세, 농어촌특별세 - 조성계획 승인시 : 대체산림자원조성비 - 등록시 : 등록세, 교육세, 인지세 - 토지 보유시 : 종합토지세, 교육세, 농어촌특별세, 도시계획세 - 개인 : 양도소득세, 주민세 - 법인 : 특별부과세, 주민세 - 사업중도 포기시 : 법인세, 특별부가세, 주민세 등

출처 : 이경호, 고석찬, 복합리조트 개발 특성과 발전방향에 관현 연구, 2004

리조트(휴양콘도미니엄), 관광호텔 등의 관광숙박시설 개발을 위한 절차는 다음과 같다. 먼저 사업을 추진하고자 하는 지역을 선정하고 법에서 규정한 일정 비율 이상의 토지에 대한 소유권을 확보한 후 사업계획 승인을 위한 문화재지표조사 및 교통, 환경, 재해영향평가를 실시한다. 행정관청과의 협의를 완료한 후 개발사업 담당부서에 사업계획승인을 요청하게 되며, 승인완료 후 공사가 가능한 수준의 실시설계 도면을 첨부하여 건축허가를 신청한다. 건축허가 승인시 시행자는 착공신고를 한 후 공사를 시작하며 공사가 완료된 후 사용승인을 통해 신규 건축물을 건축물대장에 등록한다. 건축물대장 등재가 완료되면 각종 영업허가 서류를 준비하여 관광숙박시설업 등록을 신청하고 행정관청에서 검토 후 등록증을 교부하면 관광숙박시설의 개발절차가 완료된다. 이때 사업계획승인까지를 착공 전 인허가단계로 구분하며 전체 개발 사업절차 중 인허가 단계의 리스크는 착공 전 인허가가 완료되면 대부분 해소된다.

사업자의 입장에서는 행정청의 교통, 환경, 재해영향평가를 무사히 통과하는 것이 중요하다. 리조트는 골프장과 마찬가지로 경관이 수려한 곳에 위치하여 개발과정에서 어쩔 수 없이 환경 훼손이 불가피하다. 또한, 행정청의 승인이 난

후에라도 민원제기 등이 발생하면 사업 일정이 지연된다는 리스크가 존재하기 때문에 입지선장 단계에서부터 꼼꼼한 확인 작업이 필요하다.

사업단계	세부절차	
	시행자	행정청
사업승인 준비	입지선정 및 토지매입	문화재지표조사
	영향평가서류 작성	교통/환경/재해 영향평가
사업계획승인	기본설계	
	사업계획승인 신청	사업계획승인
건축허가	실시설계	
	건축허가 신청	건축허가서 교부
시공	착공신고	착공신고필증 교부
사용승인	사용승인 신청	건축물대장 등록
관광숙박시설등록	관광숙박시설 등록신청	등록증 교부

<그림 13> 관광숙박시설 인허가 추진절차

2. 국내경제의 성장

80년대 말부터 이어지는 노동시간의 단축과 여가에 대한 의식구조의 변화로 취미 활동과 여가시간 활용이 점차적으로 가족단위로 바뀌는 경향이 현저하며 가족관련 레저가 증가하는 추세이다 또한, 새로운 여가활동의 등장, 여성, 대학생 등을 포함한 젊은 층의 노동시간 단축 및 경제능력 향상으로 90년대에 들어와서는 스포츠 관련 여가 활동이 증가하여 SKI, 볼링인구의 급격한 증가역시 괄목할만한 일이었다. 아울러 근무시간의 축소, 주 5일제 근무 등 휴무제 확산과 여가시간의 증가는 정비례하고 있다. 이와 같이 리조트 산업은 높은 성장을 거듭하며 계속 발전할 것으로 예상되고 있다

국민소득과 여가시간의 증대, 가치관의 변화, 교통통신의 발달, SOC 확충에 따라 향후 국내 레저수요는 지속적으로 증가할 것이다. 리조트시장을 전망하기 위해서는 여러 가지 요소가 있지만 그 중에서도 경제성장이나 소비문화 변화,

레저비등 지출비용 확대 등에 따른 수요변화를 우선적으로 살펴볼 필요가 있다.

우리나라 경제는 2007년 5.0%의 GDP 성장률을 기록하였으며 향후에도 연평균 5.0% 내외 수준의 안정적인 성장이 예상되고 있다. 그러나 단기적으로 2008년에는 내수경기 및 국내외 여건의 불확실성이 증가하면서 GDP 성장률의 성장세가 소폭 둔화되어 4.8%의 성장에 그칠 전망이다. 산업구조가 과거 자동차, 철강, 조선 등 거대한 산업 중심에서 IT, 전자통신 등 부피가 아주 작은 소형 산업으로 변화하면서 생활에 대한 가치관도 함께 변화하고 있다. 특히, 2003년 이후 주5일 근무제가 정착하고 가족 중심의 여가생활 패턴이 확대되면서 레저비용 지출 수준이 크게 확대된 상태이다. 2008년과 2009년에 감소한 경제성장률이 전망되고 있지만 신정부의 적극적인 경제성장 정책 추진과 레저관련 가계소비지출 비중은 아직까지는 괜찮은 편이어서 향후 주목해야 할 산업이며 전체적으로 레저시장 규모의 확대는 지속될 전망이다.

3. 레저시장의 동반 성장

국내 리조트 산업 역시 1990년대 하반기에는 리조트의 인구 대중화를 이루었으며, 이러한 수요 충족을 위해 별장, 콘도, 빌라 등 고급 숙박시설이 단지 내에 비치되어지고 있으며, 골프, 스키 승마 등 고급 스포츠 시설을 갖춘 리조트 들이 부상하고 있다. 2000년대에 접어들면서 보다 더 전문화된 개인 리조트가 각광 받는 시대가 되었으며, 이를 위한 로그 하우스, 롯지, 간이 숙소 등 저가 장기 숙박시설을 요구하게 되었으며 해양 스포츠, 관광농원 등 취미 생활시설을 구비한 리조트가 부상하였다. 또, 건강 목적의 휘트니스 리조트, 마리나 리조트, 첨단 테마 리조트 등은 아직 개발이 미진한 상태이다.

현재 우리나라의 리조트 업계는 스키장과 같은 겨울철 스키 시즌에만 사용이 가능한 계절별 특수성을 타는 시설위주의 리조트와 골프장과 같이 일부 계층에게만 개방되어져 있는 지나치게 고급화된 리조트나 기존에 유행한 리조트의 시설이나 서비스를 모방함으로써 판에 박힌 듯 똑같은 유형의 시설과 서비스를 제공하는 특색 없는 틀에 박힌 시설위주의 리조트 그리고 방문자의 편익시설과 오락시설 등의 기본적인 기반시설도 제대로 갖추어지지 않은 저급의 리조트만이 현존하고 있는 상황이다. 따라서 우리의 전통을 테마로 하여 내적으로는 교육과 전통의 계승을 유도하는 교육기관으로서의 역할수행과 외적으로는 외국관광객에게 우리의 전통문화로 구성되어져 있는 시설과 서비스 속에서 체제하고, 즐김으로써 보다 높은 수준의 방문경험을 제공할 수 있도록 하여야 한다.

향후 우리 경제가 꾸준히 4~5% 수준의 성장이 가능할 것으로 전망됨에 따라 레저산업도 함께 성장할 것으로 예상된다. 레저관련 지출이 국내총생산에서 차지하는 비중은 가처분소득 증가와 레저수요 증대로 지속적으로 확대되고 있는 추세이다. 1980년 2.2%에 불과하던 레저비 지출 비중은 2002년에는 4.4%까지 확대되었으며 이후 2005년에는 3.7%인 것으로 나타났다. 우리나라의 2005년 레저시장 규모 비중이 일본과 미국에 비해 2.6~2.7% 낮은 수준인 것으로 나타나 향후 경제가 성장함에 따라 비중도 함께 상승할 것으로 예상된다. 따라서 본 리포트에서는 보수적 관점에서 2007년 비중을 2005년 수준인 3.7%로 설정하고 이후 매년 약 0.1% 정도 상승한다는 가정으로 GDP 대비 총 레저시장 규모를 분석하였다.

<표 33> 국내 레저시장규모 전망

구분	2007E	2008E	2009E	2010E	2007~10 CAGR
국내경제성장률	5.0	4.8	4.8	4.8	-
국내총생산(10억원)	901,188.6	944,445.7	989,779.0	1,037,288.4	4.8
레저비지출비중(%, GDP 대비)	3.7	3.8	3.9	4.0	
레저시장규모(10억원)	33,344.0	35,888.9	38,601.4	41,491.5	7.6
전체인구(천명)	48,456.4	48,606.8	48,746.7	48,874.5	0.3
1인당 연간 레저비(천원)	688.1	738.4	791.9	848.9	7.3

주 : 2008년 경제성장률 전망은 삼성경제연구소, 2009년 이후 4.8% 가정
출처 : 한국레저산업연구소, 통계청

분석결과, 2007년 레저시장 규모는 GDP의 3.7%로 33조 3,440억 원으로 나타났다. 이후 비중이 소폭 상승하여 2010년에는 41조 4,915억 원으로 연평균 7.6%씩 확대될 전망이다. 1인당 레저비 지출 금액도 증가하여 2007년 69만원이던 연간 레저비용이 2010년에는 85만원까지 증가할 것으로 분석되어 연평균 7.3%씩

성장할 전망이다.

4. 리조트비중 확대 전망

국내 리조트 산업을 세계 여러 나라 개발형태를 비교해 볼 때, 사계절형, 가족형 참여형 리조트 등으로 컨셉을 전개하고 있는 것은 비슷하다고 할 수 있으나, 해안 리조트, 컨벤션 리조트, 휘트니스 리조트, 마리나 리조트, 첨단 테마 리조트 등 복합적인 면에서는 아직 개발이 부족한 실정이다. 이는 고객의 욕구, 시장 분석이 미흡하고 고객욕구에 능동적으로 대처하지 못하였기 때문이다. 앞으로는 다양한 계층의 욕구에 부응하는 리조트 개발이 필요하며 고객의 욕구를 중심으로 부대시설을 선정, 배치하고 경쟁시설과 상호 차별화되는 시설 및 프로그램의 개발로 독특한 리조트 경험을 체험할 수 있도록 기업체 연수 리조트, 휘트니스 리조트, 청소년 학습 리조트, 컨벤션 전문 리조트 실버 리조트 등 차별화된 리조트의 개발이 필요하다. 또한 지역주민이 참여하는 리조트를 개발하여야 한다. 지금까지는 개발과정에서 지역 주민이 소외됨은 물론 개발 후에도 기업의 이윤증대에만 몰두하여 지역 발전을 위한 기여가 부족하였으며 이익의 지역 환원 또한 전무한 상태이므로 개발 초기부터 지역민과의 마찰은 리조트 개발의 절대적 저해요인으로 계속되어 왔다. 이를 극복하기 위해 지역 경제 활성화를 위한 리조트 개발이 이루어져야 할 것이며, 지방을 적극 활용하는 이미지 차별화, 지역의 자연자원, 역사, 문화, 음식 등을 상품화 하여 지역 문화를 창출하고 보전하는 중심적 역할을 수행해야 하겠으며 이를 통해서 실질적인 지역민의 참여 개발이익의 지역 환원이 이루어 저야 하며 이를 위한 리조트 개발 유형에는 전원관광시설 펜션 빌라, 리조트 도시개발 등이 이루어 져야 한다.

미래의 리조트 산업은 공급측면에서는 정부와 대기업들이 관심을 가지고 적극 진출하고 있어 2006년에는 지금 보다 약 4.6배 늘어난 총 60개 정도가 될 것으로 예상된다. 이처럼 리조트 산업은 매우 낙관적인 전망을 가지고 있다. 리조트 개발에 있어서도 현재까지는 산악형이 주종을 이루었으나 앞으로 우리나라가 3면이 바다인 지리적 여건으로 해안형 리조트 개발이 활기를 띨 것으로 보인다. 다만 환경문제가 심각하게 대두되어 생태환경을 중시하면서 자연을 훼손시키는 리조트 개발은 크게 제약을 받을 것으로 전망되며 자연을 보호, 관리하면서 개발하는 생태중심의 리조트가 크게 늘어날 것으로 예상된다.

한편, 전체 레저시장에서 리조트가 차지하는 비중은 앞서 분석한 주요 10사 기준으로 2005년 2.2%에서 2010년에는 3.2%로까지 증가할 전망이다. 국내 리조트 시장이 복합화, 종합화, 전문화되면서 비교적 집객력을 높이고 있고 입지한 위치나 유영서비스에 따라 경영실적에서 차이는 보이나 전반적으로 매출액은 꾸준히 증가하고 있어 중장기적으로 시장규모 확대에는 큰 무리가 없을 것으로 보인다. 전체 레저시장 규모가 확대되고 그 중에서 리조트 규모 비중도 함께 증가할 것으로 전망됨에 따라 리조트 시장규모(주요 10개 대상)는 연평균 12.2%의 성장률을 나타내며 2010년 1조 3천억 원 수준이 예상된다.

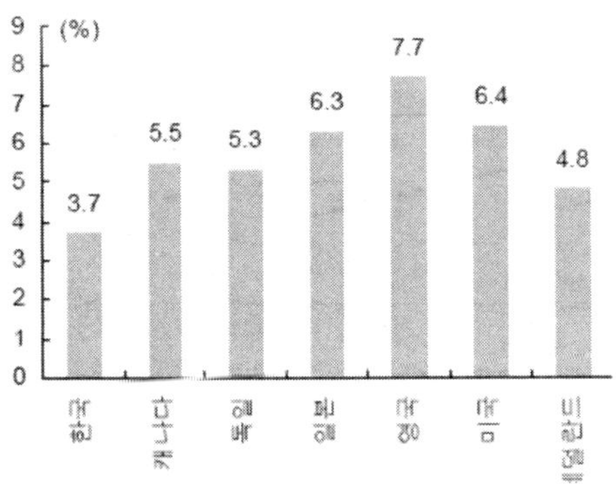

주 : 가계의 레저비(오락문화비 지출액이 GDP에서 차지하는 비중임
출처 : OECD Factbook 2007

<그림 14> 주요국의 레저비 지출 비중(2005년)

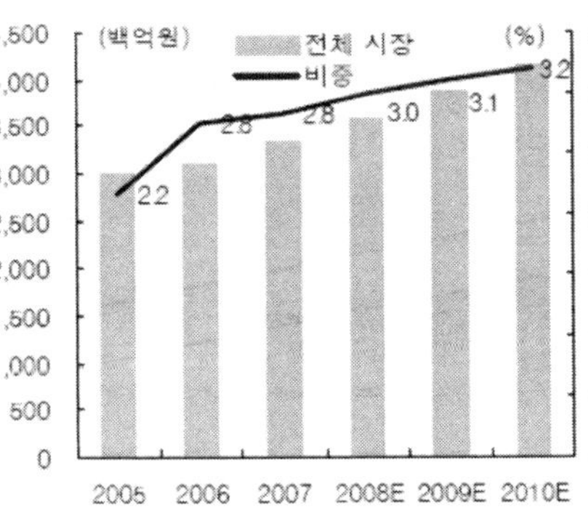

주1 : 상위 10대 리조트 매출액 합
주2 : 비중전망은 최근 증가추세를 반영
출처 : 레저백서 2007

<그림 15> 전체 레저시장에서의 리조트 비중추이

제3절 리조트 개발추세 전망

1. 리조트 개발추세 전망

국민소득과 여가시간 증가, 가치관의 변화, 교통통신의 발달, SOC 확충에 따라 리조트에 대한 수요는 급격히 증가하고 있으며 대중화가 되는 동시에 고급화도 함께 진행되고 있다. 현재 리조트 수요는 환경이 급격히 변화하면서 특정한 수요 패턴을 나타내고 있지 않으나 평균적으로 대도시 중상소득계층, 청장년층의 주도로 점점 다양화, 고급화, 전문화되는 추세가 뚜렷하게 나타나고 있으며 이는 점차 중산층을 중심으로 확산될 것으로 보인다.

(1) 리조트의 대중화, 고급화 진행

과거 1980년대에는 국내 리조트 산업의 태동기로 용평이 최초로 스키리조트를 도입하고 한화가 체인망을 구축하였다. 이때에는 리조트가 투자의 개념으로 부의 척도로 인식되면서 고가의 분양가격이 형성되었으며 주로 설악산과 부산 해운대, 경주 등에 위치한 입지성 리조트가 대부분이었다. 1990년대에는 스키장을 중심으로 한 무주, 휘닉스, 현대 성우, 대명이 등장하면서 체인화가 함께 진행되어 국내 리조트의 브랜드화를 본격화시킨다.

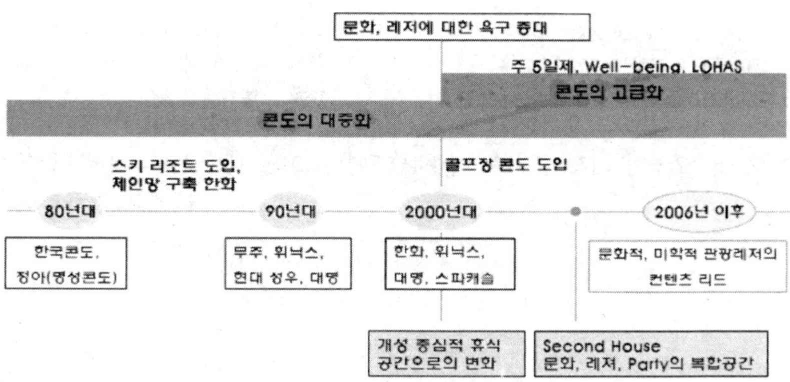

출처 : 이경호, 고석찬, 복합리조트 개발 특성과 발전방향에 관현 연구, 2004

<그림 16> 리조트의 사회적 개념 변화

2000년대 들어서면서 리조트의 개념이 한 단계 업그레이드된다. 과거 단순 여가활동을 위한 개념에서 나아가 이용자의 개성을 중심으로 한 하나의 휴식공간으로서의 변화를 겪게 된다. 이 때 골프장 콘도가 본격적으로 도입되었으며 워터파크, 스키, 골프를 망라한 종합, 복합 리조트로 탈바꿈하게 된다. 당시 등장한 대표적인 골프장 리조트가 한솔, 오크밸리, 대명, 나인브릿지 등이다.

(2) 평당 분양가 상승

2000년대 이후 주5일제가 시행되고 웰빙 문화가 확산되면서 리조트의 대중화와 동시에 고급화가 진행된다. 2003~2004년을 거치면서 리조트는 일부 소득계층에게는 제2의 주거지 개념으로 자리 잡게 되었고 '숙박+레저'의 개념에 문화와 파티의 의미가 가미된 복합공간으로 거듭난다. 대우 그린카운티와 아펠바움, 나인브릿지가 대표적이며 이때부터 고급리조트가 도입된다.

(단위 : 평균 평당가)

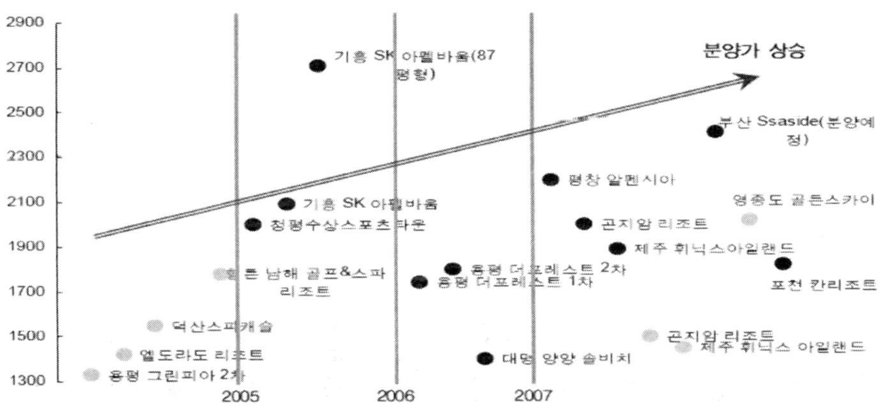

출처 : 레저백서, 2007

<그림 17> 최근 리조트 분양가 추세 변화

과거 리조트가 발달한 추세를 분석해보면, 시설의 기능이 다양화, 고급화, 복합화 되었으며 이러한 내용들이 분양가가 평균적으로 상승하고 있는 모습에서도 확인할 수 있다. 2007년 이후에는 Full 구좌 기준으로 평당 평균 2,000만 원

대를 형성하고 있다. 특히 현재 분양 예정이어서 기흥 SK 아펠바움(87평형)이 평당, 2,700만원을 기록한 이후 최고치를 기록할 것으로 보인다.

(3) 다양한 객실 구성

최근 리조트 분양의 또 다른 특징은 분양가 상승과 함께 분양 평형대가 양극화를 나타내고 있다는 점이다. 아래 그림을 살펴보면, 2005년 이후 최고 평형대와 최저 평형대의 차이는 최대 60평형대를 나타내었지만, 갈수록 평형차이는 벌어져 2007년 이후에는 포천 칸 리조트의 최고 평형대는 155평형인 반면, 최저 평형대는 20평형대로 나타나 평형차이가 무려 135평형이나 난다. 이처럼 동일한 리조트 내 객실의 평형이 차이가 많이 나는 이유는 앞서 살펴본 바와 같이 최근 리조트의 개발 추세가 대중화 되는 동시에 고급화가 진행되고 있기 때문이다.

객실의 규모와 이에 따른 평당 분양가의 격차가 점차 벌어지는 추세를 반영하면 작은 평형으로 중산층 이하의 수요를 흡수하면서 리조트를 제2의 주거공간, 사회교류의 공간, 문화의 공간으로 향유하려는 계층을 유인하기 위해서는 객실의 다양화와 함께 리조트 공간의 문화적 미학적 측면에서의 다양화 필요성이 대두되고 있다.

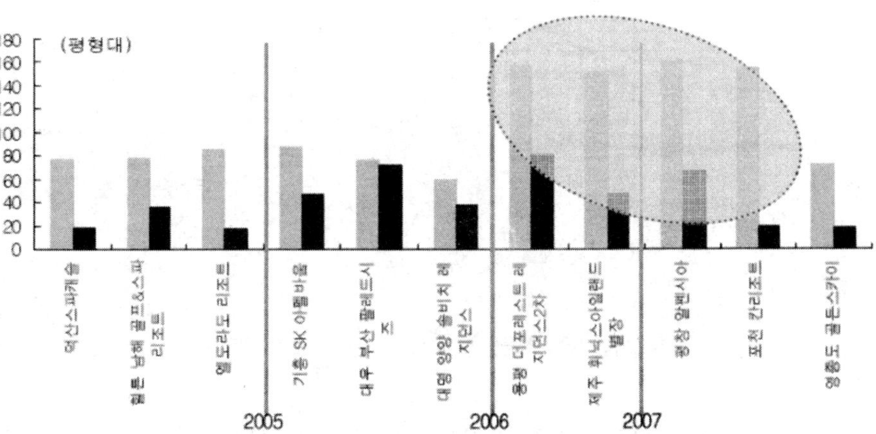

출처 : 레저백서, 2007

<그림 18> 최근 리조트 분양가 추세

(4) 수요에 따른 맞춤형 개발 확대

리조트의 사업 환경은 사회경제적 배경과 수요 측면, 그리고 공급 측면에서 변화하고 있다. 과거 리조트 개발은 단순 숙박시설로의 콘도미니엄 개발이나 부동산 가격 증대를 노린 단순 부동산개발로 추진되는 경향이 많아 순수 리조트로서의 기능을 잘 살리지 못하였다. 또한 이용자들도 재산가치 증식을 위한 회원권 구매가 많이 이루어지고 있기 때문에 수요자의 니즈를 감안한 복합리조트 개발이 현실적으로 쉽지 않았다. 그러나 스포츠 중심의 건전한 사회여가문화가 정착하고 여가활동 참여회수도 증가하면서 리조트 개발도 수요자의 요구에 맞추어 변화하는 추세이다. 향후 국내 리조트 산업은 구매계층 확대로 시장규모도 함께 확대되면서 복합리조트화가 진행될 것으로 전망된다.

<표 34> 리조트산업의 개발방향 전망

사회·경제적 변화	라이프스타일의 변화	개발방향	사업전망
· 국민소득의 증가 · 레포츠관련 소비지출 증대	· 질적 위주의 생활 추구 · 스포츠 중심의 건전한 사회여가문화 정착	· 고급화, 다양화, 전문화를 갖춘 공급전략 수립	· 구매계층의 확대에 따른 시장규모 확대 · 일시적인 공급 과잉 현상 조짐
· 여가시간의 증가 · 근로시간의 감소 · 주5일 근무제 도입	· 여가활동 참여율 및 참여회수 증가 · 장기체재형 관광형태 정착	· 장기체제형 관광형태에 부합되는 종합 휴양단지 조성	· 단일시설형태 지향 → 복합리조트화 · 기업체연수 시장 확대
· 산업구조의 변화 · 34차 산업 비율이 60% 이상 · 2차 산업 종사자의 복리후생 강화	· 고도정보사회로 전환 · 중산층 확대 · 근로환경 개선 및 근로위락환경 요구	· 건전한 여가선용 기회의 확대를 위한 각종 리조트 시설 확충	· 기업체 판매시장 확대 · 이용률 증대 → 경영환경개선 가능
· 도시화의 심화 · 도시화율 85% 이상 · 이농현상 심화	· 자연과의 친화를 통한 인간성 외부활동 강화 · 전원생활에 대한 동경	· 도시 근교형 리조트 개발 · 가든 타운 형성 (전원주택)	· Market Tarket 다양화 유도가능

출처 : 박윤진, 복합리조트 개발의 활성화 방안에 관한 연구, 2006

2. 국내 리조트 산업의 문제점

(1) 생산과 소비의 동시성 (비재고성 및 비저장성)

리조트 사업에서는 재고가 없기 때문에 안정적인 서비스 제공이 불가능해 경영을 압박하는 원인이 될 수 있다. 생산과 소비의 동시성 개념은 서비스경험은 동시에 생산되어지고 소비되어진다는 것을 의미한다. 서비스경험은 미리 생산이 되어 질 수 없고 또한 손님이 내방하기 전까지 저장할 수도 없으며, 단지 유형적 자산만이 저장 가능하다. 서비스경험은 저장할 수 없기 때문에 고객들은 일반적으로 서비스경험을 미리 확인할 기회를 가질 수 없다. 고객들은 단지 서비스와 상품이 생산되어지는 대로 경험을 할 수밖에 없다.

고객은 서비스전달 과정의 한 부분이며, 고객은 이러한 과정에 참여하게 된다. 바꾸어 말하면, 고객은 서비스생산 과정에 같은 생산자로서의 입장으로서 참여하며, 또한 반드시 서비스를 제공받는 곳에 있어야 한다. 고객들이 서비스생산 과정에 참여함으로써 발생하는 불확실성(uncertainty)을 해소하고 변화의 폭을 최소화하기 위해 많은 기업들은 지속적인 노력을 기울이고 있다. 예를 들면, 패스트푸드(fastfood) 레스토랑들은 애매모호하고 엉거주춤하게 전개될 수 있는 고객들의 주문과정을 신속, 정확하게 처리하기 위해 터치스크린(touch-screen)식 메뉴 주문 장치를 개발했으며, 또한 호텔기업들은 객실내 체크아웃 장치(in room check out devices)를 개발하여 고객들이 시간을 절약할 수 있는 기회를 제공하여 서 비스의 질을 한층 강화하였다. 위의 경우들과 같이, 고객들은 서비스제공자들이 좀 더 일관되고 효율적인 서비스전달과정과 서비스생산과정에서 적지 않은 도움을 제공하고 있다.

(2) 수요의 불안정성

수요의 크기는 경기와 가계상황에 의해 영향을 받으며, 유행성이 강하기 때문에 경기가 호황일 경우와 불황일 경우의 수요의 변동 폭이 크다. 불황일 경우 급격한 수요 감소로 수요 탄력성이 크고 날씨에 민감하여 일기 변동에 따른 문제점들이 대두된다.

소득이 증가하고 여가활동에 대한 관심이 높아지면서 지난 90년 이후 98년을 제외하고는 국내 레저시장이 매년 10-30%의 높은 성장률을 기록했다. 향후 레저시장은 지속적인 성장세를 이어가는 가운데 고급화, 고령화, 여성화의 특징을 나타낼 것이다.

98년인 IMF 사태가 일어난 해에는 경기침체로 성장률이 떨어졌고, 여성들의 여가활동 증가와 고령화 현상에도 밀접한 연관이 있는 것이 리조트 산업이다.

(3) 막대한 초기투자

리조트사업은 초기투자자본의 규모가 크고 회수기간이 길기 때문에 대규모의 초기자본을 투입함으로 자본 참여의 한계성을 지닌다. 우리나라는 정부나 대기업의 적극적인 지원이 다른 해외 사례에 비하여 턱없이 부족하여 더욱 어려움을 지니고 있다.

일반적으로 거대한 토지의 취득, 시설의 건설과 기반정비에 거액의 선행투자가 필요하다. 더구나 지가가 높고 토지이용상의 규제가 많은 나라에서는 용지를 확보하는 것만으로도 큰 비용이 들기 때문이다. 투하자본의 규모가 크고 회수기간이 길기 때문에 대규모의 초기자본을 투입함으로 자본참여의 한계성을 지닌다.

(4) 생태계의 파괴와 환경오염(동물들의 서식지 파괴)

자연의 이산화탄소 흡수율 저하로 인한 산림훼손 및 농지잠식, 부적지의 개발로 인한 대규모의 지형변경과 자연 경관 변화, 산사태 발생, 농경지 유실, 가옥침수 등 많은 재해가 일어나며, 수질오염(식수원 오염, 용수 고갈)의 원인이 된다.

(5) 과잉개발

현재 무주리조트를 비롯해 용평리조트 등 국내 굴지기업이 운영했던 대형리조트업체들이 경영난을 이기지 못하고 퇴출당하고 있다.

또 평창이라는 같은 사이트 내에 용평리조트를 비롯해 현재 구상중인 오대산

리조트 등 대형리조트가 과잉 투자될 경우, 인근 리조트의 사업수지는 물론 자체 사업수지의 약화를 초래할 수 있다는 지적도 있었다.

현재 콘도 분양시장은 경기 위축으로 악화 일로를 걷고 있다. 골프장 회원권은 현재 시장은 좋다고 하나 전국적으로 기존 170여개 골프장은 물론 현재 100여개가 개발을 추진 중에 있어 3, 4년 내에 골프장 공급이 포화상태에 이를 것이라는 업계의 분석도 있다.

이 와중에 용평 및 오대산리조트 역시 모두 72홀의 골프장을 공급할 예정이어서 피스 밸리리조트의 골프장 회원권 분양성 악화가 우려되고 있다.

평창에는 이미 용평 보광 성우 등 대규모 리조트가 있는데도 재정자립도가 열악한 도가 1조원대의 사업비가 투입되는 사업을 추진할 경우 다른 시·군의 반발에 직면할 수 있다는 걱정도 있다.

사업부지가 도 및 군유지여서 현금이 들지 않는다 하더라도 이 또한 도민의 재산이라는 점에서 사업비의 과다 투자는 다른 자치단체의 저항에 부딪칠 수 있다는 분석이다(연합뉴스, 2005).

(6) 계절성

리조트가 자연성이라는 특성을 가지고 있기 때문에 계절적 한계성을 가진다. 리조트는 대부분의 사람들에게 생활필수요소가 아니기 때문에 리조트에 대한 계절, 평일과 주말, 아침·점심·저녁 등 연간 사이클에서 1일 시간 별 사이클 까지 그 특유 수요가 편재성을 갖고 있어, 외적 요인에 의해 좌우되므로 수요가 불안정하고 수요의 전망 또한 불투명하다. 특히 우리나라는 4계절이라는 뚜렷한 계절성을 지님으로써 독창적이고 계절성의 테마를 지닌 리조트 설립이 어렵다.

3. 국내 리조트 산업 개발의 문제점 해결방안

리조트 산업을 해외 여행객들을 국내로 유입하고 국내 여행객들에게는 건전한 레저문화와 가족문화를 조성하게 함으로써 선진국의 레저중심의 관광패턴을 반영하여 우리나라에도 리조트 관광이 중점을 이루도록 도모하여야 한다. 각 지방에서 새로운 관광 상품을 개발하여 지리적, 문화적인 특성을 가미한 리조트를 개발하여 관광산업으로 특화하고 사회 간접자본을 민간자본으로 유치하는 방법으로 전개하여 각 지방의 재정적 독립을 도모하여야 하며 지역별 특성에 맞게끔 특화, 균형 있는 지역별 개발을 추구하여야 한다. 지역의 지리적, 문화적인 경제적 특성에 따라 장점을 최대한 부각시켜 그 지역을 대표하는 리조트를 조성하여야 한다. 산업, 문화, 자연 등과 연계하여 지역특화형 리조트를 개발한다. 리조트에 소요되는 비용과 시간은 크기 때문에 개인이 자주 이용하기에는 한계점이 있으므로 기업이 참여함으로써 소비자가 직접 조달하기 어려운 수요형태를 대중화 할 수 있다. 이는 종업원의 사기 진작을 통한 생산성 향상과 소비자들에 대한 이미지 부각에 따른 매출의 증대를 가져 올 것이다.

기존의 사회적 관습과 문화가 갑작스럽게 레저문화로 전환되는 과정에서 익숙하지 못한 수요형태가 나타나는 경우가 많다. 질서, 이용방법, 시설에 대한 욕구, 참여도 등 대중적인 의미를 부여하기 위해 다각적이고 다양한 홍보를 통해 올바른 대중화가 가능하도록 해야 한다.

(1) 재고가 없는 것을 극복하기 위해 타임 쉐어링제를 도입.

타임쉐어링은 시기별로 가격을 차별화해 잔존 이용권을 인터넷으로 교환해주는 등의 대리관리가 가능하다. 이러한 방법의 장점은 상시 체류 인원을 확보하고 다양한 프로그램이 가능하고 휴가 분산과 먹고 사는 것에 대한 상대적 빈곤감이 아니라 여가생활에 대한 상대적 빈곤감을 해소할 수 있는 측면이 있다.

(2) 시설의 주기적 개장(수요의 불안정성 해소)과 주말 이용 패키지 상품 개발

행정기관 중 주 5일 근무를 시험실시한 42개 중앙부처(796개 기관)와 39개 지방자치단체를 대상으로 2차례의 휴무토요일 여가활용실태를 조사한 결과 고향의 부모, 친지 방문 및 계절별 지역축제 참가, 자녀와 유적지, 자연 학습 등의 가족활동이 50% 이상을 차지하였다. 이것을 토대로 리조트호텔들은 가족단위의 패키지 상품을 개발하는 등의 방안도 적극 검토해 보아야 할 것이다.

(3) 막대한 초기투자의 해결방안

선행취득에 대한 초기투자에 의한 경영압박을 없애기 위해 값싼 토지의 조기 회수가 가능한 시설(리조트맨션, 콘도미니엄, 골프장 등의 회원권 선행판매)을 거대한 초기 투자 문제를 해결하기 위해 계획에 포함 시킨다.

(4) 자연환경과 조화

리조트 시설의 조경, 인테리어가 그 지역의 역사, 문화, 자연환경과 융화되고 수려하도록 계획, 조경, 건축물 등을 통해 인공 환경을 개선하고 민속박물관, 전시관등은 법적으로도 자연히 보호 될 수 있도록 하여야 한다.

(5) 정부의 적절한 개입으로 과잉개발 방지

위에 문제점에서 나타난 과잉개발을 방지하기 위하여 정부가 적절히 법의 규제 등으로 개입을 함으로 이를 방지 할 수 있다.

(6) 사계절 이용가능한 시설의 정비(계절성 극복)

앞서 말했듯이 우리나라와 같이 4계절이 뚜렷한 나라는 계절의 영향을 심하게 받는다. 그러다보니 비수기 계절일 때에는 가격을 매우 낮게 책정하는 등의 수익률 관리를 통해 가격에 매력을 느낀 사람들을 끌어들이기에 급급하다. 하지만 이러한 수익률 관리 대책만으로는 국내 리조트 산업의 미래를 장기적으로 전망할 수 없다. 계절성에 구애받지 않는 대책이 필요한 것이다. 해양리조트의 경우 겨울에는 낚시나 잠수함 체험, 그 외에도 다른 매력 있는 부대시설로 여름에 즐기는 해양스포츠만이 아닌 4계절 모두 활용 가능한 리조트를 개발해야 한다.

전 세계 35개국의 가장 아름다운 지역에 휴양촌을 운영하고 있는 세계 최대의 휴양전문 리조트 회사인 Club Med의 성공요인을 보면 새로운 여행 상품을 개발함으로써 다른 여행사와 차별화를 이루었다는 것이다. 즉, 다른 여행사들이 참여하지 않은 미지의 세계에 대해 조사하고 리조트를 개발하였다는 점에서 성공할 수 있었다. Club Med가 고객을 사로잡는 매력은 무엇보다 고객의 필요를 사회적 환경을 고려하여 조기에 파악하여 이를 적시에 제공한다는 데 있다. 즉, 시대의 조류에 발맞춘 시설물의 확충과 서비스의 제공이 이루어졌으며, 이는 모두 Club Med가 사회적 환경을 정확히 파악하여 이에 대한 고객의 필요를 파악하여 이를 적시에 제공하였기 때문에 성공할 수 있었던 것이다.

하지만 아직까지 우리나라의 실정은 세계 여러 나라의 추세와 비교하여 볼 때 사계절형, 가족형, 참여형 리조트 등으로 컨셉을 전개하고 있는 것은 유사하나, 해안리조트, 컨벤션 리조트, 휘트니스 리조트, 마리나 리조트, 테마 파크 등은 아직 개발이 미진한 상태이다. 즉, 지금까지 리조트 개발은 개발 컨셉이 차별화 되지 못하고 천편일률적이었다는 것이다. 이는 고객의 욕구, 시장 분석이 미흡하고 고객욕구에 능동적으로 대처하지 못하였기 때문이다. 앞으로는 다양한 계층의 욕구에 부응하는 리조트 개발이 필요하며 고객의 욕구를 중심으로 부대시설을 선정, 배치하고 경쟁시설과 상호 차별화되는 시설 및 프로그램의 개발로 고객이 다양한 경험과 재미를 느낌으로서 지속적으로 리조트 호텔에 고객을 유치하며 비수기타개책 및 국내 리조트산업 약점에 대한 해결방안으로 모색해 나가야 한다.

또한 우리의 전통을 테마로 하여 내적으로는 교육과 전통의 계승을 유도하는 교육기관으로서의 역할수행과 외적으로는 외국관광객에게 우리의 전통문화로 구성되어져 있는 시설과 서비스 속에서 체제하고, 즐김으로써 보다 높은 수준의 방문경험을 제공할 수 있도록 하여야 한다.

제4장 여가산업의 개념과 유형

제1절 여가산업의 개념

1. 여가의 개념

오늘날 여가, leisure라는 개념은 여러 시대를 거치면서 다양한 변화를 통해 정착된 용어인데 그 어원을 먼저 살펴보면 크게 그리스의 스콜레(schole), 라틴의 스콜라(schola), 오티움(otium), 리케레(licere), 프랑스의 르와즈에 두고 있다.

먼저 그리스어의 스콜레와 라틴어의 스콜라는 '여가' 혹은 '토론장', '학습이 열리는 장소' 등을 의미하던 것이 변화하여 오늘날의 학교 또는 철학 등의 의미로 정착하게 되었으며, 라틴어의 오티움은 '아무 것도 하지 않는 소극적인 상태'를 리케레는 '허락되어지다' 혹은 '자유로워지다'라는 의미를 갖는 것으로서 자유와 면허의 개념으로 변화하게 되었다. 프랑스어의 르와즈는 '허용되어지다'. '자유로워지다' 또는 '강제력 없이 자기교양을 높이는 활동', '예술, 철학, 학문, 스포츠 등 문화 창조의 적극적인 활동' 등의 의미를 내포하고 있던 것이 현재는 leisure 라는 용어로 자리 잡게 되었다. 레저는 생계를 위한 필요성이나 의무가 따르지 않고 스스로 만족을 얻기 위한 자유로운 활동으로서 활동을 행하는 일 자체가 목적이다. 생활시간은 생리적 필수시간 ·노동시간 등으로 구별한다. 생리적 필수시간(수면 ·식사 등)은 모든 사람에게 있어서 생리적으로 최소한 필요한 시간이란 뜻으로 '생리적 구속시간'이고, 노동시간은 인간이 사회적 존재가 되기 위하여 최소한으로 필요한 시간이란 뜻에서 '사회적 구속시간'이라 할 수 있다. 구속시간을 빼고 난 시간이 자유시간인데, 이것은 각자가 자유롭게 선택하고 쓸 수 있는 시간으로 선택시간 · 자유재량시간이라 한다. webster사전에서는 여가를 일 혹은 의무에서 벗어난 시간, 즐기거나 쉴 수 있는 시간, 자유로운 시간, 한가로움, 안일, 한가한 시간 등의 의미를 지니고 있으며 oxford사전에서는 어떤 보람 있는 일을 할 수 있은 기회 혹은 자유 시간, 직장에서 해방된 어떤 기회, 마음대로 지낼 수 있는 개인 시간, 자유롭고 얽매이지 않는 시간, 심신의 자유로 사회백과 사전에서는 개인적 생활이나 가정, 사회, 문화, 종교 등에 관한 의무가 포함되는 자유 시간, 구속되지 않는 자유로운 시간이라고 표현하고 있다.

이처럼 여가란 단순한 '남는 시간' 혹은 '쉬는 시간'의 개념이 아니라 교육, 문화, 학습, 자유, 예술 등의 함축적인 의미를 지니고 있는 매우 폭 넓은 의미의 용어라고 할 수 있다.

현대사회에서의 여가는 단순히 휴식을 취한다는 개념 보다는 무언가 지속적인 발전의 장으로서 개인적으로 부족한 점을 보충하고 개발하는데 이용해야 한다는 의견 들을 주장하는 학자들이 많다. 예를 들면, 예술작품의 창조나 실내에서 정신적인 작업에 몰두하는 사람들은 그 만큼 활동적인 폭이 좁기 때문에 신체활동의 필요성을 만족시켜 줄 수 있는 여가활동 즉 운동이나 몸을 움직여서 즐거움을 느낄 수 있는 노력이 필요하다는 것이다. 여가는 심신이 평안하고 무엇인가 강제로 동기 지워 지지 아니하며, 자유로운 분위기 안에서 모든 것이 가능한 상태, 그러나 이러한 자유가 방종이 아닌 사회적으로 인정되는, 즉 허용되고 책임 지워 지는 상태, 아울러 새로운 것이 학습되어지고 교육적 의미가 내재되어 있는 활동의 총체라고 말할 수 있을 것이다.

또한 청소년의 경우를 보면 공부와 수면, 학교생활 이외에 평균 3~4시간의 여가시간을 가지고 있다고 한다. 그러나 청소년들은 이러한 여가시간을 어떻게 보낼 것인가 하는 중요한 의미를 상실한 채 그 시간을 유효하고 다양하게 보내는 방법 또한 찾지 못하고 집안일이나 오락실, 텔레비전 시청, 잡담 등으로 보내고 있는 실정이며, 그들의 숫자에 비해 말할 수조차 없을 정도로 부족한 여가시설은 여가활동을 매우 제한하는 결과를 초래하고 있다.

청소년들은 가정과 학교에서 공부하고 일하는 것 이외에는 별로 활동을 하지 않고 있으며, 접촉인물도 거의 없어서 혼자서 할 수 있는 음악 감상이나 독서 같은 것 이외에는 별다른 기회를 제공받지 못하는 실정이다. 씩씩한 기상을 가지고 다양한 경험을 체득하며, 자연과 호흡을 같이 하는 청소년들을 위한 프로그램의 개발과 여가시설의 확충이 절실히 요구되고 있다.

2. 여가, 관광, 레크리에이션

관광은 일상적인 생활의 단조로움을 떠나 생활환경의 변화를 바라는 인간의 기본욕구를 충족시키기 위한 일시적 이동이며, 타 지역의 교역과 풍경을 접하고 즐김으로써 정신적, 육체적인 상태를 새롭게 하는 행위이다. 일상생활로부터의 일시적 이동이 가장 큰 속성으로 여겨지고 있는데, 이는 관광이 여가시간내의 장소이동에 따른 현상임을 나타내 주는 것이다. 또한 관광을 인간 활동의 하나로서 비(非) 일상권 내의 레크리에이션, 즉 야외 레크리에이션과 동일시하려는 경향이 일반적인 추세인데, 이에 따라 관광은 개인의 여가시간 중에서 감상, 지식, 체험, 휴양, 참가 및 정신의 활동을 추구하는 인간의 기본적 욕구를 충족하기 위한 행동가운데 일상생활을 떠나서 다른 자연, 문화 등의 환경아래에서 행하게 되는 행동을 말한다.

<표 35> 레크리에이션과 관광의 차이점

구 분	레 크 리 에 이 션	관 광
대상선택	저주지로부터 이용대상의 시공간적 범위가 제약	공간적 이용대상의 선택범위가 광역적
시간	비교적 단기적	중, 장기적
시설의 질	비교적 저급수준	비교적 고급수준
성 격	후생적 대상	경제적 행위의 대상
시장범위	대개 거의 한계성 지님	범위가 무제한

또한 여가와 관련시켜 볼 때 관광은 사람이 기분전환을 하고 휴식을 취하며 또한 인간생활의 새로운 국면이나 미지의 풍경을 접함으로써 경험과 교양을 넓히기 위하여 여행을 하는 경우와 정주지를 떠나 체재함으로써 성립되는 여가활동의 일종이다. 그리고 관광이 여가활동의 하나이지만, 레크리에이션보다는 공간적으로 광범위하고 시간의 제약이 덜하며, 시설이 비교적 고급수준이며, 경제적 행위의 대상이 되며, 시장의 범위가 크다는 점에서 조직적인 여가활동의 현상으로 볼 수 있다.

위락(recreation)도 여가와 마찬가지로 다의적 개념이라고 할 수 있다. 위락이란 말은 라틴어의 recretio(레크레티오)에서 유래된 것으로 '새로운 것을 창조하는' 또는 '새로워지는', '나아가 '회복과 재생'을 뜻한다.

레크리에이션의 정의는 S. de Grazia는 이를 "노동으로부터 인간이 휴식을 취하고 기분전환을 하고 노동 재생산을 위한 활동"으로 정의하고 있으며, C. Carlson은 레크리에이션을 "각 개인이 자발적으로 행하여 그 행위로부터 직접 만족감을 얻어 즐길 수 있는 모든 여가의 경험"으로 인식하고 있다.

여가와 레크리에이션의 관계는 전자를 시간개념으로 보고 후자를 활동개념으로 보려는 견해가 지배적인데, 레크리에이션은 재생 및 사회적 편익을 증진하고자 조직되는 자발적 활동으로서 다음과 같은 특징을 지닌다.

첫째, 레크리에이션은 육체, 정신 및 감정의 활동을 포함하기 때문에 휴식과 구별된다.

둘째, 레크리에이션의 동기는 개인적 향락과 만족의 추구이므로 노동의 동기와 구별된다.

셋째, 레크리에이션은 선택의 범위가 무한정하기 때문에 수많은 형태로 나타난다.

넷째, 레크리에이션은 여가시간에 행해지는 활동이다.

다섯째, 레크리에이션은 자발적 의사에 의해 참여한다.

여섯째, 레크리에이션은 시간, 공간, 인원 등의 제한이 없고 실행과 탐구라는 보편성을 지닌다.

일곱째, 레크리에이션은 진지하며 목적을 가지며 행하여진다. 이 점에서 레크리에이션은 여가시간에 영위되는 자발적 활동의 총체로서 여가의 하위개념이다.

3. 여가산업

(1) 여가와 스포츠, 게임 산업

여가산업은 여가공급 요소의 일부로서 영리를 목적으로 하는 산업이다. 대개 여가산업이라 함은 사람들이 여가시간에 행하는 여러 가지 활동에 대하여 시설 및 용구의 제공이나 제조, 판매 나아가 여가활동의 지도 등을 행하는 산업을 총칭하고 있다.

현대사회에 있어서 스포츠는 여가활동의 중요한 형태이다. 그러나 승패가 경제적인 가치를 지니는 것에 내적인 만족을 추구하는 스포츠는 여가의 본질과는 상이한 점이 있어 모든 스포츠가 여가에 해당되는 것은 아니다. Harry Edwards는 "스포츠란 공식기록이 되어서 역사와 권리를 지니며 경쟁을 통하여 내체적인 노력을 행하는 활동이다. 또한 공식적으로 조직된 집단의 대표 또는 일원으로서의 상대방에 대한 승리를 통하여 유형 또는 무형의 가치를 지닌 목표를 달성하고자 경기자에 의하여 행하여지는 활동"으로 정의하여 경쟁적이고 제도화된 형태만을 스포츠로 간주하고 있다.

이와 반대로 John R. Kelly는 "이미 정해진 규칙성과 형식 하에서 상대방에 대응하는 육체적 노력을 통하여 그 결과에 대한 상대적 평가를 내리는 조직 활동"으로 정의하여 개별적이고 비공식적인 활동까지 스포츠의 범주에 포함시키고 있다.

<표 36> John R. Kelly의 여가와 레크리에이션의 차이점

여 가		레크리에이션
포괄적 활동범위	↔	한정적 활동범위
비 조 직 적	↔	조 직 적
개인적 목적 우세	↔	사회적 목적 우세
자 유 시 간	↔	자유 시간 내의 활동
자유/내적만족 강조	↔	재생/사회편익 강조

이러한 두 가지 견해를 종합하면 스포츠는 공식적인 것과 비공식적인 개념까지 포함하고 있어 여가의 선택과 참여의 자유, 내적. 외적인 향상을 본질로 삼고 있다는 점에서 상업화된 스포츠를 제외한 대부분의 스포츠가 여가의 범주에 포함된다 할 수 있다.

여가는 게임과도 관련성이 있다. 게임은 독일의 Gaman(가만)에서 유래된 말로 '기쁨'을 의미한다. 게임은 정상적 노동, 정신적 건강, 일상적 책임으로부터 떠나 휴식을 취하는 활동으로 광의의 관점에서 보면 놀이와 마찬가지로 문화의 실마리가 되며, 인류문화의 운명은 게임선택과도 밀접한 관계가 있다.

여가산업을 크게 복합적 산업의 관점, 인간의 활동유형이라는 관점, 여가구조의 관점, 사회조직의 관점으로 나누어 볼 수 있다.

1) 복합적 산업의 관점

인간의 여가활동을 레크리에이션이라 볼 경우 여가산업은 이를 행하는데 필요한 온갖 기구, 용품, 소비품을 공급하는 산업이라고 할 수 있다. 예를 들어 신발제조업이 단순한 신발을 만들지 않고 등산화나 스케이트를 생산한다며 여가산업의 범주에 포함시킬 수 있는 것이다.

2) 인간의 활동유형이라는 관점

여가를 자유 시간에 행하는 여러 활동으로 정의한다면, 여가활동을 크게 경제적 행위를 수반한 활동과 비경제적 행위를 수반한 여가활동으로 나눌 수 있다. 경제적 행위를 수반하는 여가활동은 기업의 여가서비스를 제공받으며 대가를 지급하지만 비경제적 행위를 수반한 여가활동은 대가의 지급을 필요로 하지 않는 특성이 있기 때문에 여가산업의 범주에 포함시킬 수 없다.

3) 여가구조의 관점

이 점에서 여가산업은 인간의 여가행동에 포함되는 모든 재화 및 서비스의 제조, 판매와 그에 필요한 시설을 제공하는 행위로서 주로 자연적·인공적 유형재를 바탕으로 하는 사업을 경영하는 것이다.

4) 사회조직의 관점

여가산업은 넓게 보아 여가 서비스 조직의 일종이다. 여가서비스 조직은 개인이 여가시간동안 소비하는 서비스의 창출 및 분배를 포함하여 중요기능을 수행하는 단위이다.

여가산업은 복합적 산업이며, 여가자원보다는 무형재를 주 대상으로 하는 산업이며, 인간의 경제적 여가행위를 위하여 여가시비스를 제공하는 가운데 영리적 이윤을 추구하는 경제적 행위로 집약할 수 있다.

(2) 여가산업의 분류

여가산업은 여가와 산업이 결합된 형태이기 때문에 보는 시각에 따라서 산업의 특성이 달라 질 수 있는 특징을 가지고 있다.

1) 여가활동 그 자체에 서비스를 제공하는 것을 주로 하는 산업
   예) 영화, 음악, 연극, 씨름
2) 여가활동을 가능케 하는 용품 및 기구를 제공하는 것을 주로 하는 산업
   예) 스포츠 용구 및 용품, 악기, 카메라, 문자매체
3) 여가활동의 경험을 편리하게 하는 시설을 제공하는 산업
   예) 유원지, 드라이브인, 호텔
4) 여가주체인 이용자와 여가대상인 이용자원 및 시설을 연결시켜 정보서비스를 제공하는 것을 주로 하는 산업 예) 여행업, 안내업, 교통수단.

(3) 여가산업의 규모

한국레저산업연구소의 통계에 의하면, 국내 여가시장은 주5일근무제가 확대시행될 경우 2010년에는 35조 5천억 원 규모로 계속 급성장할 것으로 분석되고 있다. 주5일근무제확대 및 고령화 사회 진입 등으로 국민관광수요가 급증하고 다변화하고 있다. 주5일 근무제, 주5일 수업제 등 여가시간 확대로 관광부문의 새로운 사업 창출과 잠재시장 규모가 증대되고 있으며, 현재의 증가추세로 볼

때 실질적인 증가폭은 훨씬 클 것으로 보고 있다. 주5일 근무제에 따른 여가 시간의 증대로 삶의 질 향상과 건강증진을 위한 레저, 스포츠 활동 외에 근거리, 단거리의 국내외 여행이 지속적으로 증가하는 동시에 휴가분산 확대로 숙박관광과 장거리 관광이 확대되면서 국민의 여가활용 및 여행패턴이 크게 변할 것으로 전망되고 있다.

제2절 주요 여가산업별 특성

1. 관광관련 여가산업

(1) 여행 산업

주로 여가서비스업을 객체로 하여 소비자인 여행자와 여객운송업이나 숙박업 등의 생산자와의 사이에 존재하면서 유통에도 관여하는 산업을 말한다. 여행 산업이란 "여행자와 교통시설, 숙박시설 등 여행과 관계가 있는 사업과의 중간에서 여행자의 편의를 위하여 예약, 수배, 알선 등의 서비스를 제공하고 일정한 대가를 받아 영업하는 사업을 말한다." 여행업, 여행알선업, 여행대리점업의 총칭이며 인간이 관광여가행동을 하는데 있어서 가장 먼저 접촉하는 분야이다. 우리나라 여행업의 종류는 크게 3가지 일반여행업, 국외여행업, 국내여행업으로 나누며 여행 산업의 주요 기능 및 업무는 판매, 기획, 대리, 대행, 중개, 인수, 접대업무 등으로 다양하며 구체적 내용은 다음과 같다.

<표 37> 여행업의 구체적 내용

① 승차권 등 교통기관의 표의 판매
② 각종 쿠폰의 판매
③ 여행 상품의 기획 및 판매
④ 호텔, 식당, 리조트 시설 등의 예약과 수배
⑤ 여권, 비자 등의 수속 대행
⑥ 청부여행의 인수
⑦ 인솔, 가이드, 통역안내
⑧ 여행 상담과 여행계획의 작성
⑨ 여행도서의 출판과 안내서 교부 및 판매
⑩ 여행수표의 발행

여행업은 첫째, 신용으로 관광여행자가 단독으로 여행할 때 오는 여러 가지의 불안을 해소시켜 여행 중의 안심과 여행 후의 만족을 보장하고 둘째로, 정보판단력으로 관광여행에 관련된 다종다양한 정보 가운데 적합한 것을 선택하여야 하는데 이를 여행업에 의존하며, 셋째로 시간절약을 위해서 관광상의 각종 예약을 위탁함으로써 관광여행자들은 시간을 절약해 주는 일을 하며 넷째, 저렴한 가격으로 단체여행을 통하여 할인된 가격을 적용받는 이점을 제공한다.

(2) 숙박산업

숙박산업의 정의는 여행관련 여가산업에 비하여 그 역사가 앞서고 있으며, 인간의 주거기능을 보완하는 역할을 한다. 여가이용자에게 주로 수면과 식사의 서비스를 제공함으로써 목적지에서의 체재를 가능케 하는 시설을 말한다.

관광진흥법상 관광숙박업의 분류(관광진흥법 시행령 제 3조 제 2호)는 호텔업, 휴양콘도미니엄업으로 나누어진다. 호텔업은 관광호텔업(종합관광호텔업, 일반관광호텔업), 수상관광호텔업, 한국전통관광호텔업, 가족 호텔업으로 나눈다.

호텔의 종류	정 의
종합관광호텔업	종합관광호텔업은 관광객의 숙박에 적합한 시설을 갖추어 이를 관광객에게 이용하게 하고 숙박에 부수되는 음식•운동•오락•휴양•공연 또는 연수에 적합한 시설 등(부대시설)을 함께 갖추어 이를 관광객에게 이용하게 하는 업.
일반 관광 호텔업	관광객의 숙박에 적합한 시설을 갖추어 이를 관광객에 이용하게 하거나, 숙박에 부수되는 음식•운동•휴양 또는 연수에 적합한 시설을 함께 갖추어 이를 관광객에게 이용하게 하는 업
수상관광호텔업	수상에 구조물 또는 선박을 고정하거나 계류시켜 놓고 관광객의 숙박에 적합한 시설을 갖추거나 부대시설을 함께 갖추어 이를 관광객에게 이용하게 하는 업
한국전통호텔업	한국전통의 건축물에 관광객의 숙박에 적합한 시설을 갖추거나 부대시설을 함께 갖추어 이를 관광객에게 이용하게 하는 업
가족 호텔업	가족단위 관광객의 숙박에 적합하도록 숙박시설 및 취사도구를 갖추어 이를 관광객에게 이용하게 하거나 숙박에 부수되는 음식•운동•휴양 또는 연수에 적합한 시설을 함께 갖추어 이를 관광객에게 이용하게 하는 업
휴양콘도미니엄업	관광객의 숙박과 취사에 적합한 시설을 갖추어 이를 당해 시설의 회원•공유자 기타 관광객에게 제공하거나 숙박에 부수되는 음식•운동•휴양•공연 또는 연수에 적합한 시설 등을 함께 갖추어 이를 이용하게 하는 업

<표 38> 관광숙박업 등록현황

(2008.12)

구 분			서울	부산	대구	인천	광주	대전	울산	경기	강원	충북	충남	전북	전남	경북	경남	제주
관광호텔	특1급	업체수	17	4	3	2	1	1	2	-	4	1	-	1	1	6	2	12
		객실수	8,989	1,910	696	701	120	174	495	-	957	328	-	118	161	1,776	401	3,644
	특2급	업체수	23	6	6	3	2	2	-	5	8	1	3	2	1	2	3	5
		객실수	5,627	1,037	422	621	198	393	-	720	1,278	180	329	277	58	401	419	507
	1급	업체수	34	11	11	3	6	7	-	24	10	16	2	6	8	11	13	18
		객실수	3,958	1,063	627	210	375	476	-	1,817	610	1,129	169	524	541	761	1,108	1,600
	2급	업체수	21	13	2	13	5	7	2	15	5	1	7	5	7	6	7	5
		객실수	1,272	657	116	605	197	255	146	739	240	30	289	244	319	372	361	284
	3급	업체수	12	12	1	6	2	4	1	9	1	4	-	-	5	7	4	3
		객실수	623	974	33	260	75	193	65	386	34	133	-	-	195	344	199	172
	등급미정	업체수	18	3	1	9	3	2	2	28	4	-	5	-	6	14	7	7
		객실수	1,064	467	303	385	113	119	80	1,557	384	-	238	-	300	699	320	408
	계	업체수	125	49	24	36	19	23	7	81	32	23	17	14	28	46	36	50
		객실수	21,533	6,108	2,197	2,782	1,078	1,610	786	5,219	3,503	1,800	1,025	1,163	1,574	4,353	2,808	6,615
수상관광호텔		업체수	-	-	-	-	-	-	-	-	-	-	-	-	-	-	-	-
		객실수	-	-	-	-	-	-	-	-	-	-	-	-	-	-	-	-
가족호텔		업체수	6	1	-	1	-	-	-	1	4	1	1	5	7	-	5	12
		객실수	1,195	17	-	30	-	-	-	52	249	52	100	2,357	401	-	306	701
전통호텔		업체수	-	-	-	-	-	-	-	-	-	-	-	-	-	-	-	1
		객실수	-	-	-	-	-	-	-	-	-	-	-	-	-	-	-	26
소 계 ('08.12월)		업체수	131	50	24	37	19	23	7	82	36	24	18	19	35	46	41	63
		객실수	22,728	6,125	2,197	2,812	1,078	1,610	786	5,271	3,752	1,852	1,125	3,520	1,975	4,353	3,114	7,342
콘도미니엄 ('08.12월)		업체수	-	4	-	1	-	-	-	15	53	7	10	7	6	13	7	37
		객실수	-	1,385	-	150	-	-	-	3,021	16,395	1,782	2,078	815	819	2,470	1,238	4,138
총 계		**업체수**	**131**	**54**	**24**	**38**	**19**	**23**	**7**	**97**	**89**	**31**	**28**	**26**	**41**	**59**	**48**	**100**
		객실수	**22,728**	**7,520**	**2,197**	**2,962**	**1,078**	**1,610**	**786**	**8,292**	**20,147**	**3,634**	**3,203**	**4,335**	**2,794**	**6,823**	**4,352**	**11,480**

☞ 한국전통호텔(1개) : 씨에스(제주) / 수상관광호텔업 : 해당 없음

<표 39> 관광펜션업(휴양펜션업 등록현황)

구 분	계	소계	서울	부산	대구	인천	광주	대전	울산	경기	강원	충북	충남	전북	전남	경북	경남	제주
업체수	152	111	-	-	-	2	-	-	-	9	43	6	18	3	3	13	14	**41**
객실수	1,372	995	-	-	-	15	-	-	-	53	315	43	249	42	55	115	108	**377**

☞ 휴양펜션업 : '제주특별자치도 설치 및 국제자유도시 조성을 위한 특별법' 및 제주도 조례에 의한 **별도의 숙박업종**임

(3) 교통산업

1) 교통산업의 개요

대중여가의 등장과 여행의 대중화로 인하여 교통업은 종래의 단순한 이동가능만을 지향하는 데서 벗어나, 인간의 이동본능, 즉 방랑, 구경 등을 위한 행동에도 관심을 갖게 되었다. 교통의 역사를 단계별로 구분해보면 크게 3단계로 나눌 수 있다.

1 단계 : 산업혁명 이전-도보, 가마, 인력거, 말, 마차, 수레, 목조선 등

2 단계 : 산업혁명기～제2차 세계대전 이전-증기철도, 증기선 등 여가행동의 기반형성

3 단계 : 제 2차 세계대전이후-자동차, 항공기의 발달로 대량적 여가이동 촉진

교통 분야가 여가산업분야에 관심을 기울이게 된 배경으로는 첫째, 소득수준의 증가 및 여가시간의 증가, 둘째, 해외여행의 자유화, 셋째, 국민의 여가인식의 변화, 넷째, 국가 간 교류의 확대, 다섯째, 고급화된 교통수단의 개발 등을 들 수 있다.

<표 40> 교통수단별 장·단점

교통수단	장 점	단 점
열 차	안전성, 신뢰성	지루한 여행, 비신축성
자동차	자유로움, 저렴성, 개성적	안전도 낮음
여객선	안락성, 낭만성	지루함, 단조로움, 비싼 요금
여객기	신속성, 안전성, 쾌락성	비교적 고가 요금

2) 교통산업의 현황

관광교통수단으로서 철도, 육운, 해운, 항공은 관광산업의 발전과 밀접한 관계가 있으며, 이들 교통수단의 발전은 관광산업의 활성화와 내·외국인의 여행증진을 도모하는 수단이다. 철도는 특히 2004년 4월 1일 개통된 KTX(고속열차)로 한나절 생활권을 반나절 생활권으로 바꾸는 혁명적인 생활문화 변화를 이룩하게 되었고, 지자체, 여행업체가 참가하는 관광협력 세미나, 신상품 경진대회를 개최하는 등 지역의 축제와 연계관광 체제 구축, 국내관광 활성화를 위한 신상품을 개발하고 있으며 육상운송은 급격히 증가하는 교통량을 수용하기 위한 도로 건설을 착수하면서 전국을 1일 생활권으로 잇는 고속도로 개통 등으로 물류비 절감, 국토의 균형발전 뿐만 아니라 지역 관광여건이 개선됨에 따라 관광산업의 발전, 관광수요의 증가에 따른 지역 활성화가 가시화 되고 있다. 해상운송은 대외무역 증대에 따른 수출·입 화물 운송수단 뿐만 아니라 해상 관광자원 개발 및 해안도서 지방의 교통수요에 따라 여객 및 관광객 운송수단으로서도 그 수요가 날로 증가하고 있으며, 일본·중국·러시아 등 인접국 간을 연결하는 신규 항로 개설을 지속적으로 추진하여 관광객의 해상교통 수단 이용을 적극 유도한다. 항공운송은 가장 중요한 장거리 교통수단으로서 5대양 6대주를 연결하고 있어 국제관광의 발전에 크게 이바지하고 있고, 항공업계는 세계적으로 규제완화의 흐름과 유럽통합의 진전 등으로 경쟁이 심화되고 있다.

(4) 외식산업

1) 외식산업의 개요

일반적으로 외식은 가정이 아닌 밖에서 음식을 만들거나 사먹는 식사를 말하고 있다. 우리나라에서 외식산업만큼 급성장하고 있는 분야도 드물 것이다.

전국의 음식점수는 1989년 16만여 개였던 것이 1990년 들어와서도 IMF관리체재 기간을 제외하고는 급속히 증가하여 2000년 현재 53만개로 크게 늘어났다.

우리나라 외식산업의 시장규모가 1988년에는 5조 7천억 원 규모였던 것이 1995년에는 18조원으로 늘어났으며, 2000년에는 30조원에 달하고 있다. 외식산업의 유형은 종래에는 경영규모가 적었으나 최근에는 점포의 체인화·대형화 추세에 있다. 외식산업이 전 세계적으로 발전하게 된 배경은 첫째, 외식산업은 노동집약적 산업인 동시에 기술집약적 산업이다. 둘째, 소비가 순간적이기 때문에 고객의 주문에 응하여 그 장소에서 상품을 제공할 수 있는 신속성을 갖추고 있다. 셋째, 다른 산업에 비하여 제품의 생산과 판매 및 평가가 동시성을 보이기 때문에 고객의 평가가 좋다면 그것은 사업의 좋은 기반이 되는 장점이 있다. 넷째, 음식의 질은 조리사의 기술을 반영하기 때문에 공업제품과 같이 연구 개발 등의 사전투자가 요구되는 것과는 달리, 음식의 연구개발이 보다 간단하고 값싼 코스트로 차별화가 가능하다는 특징이 있다. 다섯째, 음식은 식생활 습관이라는 문화적인 기반위에 뿌리를 두기 때문에 쉽사리 기호가 바뀌지 않고 폭발적인 붐이 일어나지도 않는 반면, 안정된 시장이기도 하다. 여섯째, 음식산업은 경기의 호·불황에도 불구하고 크게 영향을 받지 않는 특징을 지니고 있다. 외식산업 급성장하게 된 배경은 1980년대 중반까지 외식시장을 주도하던 관광호텔들이 외식업계로의 진출을 모색하였고 국민들의 부정적인 정서를 감안하여 외식업계 진출을 삼갔던 대기업의 참여가 본격화되었으며, 국내브랜드 체인음식점이 생겨나 영세한 생업형 음식점과 각축을 벌이고 다국적 외식체인점들이 대거 국내로 진출하여 치열한 시장경쟁을 하게 되었다.

2) 21세기 외식산업

20세기말을 맞이하면서 외식산업환경은 여러 부문에서 다양하게 변화가 되고 있으며 핵심 소비계층의 핵을 이루었던 세대가 바뀌었다. 베이비붐세대가 40~50대의 중 장년층이 되었고 주니어 세대가 젊은 소비군단을 형성하게 된 것이며 이들은 가치관, 식생활, 취미생활, 등 모든 부문에서 전혀 다른 모습을 보이고 있다. 외식산업에 중요한 영향을 주게 되는 요인으로 맞벌이 부부, 어린이를 안 갖는 가정이 늘어남에 따라 외식의 주체였던 가족중심의 단란한 식사모습이 점점 줄어들게 될 것이다. 이러한 점에서 패스트푸드나 패밀리레스토랑의 장래를 반드시 밝게 볼 수만은 없다. 최근 발표된 각국의 인구통계를 보면 우리나라 인구도 초등학교 6학년생이 61만으로 10대 인구의 감소가 눈에 띄게 두드러진다. 더구나 초등학교 6학년생들은 가족계획세대의 초년도 출생자들이므로 그 이후 출생자들은 숫자가 더 감소될 것으로 보인다. 최근의 현상이지만 미국의 전통적인 패밀리 다이닝 레스토랑인 데니스, 빅보이, 쇼너즈 등의 매출이 급격한 감소추세를 보이고 있는데 반해 캐주얼레스토랑인 치즈케이크 펙토리 스테이카노미 올리브 가든 등은 확대되고 있는 추세이고 캐주얼 다이닝 레스토랑은 14.9%로 전통적인 레스토랑을 앞지르고 있다.

21세기의 성장업종으로 꼽을 수 있는 것은 위에서 설명한 캐주얼 다이닝 레스토랑, 소규모 전문점 , 가정대용식 전문점 각종 택배 업, 티오전문점, 민속 요리점, 종합 레스토랑, 일업태 다기능식당, 고령자 고객을 대상으로 한 지역한정 고객식당 등이다.

<표 41> 20세기 외식산업과 21세기 외식산업

구분 / 항목	20세기 외식산업	21세기 외식사업
1. 핵심고객	1. 베비붐 세대 2. 패밀리고객	1, 베비붐 세대의 2세들 2. 65세 이상의 실버세대
2. 성장업종 업태	1. 패스트푸드 2. 패밀리 레스토랑 3. 대현 레스토랑 4. 다 점포 체인기업	1. 캐주얼 레스토랑 2. 소규모 전문점 3. HMR 4. 택배 업 5. 티오 전문식당 6. 민속식당 7. 종합 레스토랑 8. 일 업태 다기능점포
3. 소비형태	1. 대량생산 대량소비 2. 저가주의 3. 모방소비 4. 스피드가 효율성의 기준	1. 개성화 2. 탈 획일화 3. 개식화 4. 소식화 5. 1일3식에서 5식화 6. 편식화
4. 인구동태, 사회구조	1. 10~20대의 증가 2. 노인층의 점진적 증가 3. 핵가족	1. 10대 인구의 격감현상 2. 딘크족의 증가 3. 실버족의 증가 4. 독신세대의 증가

이 밖에도 여러 가지 사업이 있다. 특히 호화유람선(크루즈:cruise)산업은 "선박의 안전성과 호화로운 시설 그리고 선내에서의 다양한 여가활동을 즐기면서 자연경관 및 문화유적지를 찾아 지상관광을 즐기게 하는 사업"이다. 따라서 해상에서의 레저 활동과 육상에서의 관광을 즐기는 것이 '크루즈사업의 백미'라고 할 수 있다.

2. 스포츠관련 여가산업

올림픽게임과 아시안게임의 예선 및 각 종목별 세계선수권대회를 비롯하여 월드컵의 지역예선 및 지역별 선수권대회 등 스포츠행사는 연중 수없이 많이 개최되고 있다. 세계인구 중 스포츠 관전애호가들은 주말·휴가시간 또는 주중 퇴근 후 여가시간에도 스포츠 관전이 가능해졌다.

이젠 스포츠는 참여하는 것 뿐만 아니라 직접 운동장에 나가거나 TV앞에서 관전하는 것도 대리만족 또는 스트레스를 해소하는데 큰 의미가 있다.

(1) 올림픽게임

올림픽 게임의 유래는 고대 그리스인들이 재우스 신에게 바치는 제전경기의 하나로, 종교, 예술, 군사훈련 등이 삼위일체를 이룬 헬레니즘 문화의 화려하고도 찬란한 결정체이다

IOC가 4년마다 개최하는 국제스포츠 대회이며 근대올림픽 창시자는 쿠베르탱으로 올림픽경기의 이상 - 인간의 완성은 물론 세계의 평화에 두었다. 스포츠에 의한 인간의 완성과 교류를 통한 국제평화의 증진이라는 올림픽은 ① 육체의 기쁨 ② 미와 교양 ③ 가정과 사회에 봉사하기 위한 근로에 두었다.

(2) 월드컵(World Cup)

세계선수권을 겨루는 국제적인 운동경기이며 국제축구연맹(FIFA)이 매 4년

마다 주체하는 축구경기이며 참가자격은 아마추어와 프로를 가리지 않으며, 선수는 소속클럽이나 팀의 국적이 아니라 선수 개인의 국적에 속해 출전한다. 한국의 월드컵에서 의의는 아시아 국가 처음으로 연속 5회 본선진출국(1954년 제 5회 스위스대회, 1986년 제 13회 멕시코대회, 1990년 제 14회 이탈리아 대회, 1994년 제 15회 미국대회, 1998년 제 16회 프랑스 대회, 2002년 제 17회 한국·일본 대회)

여자월드컵축구대회는 1991년에 처음 개최, 제 3회 1999년 미국대회엔 남자월드컵 못지않은 인기를 끌었다.

(3) 자동차 경주(Car racing)

문명의 이기인 자동차를 이용하여 차량의 속도, 내구성, 드라이버의 경기력을 겨루는 첨단 스포츠이다. 따라서 레이스, 테스트, 기록도전, 내구성 실현, 랠리 또는 자동차가 참가해서 행하여지는 경기적인 성격을 가진 모든 행사이다.

자동차경주대회는 올림픽과 월드컵 다음으로 큰 세계적 스포츠 행사라 할 수 있을 만큼 규모가 확대 나가고 있다.

자동차경주의 종류는 레이스, 랠리, 스피드 행사, 미국의 카레이스, 카트 등이다.

<표 42> 자동차 경주의 종류

레이스	2대 이상의 자동차가 동일한 코스를 같은 스타트 라인에서 동시에 출발하여 소정의 거리를 최초로 완주하던가 또는 소정의 시간 안에 가장 긴 거리를 달린 경기자가 우승하게 되는 경기
랠리	출발지점과 도착지점이 다른 긴 거리의 공도, 사막, 산길, 계곡, 비포장도로 등의 험로를 달리며, 자동차의 성능과 인간의 체력과 끈기의 한계를 가장 극한의 상황에서 시험하는 경주
스피드 행사	경기차량이 개별적으로 주행하면서 소정의 거리에 소요시간을 계시, 비교하여 순위를 정하는 것
카트	1955년에 탄생하여 크기가 작고 메커니즘이 간편하면서 값도 싸고 누구나 탈 수 있어 레이싱입문용으로 널리 이용하고 있다

구 분	종 류	
레이스	그룹D(포물러)	F1(Formula ONE: 규격 1)
		F3000(Formula 3000)
		F3(Formula Three: 규격 3)
		FJ(Formula Junior) 등
	그룹C(스포츠프로토타입카 : sport Prototypecar)	
	양산차 또는 시판차 레이스	투어링카(Touring Car : 그룹 A)
		프로덕션카(Producyiond Car : 그룹 N)
랠리	세계랠리선수권대회(WRC : World Rally Championship) 아시아태평양 랠리선수권대회, 파리~타카르 랠리, 파이크스 피크 랠리, 파라오 랠리 카멜 트로피, 트렌스펜 말레아시아 등	
스피드행사	슬라롬, 힐 클라임, 드래그, 타임 트라이언, 기록 도전	
미국의 카레이스	인디(INDY), IMAS(International Moter Sports Association) NASCAR(National Association for Stock Car Auto Racing)	
카트(Kart)		

(4) 아시아 경기대회(Asian Games)

제 2차 세계대전이 끝난 직후 1948년의 제 14회 런던 올림픽경기대회가 열리던 기간 중에 아시아의 13개국 단장들은 세계올림픽위원회로부터 아시아지역대회 개최를 위한 사전협의를 요청받고, 한국·필리핀, 미안마·인도·타이완·스리랑카 등 6개국이 모여 아시아경기대회를 개최할 것을 결정하였고, OCA(아시아 올림픽평의회)는 1982년 9월 16일 아시아 경기를 주최 했던 AGF가 비상설기구이므로 대회의 발전을 위하여 OCA 창설하였고 아사아의 평화와 화합을 위해 노력하기로 합의하였다.

<표 43> 아시아 경기대회 개최지와 연도

대회수	개최연도	개최국가 및 도시
제1회대회	1951년	뉴델리(11개국)
제2회대회	1954년	필리핀 마닐라(18개국)
제3회대회	1958년	일본 도쿄(20개국)
제4회대회	1962년	인도네시아 자카르타(16개국)
제5회대회	1966년	태국 방콕(18개국)
제6회대회	1970년	태국 방콕(18개국)
제7회대회	1974년	이란 테헤란(25개국)
제8회대회	1978년	태국 방콕(27개국)
제9회대회	1982년	인도 뉴델리(33개국
제10회대회	1986년	한국 서울(27개국)
제11회대회	1990년	중국 베이징(37개국)
제12회대회	1994년	일본 히로시마(42개국)
제13회대회	1998년	태국 방콕(41개국)
제14회대회	2002년	한국 부산(44개국)
제15회대회	2006년	카타르 도하 (45개국)
제16회대회	**2010년**	**중국 광저우(예정)**
제17회대회	**2014년**	**한국 인천(예정)**

제3절 여가산업의 마케팅 전략

1. 여가서비스의 개념

사업체와 이용자 간 서비스의 수수행위에 있으며, 부수적으로는 유형재가 거래되기도 하지만, 광의의 관점에서 보면 무형의 순수한 서비스 산업이라고 할 수 있다. 먼저 서비스의 개념의 정의를 살펴보면 이선희교수는 서비스란 고객의 명시적 요청에 의하여 제공되는 욕구 만족의 핵심적 주체로서 독립적으로 확인 가능하고 송에 의해 소비자 효용이 일어나기보다는 행위나 성과에 의해 효용이 나타나는 본질적으로 무형적인 행위에 의해 발생되는 가치 및 용역을 총칭 한다고 정의 하였고, 미국의 코틀러는 행위 또는 편익으로서 무형적인 것이며 소유권의 이전이 수반되지 않을 뿐만 아니라 서비스의 생산은 물리적 제품과 관련이 있을 수도 있고 없을 수도 있다고 하고 AMA 미국마케팅협회는 판매를 위해 제공되거나 제품의 판매에 부수되는 행위, 편익, 만족이라고 정의하고 있다. 고객의 명시적 요청에 의하여 판매를 대상으로 한 활동 또는 편익이며, 소유권 이전보다는 교환의 대상이 되는 무형의 실체라고 할 수 있다. 여가 서비스의 특징을 간단하게 정리하면

무형성을 지니고 있어 볼 수도 만질 수도 없으며 다만 정신적으로 느낄 수밖에 없다.
생산과 소비의 동시성을 지니고 있어 입지가 중요시되고 소비자의 대안선정에 장애를 불러일으킬 수 있다.
소멸성을 지니고 있어 기업의 재정적 위험을 증대시키고 재고불능으로 수급문제를 악화시킨다.
결과의 다양성을 지님에 따라 수행자의 일시적인 기분, 특성, 실수에 따라 영향을 받는다.
서비스의 복제가 용이하여 경쟁자에게 유형재의 경우보다 신속한 서비스의 모방을 하게끔 한다. 지각위험이 높아 서비스의 선택 시 많은 곤란을 준다.
계절적 영향을 많이 받음으로 해서 연중동일한 방식의 판매를 고수하기 어렵다.
생산과 소비, 이용, 평가가 동시에 이루어지는 특성을 지니고 있다.
판매에 제공되는 것이거나 혹은 재화의 판매에 관련하여 공급된 활동, 편익, 또는 만족의 현상을 말한다.
소유권이전의 대상이 아니라 경험교환의 대상인 것이다.
서비스의 복제가 용이하여 경쟁자에게 유형재의 경우보다 신속한 서비스의 모방을 하게끔 한다.
지각위험이 높아 서비스의 선택 시 많은 곤란을 준다.
계절적 영향을 많이 받음으로 해서 연중동일한 방식의 판매를 고수하는 데 곤란이 있다.
생산과 소비, 이용, 평가가 동시에 이루어지는 특성을 지니고 있다.

이외에도 판매에 제공되는 것이거나 혹은 재화의 판매에 관련하여 공급된 활

동, 편익, 또는 만족의 현상을 의미하고 소유권이전의 대상이 아니라 경험교환의 대상의 특성이 있다.

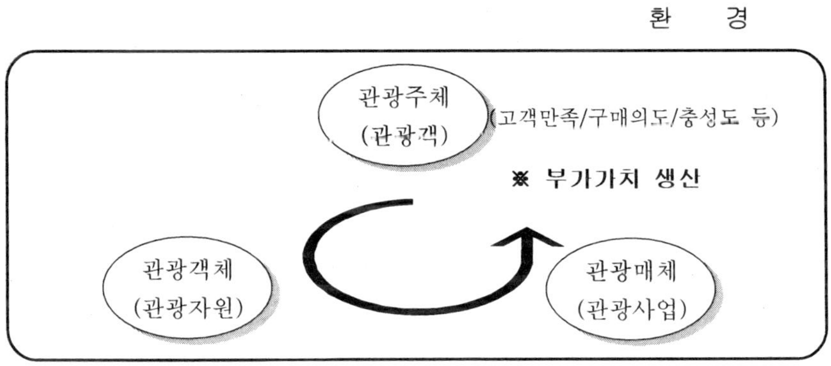

2. 여가서비스의 경영관리기법

여가서비스산업의 경영 관리상 기법은 고객관리, 수급균형의 조정, 서비스수준의 경영, 생산시스템, 인재 교육 등으로 나누어 볼 수 있다.

(1) 고객관리

여가서비스의 생산관리에는 고객이 직접 참여하고 이들과 종사원간에 상호작용이 일어난다. 이러한 경영상의 특성으로 인하여 생산과정에 있어서 고객의 행동을 다음과 같은 요소를 효과적으로 관리하여야 한다.

- 고객의 의지
- 고객과 생산자의 협동
- 고정적인 고객을 확보하여 경영의 안정을 도모
- 고객의 역할을 확대하여 고객의 참여 확대

(2) 수급균형의 조정

시각적 변동을 조정하고 혹은 공급능력의 융통성으로 경영효율을 꾀하는 방책을 강구해야 한다. 평준화 방법은 차별요금, 시간제한, 비수기시의 수요개척, 보충적 서비스, 예약시스템의 구축하는 방법이며 공급능력을 조정하는 방법은 파트타임제의 도입, 효율의 극대화, 공동이용, 예상 확장애의 투자 등

(3) 서비스 수준의 관리

서비스수준은 내용과 질을 말하며 구체적으로 가격의 형태로 나타난다. 즉, 서비스의 가격은 서비스의 수준에 따라 통제를 받아야 한다. 관리방법에는 생산시스템에 의한 품질관리와 모니터 조사에 의한 이면조사 기법이 있다.

(4) 생산시스템의 적정화

서비스의 생산은 고객과 인접한 자리에서 이루어지기 때문에 생산시스템의 구축시 수요자의 공간적 위치에 대한 특성에 따라 설비나 서비스 맨의 배치가 중요하다. 특히 고객과 접촉이 많은 영업부문과 고객과 접촉이 적은 관리부문과의 균형 있는 조화가 생산성을 더 향상시킬 수 있다.

(5) 인재교육

인재교육의 필요성은 인적 서비스를 낳게 하는 원천은 인간이며 서비스요원 자체가 서비스의 중요한 일부가 된다. 여가서비스 기업의 주축이며, 중요한 일부로 고려해야 한다. 서비스요원의 전인격적인 완성을 도모하여야 한다.

3. 마케팅의 변화

마케팅 역사에서 변화라는 개념은 항상 존재했다. 시장은 항상 변한다. 살아남기 위해서는 시장의 흐름과 함께 움직여야 하고, 시장과 함께 움직이기 위해서는 마케팅도 변해야 하는 것이다.

마케팅이 무엇인지 '정확한' 정의를 내리기는 쉽지 않다. 단지 마케팅에 대한 '다양한' 정의가 존재할 뿐이다. 마케팅은 광고, 판매, PR, 판촉, 다이렉트 메일, 가격결정, 시장조사 등을 비롯한 다양한 활동이라고 정의할 수 있다. 철학이나 비즈니스 차원에서 접근하면 틀림없이 마케팅을 더 훌륭하게 정의할 수 있을 것이다.

<표 44> 마케팅의 주요개념

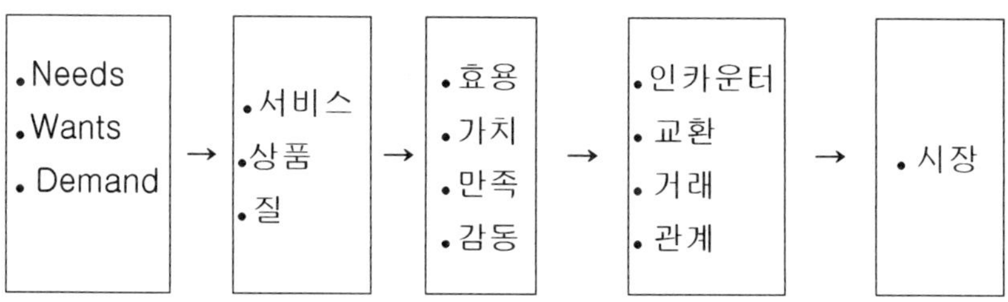

'변해야 한다' 는 사실만이 변함없이 확실하고 유일한 것이다. 모든 것은 변한다. 새로운 경쟁자가 출현하고 법과 제도가 변하며 새로운 기술이 충격파를 발산하는 동안 고객들은 나이가 들고, 새로운 기호를 발견하고, 새로운 가치를 받아들이며, 소득 수준도 달라진다. 게다가 새로운 필요가 생겨나면서 욕구의 우선순위를 바꾸어 놓기도 한다.

새천년이 시작하던 2000년. 가트너그룹은 95~98%의 닷컴 기업들이 실패할 것이라고 예견했다. 그 예견은 지금 우리의 눈으로도 목격할 수 있을 것이다. 시장은 변화하고 그 변화의 속도는 냉혹하리만치 급속하다. 놀랍게도 여기에 뒤쳐진 이들은 단지 신생기업에 국한된 것이 아니라 견고하게 뿌리를 내린 대규모 사업체들이 많다. 2001년에 약 2,500억 달러 가치를 가진 수많은 상장 기업들 중 미국에서만도 무려 250개나 되는 회사들이 부도를 선언했다. 이런 현상은 앞으로도 계속될 것이다.

지속적인 성공을 위해서는 변화를 모니터링하고 이러한 변화에 꾸준히 반응하는 것이 필요한데, 이러한 작업들은 실제로 변화가 일어나기 전에 이뤄져야 한다. 1950년대에 텔레비전이라는 매체가 등장하면서 변화는 가속도를 더해가고 있다. 오늘날의 컴퓨터, 위성, 케이블, 멀티미디어, 가상현실 네트워크, 인터넷 등도 역시 시장을 변화시키고 있다. 그 뿐만 아니라 사람들의 구매방식과 판매방식, 사람들이 원하는 제품과 서비스, 커뮤니케이션 방식, 미래의 제품을 받아들이는 방법과 심지어는 그것에 대해 지불하는 방식까지 바꾸고 있다.

변화는 도처에서 일어나고 있다. 그러므로 마케터들은 항상 안테나를 세워 변화를 관찰하고 이에 반응해야 한다. 마케터는 장기적인 변화를 꿰뚫어 볼 줄 알아야 하고 직접적이든 간접적이든 그들의 시장에 영향을 미칠 수 있는 트렌드를 읽어야 한다. 요컨대, 오늘날의 마케터들은 예리하게 변화를 관찰할 줄 알아야 한다.

<표 45> 레이더 챠트

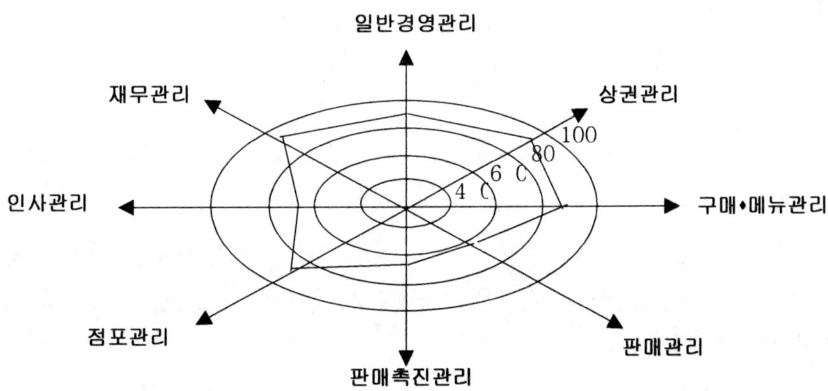

1) 점 검 표 (일반경영관리)

번호	점 검 항 목	평 가				
		A	B	C	D	E
01	경영 컨셉트 설정 및 명문화 여부	10	8	6	4	2
02	경영계획서 작성 시 경영 외적요인 고려 여부	10	8	6	4	2
03	경영규모에 적합한 조직여부, 권한위임 및 조직 활성화 정도	10	8	6	4	2
04	친인척의 조직 내 위치와 다른 종사원간의 균형 유지 여부	10	8	6	4	2
05	계선 및 참모업무의 명확한 구분 여부	10	8	6	4	2
06	경영자의 겸직 여부와 업무에의 전념 여부	10	8	6	4	2
07	경영자와 종사원에의 원활한 의사전달 가능 여부	10	8	6	4	2
08	경영자의 계수관리 및 파악능력	10	8	6	4	2
09	업계동향파악 여부 및 경영에 필요한 정보관리시스템의 유무	10	8	6	4	2
10	금융기관. 거래업자의 평판. 신용도	10	8	6	4	2
	합 계 점 수	득점		평가		

2) 점 검 표 (상권관리)

번호	점 검 항 목	평 가				
		A	B	C	D	E
01	정기적 시장조사 실시와 경영활동에의 반영여부	10	8	6	4	2
02	소비자조사에 따른 소비자욕구를 감안한 영업여부	10	8	6	4	2
03	입지지역, 상가의 성격·특성의 파악여부	10	8	6	4	2
04	입지지역의 특성에 맞는 점포구성 여부	10	8	6	4	2
05	동일지역에 양립성이 높아지는 동업자의 존재여부	10	8	6	4	2
06	관련협회에 가입, 공동이익의 추구·협력의 여부	10	8	6	4	2
07	경쟁 점의 특성 이해, 대책의 강구 여부	10	8	6	4	2
08	자기점포의 상권 내 시장점유율의 변화 인식 여부	10	8	6	4	2
09	상권 내에서의 자기점포에 대한 평가의 양부	10	8	6	4	2
10	고객지도의 작성·유효활동 여부	10	8	6	4	2
	합 계 점 수	득점		평가		

3) 점 검 표 (구매·메뉴관리)

번호	점 검 항 목	평 가				
		A	B	C	D	E
01	식당 내·외부의 정보수집과 구매계획에의 활용 여부	10	8	6	4	2
02	시장정보입수를 위한 각종 전시회. 세미나 참석여부	10	8	6	4	2
03	메뉴선호도분석을 토해 인기상품의 파악 여부	10	8	6	4	2
04	소비자가 선호하는 메뉴 개발 여부	10	8	6	4	2
05	종사원 시식 등을 통해 품질(맛) 관리노력의 계속 여부	10	8	6	4	2
06	메뉴개발 시 계절·절기의 고려 여부	10	8	6	4	2
07	메뉴카드에 사진·정보의 게재 여부	10	8	6	4	2
08	오리지널 메뉴의 존재 여부	10	8	6	4	2
09	가격책정 시 매상 중 이익률. 경쟁 점의 고려 여부	10	8	6	4	2
10	표준원가율의 결정, 이를 중심으로 한 구매활동 실시 여부	10	8	6	4	2
	합 계 점 수	득점		평가		

4) 점 검 표 (판매관리)

번호	점 검 항 목	평 가				
		A	B	C	D	E
01	매상계획 작성 시 목표이익·경비의 검토 여부	10	8	6	4	2
02	매상목표 수립 시 계절요인고려여부	10	8	6	4	2
03	월별, 주별, 부문별 매상목표 수립 여부	10	8	6	4	2
04	객석회전율을 좁히기 위한 구체적 노력의 유무	10	8	6	4	2
05	계획매상과 실제 매상간 차이 발생 시 원인추적·대책수립 여부	10	8	6	4	2
06	고객확대를 위한 구체적 노력의 유무	10	8	6	4	2
07	고객단가를 높이기 위한 구체적 노력의 유무	10	8	6	4	2
08	메뉴가격이 고객수준에 맞는지의 여부	10	8	6	4	2
09	비수기대책의 강구 여부	10	8	6	4	2
10	매상계획 수립시 종사원·현장의 의견 참작 여부	10	8	6	4	2
합 계 점 수		득점		평가		

5) 점 검 표 (판매촉진관리)

번호	점 검 항 목	평 가				
		A	B	C	D	E
01	목표에 적확한 판촉. 이벤트 수행 여부	10	8	6	4	2
02	연중 계절·행사에 맞는 판촉활동 수행 여부	10	8	6	4	2
03	선전지 광고·DM 발송의 계획적 실시 여부	10	8	6	4	2
04	판촉활동 종료 후 성과 검토·반성 여부와 차기 고려 여부	10	8	6	4	2
05	선전지·DM의 회수율 일람표를 작성하고 효과측정의 여부	10	8	6	4	2
06	판촉활동실시중의 고객의 평가측정 여부	10	8	6	4	2
07	경쟁점. 광고잡지 등에서 적극적 판촉 연구 실시여부	10	8	6	4	2
08	무료티켓. 할인권·우대권의 배포 여부	10	8	6	4	2
09	00점 매포의 고객확보·단골확보에 기여하는지의 여부	10	8	6	4	2
10	광고매체 선정시 매체의 특성을 파악하고 실시하는지의 여부	10	8	6	4	2
합 계 점 수		득점		평가		

6) 점 검 표 (점포관리)

번호	점 검 항 목	평가				
		A	B	C	D	E
01	점포정책의 유무와 이를 토대로 한 점포구성 여부	10	8	6	4	2
02	종업원의 서비스 동선을 감안한 점포설계의 여부	10	8	6	4	2
03	목표 점포이미지가 지역특성·고객에 부합하는지의 여부	10	8	6	4	2
04	간판설비의 오손, 조명시설의 보존상태	10	8	6	4	2
05	점포 구성 시 전문지·업계지의 참고·연구 여부	10	8	6	4	2
06	모형음식과 진열대의 청결도	10	8	6	4	2
07	모형음식진열대의 자기점포의 테마연출 여부	10	8	6	4	2
08	정기적 청소 실시 여부	10	8	6	4	2
09	점포 내 디스플레이의 계획적 실시 여부	10	8	6	4	2
10	배경음악의 음량·조명기구의 소등 여부	10	8	6	4	2
합 계 점 수		득점		평가		

7) 점 검 표 (인사관리)

번호	점 검 항 목	평가				
		A	B	C	D	E
01	노동기준법의 주요내용에 대한 이해의 정도	10	8	6	4	2
02	취업규칙의 유무와 종업원에 대해 철저히 주지시키는지 여부	10	8	6	4	2
03	노동환경개선 등을 통해 종업원 근속률 제고 위한 노력 여부	10	8	6	4	2
04	종업원 채용시 채용계획을 통해 계획적으로 실시하는지 여부	10	8	6	4	2
05	식당규모에 맞는 복지후생대책 실시 여부	10	8	6	4	2
06	급여수준·정기승급·상여금의 수준이 업계평균이상인지 여부	10	8	6	4	2
07	퇴직제두 확립 여부	10	8	6	4	2
08	능력·공헌도에 따른 승진·승급제도의 명문화 여부	10	8	6	4	2
09	지배인의 책임에 맞는 권한의 위양 여부	10	8	6	4	2
10	후계자의 능력배양을 위한 교육훈련의 실시 여부	10	8	6	4	2
합 계 점 수		득점		평가		

8) 점 검 표 (재무관리)

번호	점 검 항 목	평가				
		A	B	C	D	E
01	장·단기 이익계획의 작성 여부	10	8	6	4	2
02	연간 이익계획·예산서의 작성과 이를 통한 관리운영 여부	10	8	6	4	2
03	이익관리의 일환으로써 원가 관리의 실시 여부	10	8	6	4	2
04	경영규모에 맞는 자금운영표의 작성 여부	10	8	6	4	2
05	자금수지계획표의 작성 여부	10	8	6	4	2
06	경영자의 대차대조표. 손익계산서에 대한 이해도·해독능력	10	8	6	4	2
07	경영자의 경리문제에 관한 공사구별을 명확히 하는지 여부	10	8	6	4	2
08	세법개요·세무지식에 대한 정통의 정도	10	8	6	4	2
09	수익성·안전성·활동성이 업계수준과 비교 시 타당한지 여부	10	8	6	4	2
10	경영이외의 투기사업에 지나치게 관여하는지 여부	10	8	6	4	2
합 계 점 수		득점		평가		

(1) 라이프스타일 마케팅

라이프스타일이란 원래 사회학과 문화인류학에서 명확한 정의 없이 사용하던 말이었으나, 최근에는 마케팅과 소비자의 행동 연구 분야에서 관심을 가지게 되었다. 그 이유는 시장의 세분화에 있어서 인구 통계학적 분류 외에 소비자의 심리적 측면을 고려할 필요가 있기 때문이며, 나아가서는 제품의 새로운 의미부여, 신제품 개발 등에서도 소비자의 잠재적 요구를 파악할 필요가 있기 때문이다. 즉, 소비자 행동을 결정하는 주체가 소비자로서 합리적인 경제원칙에 의거하여 행동할 뿐만 아니라, 주체성을 가지고 자신의 생활을 설계하는 생활자로서의 의식을 갖는다는 것을 전제로 성립한 것이다. 마케팅 전략의 전제로서 라이프스타일을 분석할 경우에는 소비자를 일원적으로 파악하지 않고 생활주기별로 생활의 AIO(activity · interest · opinion)로 분석한다.

인구 통계적으로 같은 시장에 속해있는 동일한 가처분 소득을 가진 계층일지라도 자기의 취미(interest), 활동분야(activity), 그리고 평소에 가지고 있는 소신(opinion) 등에 의해서 상품의 구매가 달라질 수가 있다. 따라서 라이프스타일에 맞춘 마케팅은 고객의 세분화를 인구통계학적인 분석으로뿐만 아니라 심리 분석적으로도 세분화된 고객에게 표적을 삼아 한층 심화된 표적 고객층을 추적하여 이에 적합한 계층별 상품화 계획을 추구하는 것을 말한다. 현대사회가 복잡해지고 다양화 짐에 따라 사회에 속한 사람들의 생활방식도 다양해지고 변화한다. 이에 따라 사람들이 속한 집단을 여러 개로 나누고 욕구를 세분화하여 만족시켜주는 마케팅이 중요시 되고 있다.

<표 46> 마케팅 거시환경과 미시환경

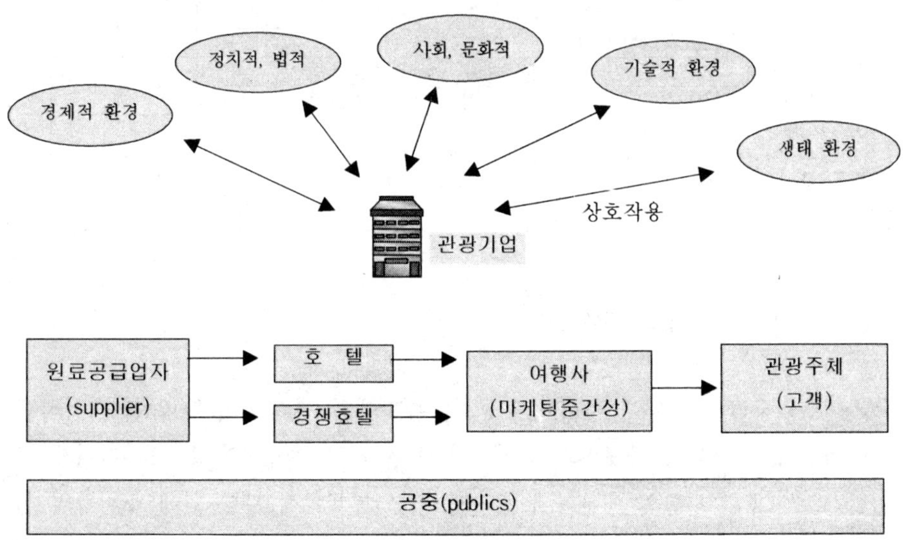

※ P.R.(public relations)

(2) 엔터테인먼트 마케팅

엔터테인먼트 마케팅이란 영화, 음악, 방송, 게임, 스포츠 등 엔터테인먼트 요소를 이용해 기업의 제품이나 서비스 판매를 촉진하는 것으로 단순히 정보를 전달하는 방식과는 달리 감각적인 신세대에게 매우 효과적인 기법이다.

최근 많은 기업들이 마케팅 활동에 엔터테인먼트를 활용하는 경우가 늘고 있다. 엔터테인먼트 마케팅은 이제 광고나 커뮤니케이션 활동 차원을 넘어 쇼핑공간, 상품 차원으로까지 확대 적용되고 있다.

엔터테인먼트 마케팅은 즐거움에 대한 사람들의 욕구를 반영하고 있다. 사람들은 즐거움을 얻기 위해 점점 더 많은 돈을 쓰고 있다. 아직 쓸 만한 휴대폰을 버리고 더 큰 즐거움을 얻기 위해 최신 휴대폰을 구입한다. 멋진 식당에서의 한 끼 식사를 위해 아낌없이 큰돈을 쓸 준비가 되어있다.

이와 같이 즐거움을 추구하는 사람들의 증가는 엔터테인먼트 마케팅의 부상을 촉진하고 있다. 최근 엔터테인먼트 마케팅의 두드러진 양상은 크게 4가지 즉, C&3P관점에서 볼 수 있다. C&3P는 콘텐츠(Contents)와 마케팅 믹스의 3요소(Promotion, Placement, Product : 프로모션, 유통, 상품)이다.

첫째, 콘텐츠 관점에서 살펴보면 광고에서 기업이 전달하는 내용은 단순 정보 중심에서 벗어나 오락성이 강화되고 있다. 둘째, 프로모션 관점에서 살펴보면 기업의 커뮤니케이션 방식은 TV 등 매스 미디어 중심에서 벗어나 이벤트 등 대면 활동으로 폭이 넓어지고 있다.

셋째, 유통 관점에서 살펴보면 쇼핑 공간인 매장은 고객들의 쇼핑에 즐거운 체험을 제공하기 위해 오락적 요소가 강화되고 있다. 마지막으로, 상품 관점에서 살펴보면 첨단 기술에 즐거움을 가미한 상품이 각광을 받고 있다.

결국 엔터테인먼트 마케팅은 이제 광고나 커뮤니케이션 활동 차원을 넘어 쇼핑 공간, 디자인 및 상품 차원으로까지 확대 적용되고 있다.

1) 웰빙[Well-Being] 마케팅 정의

웰빙(Well-Being)은 육체적·정신적 건강의 조화를 통해 행복하고 아름다운 삶을 추구하는 삶의 유형이나 문화를 통틀어 일컫는 개념이다. 몸과 마음의 유기적인 건강을 추구하며 보다 나은 삶의 질을 높이려고 하는 문화가 우리 사회 속에 뿌리내리고 있다. 화학조미료가 가미된 음식이나 탄산음료 보다 유기농 음식을 구매하고, 도심의 바쁜 일상과 그 극심한 공해에서 벗어나 각종 자연 요법과 생태 친화적 삶을 통해 심신의 건강과 행복을 추구하는 것은 이제 몇몇 부자들의 이야기가 아니다.

웰빙이라는 용어가 본격적으로 나타나기 시작한 것은 2000년 이후의 일이다. 이전에도 다양한 형태로 육체적·정신적 삶의 유기적 조화를 추구하는 움직임이 있기는 했지만, 이러한 움직임이나 삶의 문화가 포괄적 의미로서 웰빙이라는 트렌드로 인정받고 대중들 사이에서 알려지게 된 것은 2000년 이후라는 것이다.

(3) 웰빙 마케팅

웰빙 트렌드는 도입 초기까지만 해도 부유층이 추구하는 생활 방식이었고 웰빙의 대상도 유기농 쌀, 고급헬스 클럽 등과 같은 고급에 포커스가 맞춰져 있었다. 그러던 것이 지난해부터는 대중의 관심을 받기 시작했다. 웰빙의 컨셉으로 마시는 음료의 개념을 바꾼 광동 제약의 비타500이라는 음료는 40년 동안 대중적인 사랑을 받아 왔던 박카스의 아성을 위협했다. 이뿐만이 아니라 지난해에만 일반 대중을 상대로 한 검은콩우유, 녹차 빵, 유기농 과일 등 수 많은 웰빙 관련 신제품들이 쏟아져 나왔고 거의 대부분이 히트 상품의 반열에 올랐다. 또한 올해 들어와서는 음식료 부분만 아니라 다른 분야로도 '웰빙 트렌드'는 다양해지고 있다. 월스트리트저널이 선정한 '2005년 10대 트렌드'에서 웰빙 트렌드는 저칼로리, 저 탄수화물 바람이 맥주, 와인, 칵테일 등 여러 분야로 더욱 확산될 것이라고 전망했다. 불황 속에서 사회, 경제적인 스트레스는 오히려 높아져 웰빙 트렌드의 확산을 돕고 있는 것이다. 이러한 현상은 보다 다양해져 우리가 가장 밀접하게 접하는 컴퓨터 모니터, 의자와 가구, 의류와 패션잡화 등의 다양한 분야에서 '웰빙 트렌드'가 퍼져 나갈 수 있을 것으로 예상할 수 있다. 고혈압에 좋은 와인, 피부에 좋은 맥주, 혈액순환에 좋은 신발 등은 상상 속에서나 그릴 수 있었던 제품이 하나하나 현실화되고 있는 현실이기 때문에 웰빙 마케팅과 그에 관련한 마케팅은 점점 더 중요성이 부각되고 있는 실정이다.

(4) 문화 마케팅

문화 마케팅이란 기업이 문화를 매개로 고객의 감성을 통해 부가가치를 창출하고, 문화 예술이 가지고 있는 고유의 가치도 제고시키는 경영 활동을 말함. ('마케팅을 위한 문화'를 기업의 문화에 대한 지원 및 문화를 활용한 마케팅 활동이라고 한다면, '문화를 위한 마케팅'은 문화 산업의 마케팅 활동을 의미함. 그러나 진정한 문화 마케팅의 개념은 기업과 문화가 상호 호혜적 관계를 통해 이 두 가지 측면이 상호 공존하는 개념이라 볼 수 있음. 〈자료: 문화 마케팅의 개념과 활용, Management Insight, 현대경제연구원, 2005. 7〉)

기업인지도와 이미지 제고, 부정적 이미지 개선, 경쟁자와의 차별적 이미지 창출 기업의 정당성 확보 차원으로 기업 활동의 용이성의 증대, 기업이미지 제고, 투자유치 가능성 강화하고 시장우위확보 차원으로 장기적 매출 증대, 기업인지도 제고, 고충성도 고객 유치, 가격 프리미엄 확보하여야 한다. 주로 스포츠 마케팅이나 예술 아트 마케팅 등이 이러한 부류에 속하는데 특히 스포츠를 이용한 마케팅은 경영학의 마케팅 및 기업의 관점에서 볼 때 스포츠 후원을 나타낸다. 스포츠 후원은 기업이 현금이나 물품 또는 노하우, 조직적 서비스를 제공함으로써 스포츠스타, 팀, 연맹 및 협회, 스포츠행사를 지원하여 마케팅 커뮤니케이션의 여러 목표를 달성하기 위한 기획·조직·실행·통제하는 모든 활동이다. 즉 상업적 목적을 달성하기 위해 스포츠 활동에 재정적 또는 이에 상응하는 지원을 제공한다.

스포츠를 이용한 마케팅의 다양한 활동은 크게 직접사업과 간접사업으로 구분한다. 직접사업에는 스포츠 방송중계의 광고를 독점하는 계약 형태로 방송사가 중계권료를 행사주관자에게 지불하는 방송후원과, 행사비용을 부담하는 대가로 행사타이틀 사용권, 휘장사용권 등을 얻는 이벤트후원, 그리고 경기장 안의 펜스·플로어·스코어보드나 인쇄물 등에 특정기업의 광고를 게재하는 매체상품화 등이 있다.

(5) 감성 마케팅

감성 마케팅은 눈에 보이지 않는 감성이나 취향을 눈에 보이는 색채나 형태,

소재로 형상화하거나 인간의 감각이나 감성에 호소하는 마케팅을 말한다. 감성 마케팅의 특징은 소비자들을 자극하여 무의식적 반응을 이끌어 내고 이를 매출 증대로 연결한다는 데 있다. 이성에 호소하기보다는 이미지를 중시하는 감성을 자극해 직접적으로 소비자를 사로잡을 수 있는 장점이 있다. 효율적인 감성 마케팅을 펼치려면 우선 소비자의 감성에 접근해야 한다. 이를 위해 특정 고객에게 초점을 맞추어 이들의 수요에 철저하게 대응하면서 한편으로는 자사 상품이 사회 트렌드로 자리 잡도록 시장을 확대하는 노력이 중요하다. 이른바 감성 중시형의 트렌드를 창조하는 것이다.

감성 마케팅이란 눈에 보이지 않는 감성이나 취향을 눈에 보이는 색채, 형태, 소재를 통해 형상화시키는 것이다. 이러한 감성 마케팅의 특징은 자극을 통해 소비자들의 무의식적 반응을 이끌어 내고 이를 매출 증대로 연결한다는 데 있다. 이성에 호소하기 보다는 직관과 이미지를 중시하는 감성을 자극하는 편이 좀 더 쉽고 직접적으로 소비자를 사로잡을 수 있다는 장점 때문에 최근 업계에서는 이러한 감성 마케팅에 주목하고 있다.

머리에 호소하는 기존의 상품이나 마케팅은 분명 한계가 있다. 하지만 가슴에 호소하는 '감성경영' '감성마케팅'은 그 한계가 없어 보인다.

제5장 스포츠클럽

제1절 생활체육

1. 생활체육의 개념 및 정의

(1) 생활체육의 개념

체육문화와 스포츠는 모든 사람들에게 개방되어 있어야 하며 인격의 향상과 병행되어야 한다는 것이 오늘날 전 세계적인 경향이다.

현대사회를 살아가는 사람들은 지속적 경제성장을 통한 소득 수준의 향상, 근로시간의 단축, 과학기술의 발달에 따라 시간적·물질적 여유를 갖게 되었으며 스포츠는 국민들의 건강과 현대인의 생활양식에 큰 영향을 미친다. 운동을 하면서 사람들은 기쁨을 느끼게 된다. 스포츠는 개인에게 있어서 기분전환을 시켜주고 때로는 교육의 수단으로 인격형성에 기여한다. 스포츠는 대중매체나 문화 또는 패션 등에 영향을 미치기도 하며 여러 가지 문화적 형태의 중요한 부분이 되고 있다(손진권, 2005).

특별히 더 생각해 보아야 할 점은 산업화와 과학기술의 발전이 인류의 복지 향상에 크게 기여하기는 하였지만 그 이면에 환경의 파괴라는 바람직하지 못한 결과를 초래하였으며 자연생물학적 요소로서의 인간의 발전이 심각하게 위협받고 있다는 사실이다.

여가시대에서 생활체육은 여가의 전체라고 말할 수 있을 정도로 주 역할을 하고 있다. 생활체육과 건강, 친교기획, 즐거움의 추구 등의 삶의 질 향상과 긍정적 상관에 의해 여가활동으로서의 생활체육 참여는 더욱 확대되고 있고, 생활체육의 필요성이 증대되어 체육활동에 대한 수요가 증가되며, 체육활동의 전문화와 다양화가 급속도로 진전될 것이다. 노동 중심적인 산업사회에서 더 자유스럽고 즐거운 생활을 추구하는 여가 중심적인 사회로 전환 되어가는 시점에서 체육활동에 대한 올바른 가치관 성립과 생활체육의 활성화를 위한 방향의 제시가 필요하다고 하겠다.

모든 사람들을 위한 스포츠(Sports for all) 즉, 생활체육은 건강의 유지 증진뿐만 아니라 건전한 신체적 심리적 상태의 유지라는 차원에서 모든 사회의 정책개발에 주요한 역할을 하고 있다. 최고의 기량을 발휘할 수 있는 운동집단이나 선수를 양성하는 데 목적이 있는 스포츠 활동과는 반대로 생활체육 운동의 주요한 특징은 레저 및 레크리에이션 기능을 수행하는데 있다. 생활체육분야에서도 이기는 것이 중요한 것이 아니라 참여 그 자체가 중요하다는 기본정신과 무엇보다도 중요한 것은 자신을 극복하고 게으름과 나태함에서 탈피하여 건강을 유지 증진함과 동시에 보다 나은 삶을 영위하는 것이다.

(2) 생활체육의 정의

생활체육이란 무엇인가? 국민체육진흥법 제2조에는 생활체육이라 함은 건강 및 체력증진을 위하여 행하는 자발적이고 일상적인 체육활동을 말한다고 정의하고 있다. 체육은 개인의 인격형성과 보다 나은 삶을 영위할 수 있는 근원적 잠재력을 배양한다. 그리고 정치, 경제, 사회, 교육, 문화 등의 여러 사회제도와 결합하여 국가발전을 촉진시키는 긍정적, 능동적 역할을 수행한다는 점에서 서구의 선진 여러 나라에서는 이미 오래전부터 생활체육을 국가와 주요 복지정책의 일환으로 추진하여 오고 있다. 생활체육을 학교체육과 비교해 생각해 보면, 학교체육은 어떤 목적의식을 갖고 학생들만 대상으로 형식적, 의도적, 계획적으로 이루어지고 있는 반면, 생활체육은 유아에서 노인에 이르기까지 모든 국민을 대상으로 타인의 강요 없이 동기 지향적으로 행하는 신체활동으로서 여기는 비형식적이고 자유가 보장되며 오로지 자신의 자발적 의지에 따라 행하여지는 즐거움을 수반한 레크리에이션적인 활동이라 할 수 있다.

생활체육은 개인이 전 생애를 통하여 능동적으로 지속적인 체육활동 참여의 기회를 향유함으로써 신체적, 정서적, 사회적으로 조화로운 발달을 꾀하게 하고, 현대사회의 급격한 변화에 슬기롭게 대처하면서, 창조적으로 개척하여 나아갈 수 있는 기능과 성향을 학습가게 할 뿐만 아니라, 공동체의 복지를 증진시켜 나가는 복지사회의 체육을 의미한다.

2. 생활체육의 기본적인 역할과 기능

생활체육의 필요성이 절실한 만큼 현대사회 속에서 생활체육이 수행해야 할 역할 또한 크다. 생활체육의 기본적인 역할은 운동문화와 생활을 바람직하게 결부시킴으로써 개인적 복지와 사회적 복지를 동시에 이루는 것이다. 특히 우리나라는 천연자원이 빈약함에 따라 인적 자원의 개발에 역점을 두고 있으므로 전인교육을 위한 생활체육의 역할도 중요하다.

김성배(1991)는 생활체육의 역할을 범국민적인 평생교육으로 실시함으로써 국민의 건전한 심신발달을 도모하고 밝고 풍요로운 국민생활을 영위하게 하며, 나아가서 지역사회 체육활동 활성화를 통해서 복지사회의 실현과 민족문화의 창달에 이바지하고 국민화합에 기여하는 것이라 하고 있다.

(1) 생활체육의 생리적 기능

운동을 규칙적으로 하게 되면 혈압이 낮아지고 콜레스테롤 같은 혈액 내 지방성분이 저하되기 때문에 동맥경화증을 막아준다. 또한 체중이 늘어나거나 지방질이 축적되는 것을 막아주며 심장질환 등 성인병을 예방할 수 있다. 그리하여 운동을 규칙적으로 이행하는 사람은 신체활동을 하지 않은 사람에 비하여 건강을 보다 효과적으로 유지할 수 있다. 이에 더하여 체육활동은 강인한 체력을 육성시켜 줌으로써, 각종 질병에 대한 저항력을 길러 건강한 생활을 영위할 수 있도록 돕는다.

(2) 생활체육의 심리적 기능

생활체육은 심리적으로 근심·걱정의 완화, 공격성의 억제, 죄의식의 경감, 열등감의 해소 등을 가져오게 한다. 또한 생활체육은 사람들이 사회에서 함께 어울려 살며 의지하는 감정적 유대를 조성시켜 준다. 그리고 사회성원인 개인이 건설적인 양식으로 함께 공존하는 데 필요한 요소인 우호적 인간관계를 창출하고 강화함으로써 원만한 사회생활을 영위할 수 있게 해준다.

(3) 생활체육의 사회적 기능

1) 건전 여가활동의 영위

고도 산업사회가 가져온 기계화와 자동화로 인하여 인간 노동력의 필요성이 감소되고 점차 여가시간이 증대되어 가고 있어 이의 활용이 개인적으로나 사회적으로 매우 중요한 의미를 지니고 있다. 스포츠는 퇴폐 향락적인 대중오락과는 전혀 다른 형태로서 문화적으로 용인된 기본적 건전 여가활동이다. 그러므로 생활체육은 바쁜 삶을 살아가는 고독한 고도 산업사회의 생활인에게 기분전환과 삶의 즐거움을 가져다주는 신선한 자극제로서의 역할을 담당하게 될 것이다.

2) 사회체제 유지와 존속

생활체육은 사회구성원으로 하여금 현실에 적합한 사고, 감정, 및 행동양식을 익혀 사회성원으로서 차질 없이 살아나가도록 돕는다. 결국, 생활체육은 사회구성원에게 그 사회의 생활원리와 조화를 이루며 살아가도록 사회화시킨다. 그리하여 생활체육은 승리를 추구 하는 경기활동을 통하여 산업사회의 생산성 유지를 위하여 필요 불가결한 요소인 성취동기의 수준을 제고시키도록 조장한다.

3) 국민화합의 창출

스포츠는 각기 다른 개성과 이해를 지닌 이질적인 개인 유기체를 공동체로 융화하여 화합시키는 기능을 가지고 있다. 스포츠 참가자가 한 팀의 구성원이 되거나 클럽의 성원이 되도록 하는 것은 스포츠 활동에는 참가자 개인을 그 팀이나 클럽으로 융화시키기에 충분한 상호인간관계의 결속력이 내재되어 있기 때문이다.

3. 생활체육의 특징

생활체육은 "우리 세대의 가장 중요한 사회문화 현상"이며, 올림픽과 다른 "스포츠에 있어서 제2의 대규모 국제적 운동"으로 표현되고 있다. 또한 오늘날의 스포츠 참가는 1975년 유럽 생활체육 헌장을 통하여 "모든 사람의 권리"로 선언되고 있으며(체육부, 1987), 건강증진과 창조적 여가선용의 방편으로 개인적 삶의 질적 향상을 위해서 보다 많은 사람이 보다 쉽게 참여하는 대중화된 스포츠, 즉 생활체육으로 전환되어 가고 있다. 따라서 일부 운동선수를 중심으로 경쟁성 높은 격렬한 신체활동을 부추김으로써 스포츠 활동을 특정계층의 전유물로만 취급해왔던 엘리트 스포츠는 사실상의 거대한 사회적인 도전에 직면해 있다.

선진국에서는 주로 건강과 여가의 문제가 배경인 반면에, 신생국 및 개발도상국에서는 생활양식과 주거의 변화에 대응한 사회적 안전성의 유지가 주안점이 되었다. 또한 전통적인 스포츠, 게임, 무용, 체조, 무술 등에서 자국의 문화적 동질성을 보존하는 데도 큰 관심이 있었다.

① 생활체육 운동은 오늘날 범세계적인 운동이다.

"트림(Trim)' Sport Pour Tous" "Life be in it" "Deporte Con Todos" 등의 갖가지 구호아래 대중의 건강 및 여가 스포츠 운동이 세계 도체에서 전개되고 있다.

② 생활체육 운동은 근대올림픽 운동과는 다른 배경에서 시작되고 발전해 왔다. 여가의 증대, 건강에 대한 불안, 사회구조의 변화가 각각 독자적으로 생활체육 운동을 발전하고 촉진하여 왔다. 그리고 선진 제국에서는 주로 건강과 여가의 문제가 배경인 반면에, 신생국에서는 생활양식과 주거의 변화에 대응한 사회적 안정성의 유지에 그 주안점이 있다.

③ 생활체육 운동은 원칙과 내용, 그리고 참가자 면에서 올림픽 운동과 매우 상이하다. 올림픽 운동은 그 성격상 뛰어난 선수(Elite)들이 선정되어 그들을 대표로 삼을 수밖에 없다. 이와 같이 올림픽 운동은 많은 참가자들 중에서 선택된 가장 뛰어난 사람들의 모임인 것이다. 그러나 생활체육 운동은 이와 정반대의 원칙에 입각하고 있다. 생활체육 운동은 참가자에 제한을 두지 않고 자신의 필요와 능력에 따라 스포츠에 참여할 기회를 마련하는데 주안점이 있다.

④ 따라서 엘리트 스포츠와 생활체육은 각기 독자적인 목적을 가지고 발전에 가면서 상호 균형점을 찾아야 한다. 하나의 조직으로 상호 양립되지 않는 과제들을 달성하고자 하는 목적이 성과를 거둔 적은 없다. 이런 이유 때문에 생활체육운동의 발전을 희망하면서도 이 운동을 주도하지 않고 있는 국제올림픽위원회의 태도가 호응을 얻고 있는 것이다.

⑤ 엘리트 스포츠와 생활체육 운동은 독자적인 조직과 전문가, 그리고 발전경로를 필요로 하고 있다. 국제올림픽위원회와 각 국가올림픽위원회의 조직은 엘리트 스포츠 분야를 겨냥한 것이다. 그 밖의 분야의 것은 그 영역 밖의 것이어야 하며 실제로도 그의 관할 밖의 사항이다. 만일 영역 밖의 사항이 올림픽 운동의 조직구조에 포함되면 오히려 올림픽 운동을 망치고 방해하게 될 것이다. 생활체육 운동에 참가한 경험이 있고 생활체육운동이 엘리트 스포츠와 대립하려는 것이 아니고 협력하여 하고 있다는 것을 의미하고 있다.

⑥ 국제올림픽운동의 여러 원칙들과 특정 지역이나 국가의 전통과 문화요소를 고려하여 전개되고 있는 생활체육운동은 각각의 독특한 역할을 수행하고 있다. 인류 스포츠 제전인 올림픽 경기 대회는 당연히 종목별로 동일한 경기규칙과 경기조건 하에 범세계적으로 행해지는 동일한 현상임을 전제로 하게 된다. 이러

한 전제들은 최고의 수준의 스포츠 활동에는 기본적인 것이기도 하다.

⑦ 엘리트 체육과 생활체육은 각기 다른 특성과 독자적 영역을 갖고 발전되어 왔다. 엘리트 체육은 경기력이 뛰어난 소수의 운동선수를 육성하여 스포츠경기에서 우수한 성적을 기대하지만 생활체육은 스포츠활동에 참가하는 모든 사람들에게 즐거움과 건강을 제공하고 삶의 질적 향상을 기대한다. 엘리트체육은 세계 모든 국가가 동일한 스포츠 종목을 동일한 방법과 규칙 속에서 발전시켜 나가고 있지만 생활체육은 참가자의 다양한 욕구를 충족시킬 수 있는 원칙과 방법을 독자적으로 발전시켜 왔다. 선진국에서는 주로 건강과 여가 선용이 신생국에서는 사회적 안정성 유지가 생활체육의 주요 관심사가 되어왔다. 따라서 1986년 세계 생활체육운동 세미나에서는 각 국의 대표가 모여 생활체육은 어느 나라든지 스스로에게 적합한 방법으로 생활체육운동을 구성하고 운영해 나가야하며, 그 나라의 다채롭고 다양한 문화가 함께 고려되어져야 한다는데 의견을 같이 하고 있다.

이러한 견해는 엘리트 체육과 생활체육이 분명하게 다른 영역과 특성을 갖고 발전되어 가고 있음을 단적으로 나타내 주고 있는 것이다.

<체육활동 영역별 비교>

구 분	학교체육	엘리트체육	생활체육
추구목표	신체활동을 통한 교육	메달 획득을 통한 국위선양	국민의 체육활동 참여를 통한 건강한 복지사회 구현
대 상	학생	청년(최적연령기)	모든사람
활동방법	의무적 즐거움 결여	의무적 즐거움 결여	자발적 즐거움
활동내용	게임, 스포츠 Exercise, 무용	스포츠	게임, 스포츠 Exercise, 무용 등
시 간	수업시간	훈련스케줄	자유시간
장 소	학교체육시설	정규체육	모든 시설
의도여부	의도적	의도적	자연발생적
이 유	교육	승리	욕구충족
목 적	전인교육	생계	삶의 질

우리는 여기서 엘리트 체육과 생활체육의 몇 가지 특징을 비교해 봄으로써 생활체육 운동의 의미를 더욱 분명히 할 수 있다.

첫째, 엘리트 체육은 스포츠 경기에 참가하는 소수의 엘리트 선수에게 뛰어난 기량과 높은 경쟁력을 요구하며, 스포츠 경기에서 우수한 성적을 기대하지만, 생활체육은 스포츠 활동에 참가하는 모든 사람에게 즐거움과 건강함을 제공하고자 개인적인 삶의 질적 향상을 기대한다.

둘째, 엘리트 체육에서의 핵심이 되는 대상은 신체적 능력과 체력이 가장 왕성한 청장년층에 국한되어 있지만, 생활체육은 유아에서 노인까지, 또는 요람에서 무덤까지 전 생애에 걸친 다양한 대상을 모두 주요 대상으로 한다.

셋째, 엘리트 체육은 서계의 모든 국가가 동일한 스포츠 종목을 동일한 방법과 동일한 룰(rule) 속에서 발전시켜 나가야 하지만, 생활체육은 참가자의 다양한 욕구를 충족시킬 뿐만 아니라 자국의 신체문화를 계승 발전시킬 수 있는 다양한 내용과 방법을 각 국가가 독자적으로 발전시켜 나갈 수 있다.

이와 같은 개념에 입각해 볼 때 생활체육은 스포츠에 있어서 민주적 개념을 포괄적으로 수용하고 있다고 할 수 있다. 그 이유는 생활체육이 스포츠 참여에 있어서 참가자 모두에게 평등성을 보장하고 개인이든 국가든 참가자를 중심으로 한 의사결정이 중시되며, 근본적으로 인간중심의 활동이념을 실천하고 있기 때문이다. 같은 맥락에서 한 국가의 정치적 민주화 과정이 지방 자치제실시에 있듯이 한 국가의 생활체육의 근본은 지역사회를 중심으로 한 풀뿌리 체육에 도고 있음을 알 수 있다. 따라서 지역사회 생활체육은 지역주민들의 개인적인 건강뿐만 아니라 생활의 질적 향상과 인간성 회복에 기여하고, 지역 선수 중심의 특정인을 위한 체육활동에서 탈피하여 인간평등화, 광역 공동체화, 인간의 행복한 생활 영위라는 기본이념을 지향하며, 지역주민의 화합 및 연대감 조성, 건전 놀이문화의 계승 발전 등이 폭넓게 생활체육의 이념을 구성하고 있다고 볼 수 있다. 그러나 엘리트체육과 생활체육이 근본적으로 다른 이념을 지행하고 있다고 하더라도 양 분야가 상호관계 없이 완전히 분리되어 존재하는 것은 결코 아니다. 엘리트 체육에서 스포츠를 통하여 인류화합과 세계평화에 이바지 한다는 올림픽의 이상이나, 1명의 올림픽 선수는 100명의 아마추어 선수로부터라는 올림픽 이념 등은 생활체육의 기본 이념과 매우 가까운 생각임에 틀림없다.

또한 생활체육은 엘리트체육이 지속적으로 발전할 수 있는 프로그램은 안정된 기반을 형성해주며, 엘리트체육은 스포츠에 대한 일반인의 관심과 참여 동기를 유발하여 생활체육을 발전시켜주는 상호 보완적, 순환적 관계를 형성하고 있다.

생활체육 운동회 추진에 대한 국제협력은 1969년 노르웨이가 노르웨이의 Trim운동 결성에 즈음하여 오슬로에서 유럽 10개국을 초청함으로써 처음 시도되었다. 그 후 제 2단계 움직임은 4년 뒤 프랑크푸르트에서 Trim and Fitness Conferences에 40개국 전문가가 모여 생활체육에 대한 각국의 경험을 교환하였으며 제 3단계 움직임은 IOC(국제올림픽위원회)의 후원아래 1986년에 열린 생활체육운동 세미나에서 개발도상국 및 선진각국의 대표가 대거 참석하여 생활체육 운동을 폭넓게 추진하기 위해 협력하는 화합을 가졌다(German Sports Federation, 1986). 이제 생활체육은 전 인류의 보편적 생활양식으로 자리 잡아가고 있으며, 인류평등과 인류애를 바탕으로 한 민주적 스포츠 구조를 다시 한 번 뿌리내리려 하고 있다. 스포츠가 경쟁과 대결, 상업화로 치닫는 위험한 진보 속에서도 그 순수성을 지켜나가는 한줄기 따뜻한 빛으로 존재 할 수 있을 것이라는 기대를 생활체육에서 찾을 수 있는 것이다.

4. 생활체육 동호인 클럽의 개념 및 특징.

(1) 생활체육 동호인 클럽의 개념

스포츠조직이라는 사회조직에서 개인은 실제로 사회화되고 사회적 성숙에 이르는 사회화 과정을 경험하며 이러한 스포츠 집단내의 활동은 사회화 과정에 필요한 대인간의 상호작용을 위해서 매개물을 제공하고 집단이 갖는 가치체계의 발전에 중요한 역할을 한다. 따라서 생활체육활동이 집단적으로 이루어 질 때 개인의 생활체육에의 참여 동기가 더욱 강하게 유발되기 때문에 생활체육활성화를 위해서 자발적인 조직결성을 통한 동료의 조직화가 필요하다. 또한 사람들은 일상생활에서 할 수 없었던 신체적인 자기표현 욕구를 하나의 신체활동을 통해서 발현하려는 경향이 있는데 이러한 신체활동의 대부분이 체육조직을 통하여 가능한 것이다. 따라서 여러 사람들과 함께 할 수 있는 기회를 제공받게 된다. 이러한 기회 제공이 신체활동의 동기가 되어 생활체육참여 인구를 확대시키는 원동력이 되고, 더 나아가 체육에 무관심한 계층도 생활체육 현장으로 끌어들일 수 있다.

일반적으로 집단이란 다른 사람들과 의사소통 하는 개인들의 집합체이며, 집합체가 각 구성원에게 혜택을 부여할 때 형성되는 것이라 할 수 있다. 집단은 보통소집단을 말하는 것으로서 구성원들이 대면적인 접촉을 하면서 서로 상호작용을 한다는 점에서 큰 집단인 조직체와 다르다고 할 수 있다(송용선, 1993). 스포츠 집단은 대체로 소규모의 집단이며, 과제 수행을 위한 성원의 상호작용이 필수적이다. 다시 말하면, 스포츠를 한다는 목표 지향에의 공통점이 있고, 그 목표를 성취하기 위하여 조화로운 팀워크와 규범을 공유하며, 집단과 일심체가 되는 사회적 단위가 되기 위해서 어느 정도 안정된 상호작용을 가지는 인간 모임을 지칭한다(류정무·이강현, 1990).

스포츠 집단에 대한 학자들의 정의를 살펴보면, Landers & Luschen(1974)은 스포츠 집단을 특별한 스포츠 과제를 완수하기 위해 상호의존하며 동기부여 하는 2~20명의 사람으로 구성되는 과업 지향적 집단으로 정의하였다. 임번장(1991)은 스포츠 집단은 사람들이 스포츠 활동을 하기 위하여 자발적으로 모인 집단으로서 대면적인 접촉과 지속적인 상호작용을 하고 동족의식을 갖는 20~25명으로 이루어진 소집단이라고 하였다. 따라서 스포츠 집단은 스포츠 활동에 자발적으로 참여하는 비교적 소집단을 지칭한다는 것을 알 수 있다.

이와 같은 관점에서 동호회의 개념을 살펴보면, 동호인 활동이란 동일한 관심과 취미를 갖고 있는 구성원들이 공동의 관심이나 목표를 추구하기 위해 자발적으로 조직되고, 자율적으로 운영되는 활동을 말한다. 임번장(1995)은 스포츠 동호인활동의 경우 동호인 유형에 따라 특정 스포츠 종목을 매체로 구성원의 공동목표와 개인적 과업을 성취하기 위하여 직접적이고 지속적인 상호작용을 유지, 발전시키는 기능 집단으로 구성원간의 상호의존적 관계를 통하여 경기의 참가와 승리, 운동 수행능력의 향상, 그리고 스포츠 활동을 통한 즐거움을 추구하기도 한다고 하였다. 따라서 스키동호회는 스키활동이라는 공동 목표와 규범을 통하여 다른 사람들과 지속적인 의사소통하는 스포츠 집단이며 자발적, 자율적으로 운영하는 소집단을 의미하는 것이다.

이처럼 동호회에서는 공통의 목표가 있고 안정적이고 지속적인 대면적 상호작용이 이루어지고 있다. 또한 성원간의 역할 분화에 따른 조직성을 지니고 있으며, 동일한 과제 수행에 참가하고 있기 때문에 집단이 효율성을 증대시킬 수 있다.

(2) 생활체육 동호인 클럽의 특징

일반적으로 생활체육동호인조직은 공통적인 관심이나 목표를 추구하는 성원에 의해 자발적으로 구성된 것으로써 사교적 조직이나 특정 조직의 이익을 보호 증진시키는 목적으로 결성된 단체이다. 따라서 동호인 조직은 강제나 경제적, 물리적 보상 때문에 참여하거나 직업 조직체처럼 생계를 위한 전문적 활동을 위해서 결성된 조직과는 다르다. 이러한 관점에서 생활체육동호인 조직은 스포츠 애호가들에 이해 결성된 자발적인 조직체로서 특정 스포츠에 취미와 관심을 갖고 있는 성원에 의해서 자율적으로 운영되는 조직체라 할 수 있다.

이러한 생활체육동호인 조직은 구조적 측면(지도자, 구성원, 인간관계, 시설)과문화적측면(목표, 활동내역의 선택자, 활동계획의 작성자, 규범승인의 방법)의 분류기준을 갖고 여러 종류의 집단으로 분류되어 사회규범을 반영할 뿐만 아니라 사회규범의 형성에도 도움을 준다. 따라서 생활체육 동호인조직은 자발적으로 결성된 사회조직으로서 참가의 자유성과 조직의 개방성, 일정한 내규에 의한 자주적 운영, 공동의 목적과 협동에 대한 적극적 태도 등의 특성을 지닌다. 또한 비구속성, 자율성, 응집성, 비 영리성 등이 강하게 나타나는 조직이라고 할 수 있다. 특히 생활체육동호인조직은 조직의 명칭, 조직의 목표, 조직의 내규, 활동장소(시설 및 기구), 활동내용(스포츠종목 및 프로그램), 조직의 추진체(대표자 및 지도자), 조직의 운영 자금과 같은 구성요소를 구비함으로써 조직의 영속성을 유지할 수 있다.

(3) 웰빙과 여가시대의 생활체육

한국사회는 주5일제 근무제의 실시에 따른 노동시간의 감소, 평균 수명의 증가, 소득의 증가, 과학기술의 발전에 따라 여가시대로 진입하고 있다. 특히 웰빙 붐의 조성으로 건강하고 행복한 삶을 영위하는데 많은 관심이 쏟아지고 있다.

이러한 웰빙과 여가시대에서는 '얼마나 잘 먹고, 잘 입고 사느냐'의 문제보다는 '얼마나 즐겁고 의미 있게 사느냐' 하는 삶의 질의 문제가 중요해진다. 고도의 산업화와 경제 성장으로 인하여 대중여가 시대를 맞이하고 있는 현대인들은 여가를 소극적인 개념이 아닌 적극적인 개념으로 인식하고 이를 활용하고 있다. 다시 말해서 여가가 단순히 휴식이나 휴양, 자유시간만이 아니라 삶의 질을 제고시키는 즉, 인간다운 삶, 행복한 삶의 영위를 가능하게 할 수 있다는 적극적인 사고로 여가를 이용하고 활용한다는 점이다. 그러므로 웰빙과 여가 활동에 대한 관심과 욕구는 그 어느 때 보다도 높아지고 있으며 또한 일상생활 중 경제적 시간적 차원에서 커다란 비중을 차지하고 있을 뿐 아니라, 이제는 생활의 일부가 되어가고 있는 추세이다. 우리나라 국민은 지속적인 경제성장과 소득증대 그리고 교육, 문화 등 사회발전에 따라 생존의 욕구 단계를 지나 삶의 질의 향상을 추구하고 자아를 실현하고자 의식의 변화를 가져올 것이며, 이와 함께 웰빙과 여가, 체육에 대한 의식도 변화를 가져올 것으로 전망되고 있다.

여가사회에서 스포츠는 여가의 전체라고 말할 수 있을 정도로 주 역할을 하고 있다. 스포츠와 건강, 친교기획, 즐거움의 추구 등의 삶의 질 향상과 긍정적 상관에 의해 여가활동으로서의 스포츠에 참여는 더욱 확대되고 있다. 한국인은 여가시간에 평일에는 10.7%, 일요일에는 7.7%가 운동 및 스포츠 활동을 하고 있는 것으로 나타났으며, 건강과 체력에 대한 체육활동의 중요성에서, 매우 중요하다가 50.9%, 어느 정도가 중요하다가 36.2%로 87.1% 중요하다고 응답하고 있었다(이한규외4 2001). 또 삶의 질 향상에 대한 체육활동의 기여도에서 체육활동의 참여가 크게 도움이 된다 13.2%, 도움이 된다 57.3%로 나타났으며 한국체육과학연구원의 한국의 체육지표(2003)에 의하면 체육의 가치에서는 남녀별로 각각 건강 체력 증진(63%, 61%), 스트레스 해소(13.7%, 14.7%), 활동의 즐거움(8.2%, 5.3%), 자기만족(7.8%, 7.4%), 체형 관리 등(7.1%, 11.5%) 등으로 나타나, 체육활동에 대해서 긍정적이었으며 가치 있는 것으로 느끼고 있었다.

21C에는 인간의 신체에 대한 새로운 인식과 함께 신체의 즐거움을 체험하며 가꾸는 방향으로 더욱 부각될 것이다. 생활체육의 복지적 기능은 모든 국민이

체육을 생활화함으로써 행복의 첫째 조건인 건강을 도모하고 자유와 평등에 대한 요구를 만족시키는 것이라고 할 수 있다. 또 평등을 기본이념으로 계층과 지위에 관계없이 누구나 참여하여 신체적, 정신적, 사회적 욕구를 충족시킬 수 있는 제도적 장치라 할 수 있다. 후기 산업사회에 있어서 생활체육은 모든 사람에게 균등한 스포츠 참여의 기회를 보장하고 복지화 된 체육 환경을 제공함으로써 후기산업사회의 진전과정에서 나타나는 각종 사회 병리적 현상을 치유할 수 있는 문화적으로 용인된 신체적 여가활동의 영역이다.

(4) 생활체육 동호인클럽의 중요성

생활체육은 개인이 전 생애를 통하여 자발적으로 지속적인 체육활동에 참여함으로써 조화로운 신체적, 정서적, 사회적 적응력을 높이고 급격한 현대사회의 변동에 슬기롭게 대처하여 나갈 수 있는 기능과 성향을 학습할 수 있는 기회를 제공할 뿐만 아니라 다른 사람들과 더불어 사는 공동체 의식을 증진시킨다. 또한 삶의 질적 향상을 추구하기 위하여 유아에서부터 아동, 청소년, 성인, 노인에 이르기까지 전 생애에 걸쳐 개인의 잠재적 신체활동 욕구의 최대한 신장과 생활체육을 통한 복지사회의 이념구현을 목적으로 한다. 한편, 이와 같은 생활체육 활동은 대부분 상대와 더불어 실현할 수 있어 체육활동에 참여하고사 하는 동기가 강하게 유발되기 때문에 생활체육 활성화를 위해서 자발적인 클럽결성을 통한 동료의 조직화가 필요하다. 즉, 생활체육의 저변확대라는 측면에서 체육활동 애호가들에 의하여 자생적으로 결성되고 자율적으로 운영되는 체육동호인 조직체의 필요성이 대두되고 있다. 특히 동호인클럽활동을 통하여 회원 간의 친목을 다지며, 클럽활동을 통해 자신의 위치와 삶의 질을 높여나가는 과정에서 자아정체성을 확립하게 된다. 클럽활동을 통한 이러한 경험은 다음과 같은 가치를 유발하기도 한다.

① 인간의 기본적 욕구인 소속감을 갖게 한다.
② 새로운 여가선용에 대한 흥미를 유발시켜 그것을 개발할 기회를 얻을 수 있다.
③ 자아 성취감 및 자아 정체성 확립의 중요한 계기를 제공한다.
④ 의사결정과정, 목표설정, 갈등해소
⑤ 대인관계를 개선시킬 수 있다.

⑥ 여가선용을 추구하면서 남들과 협동하는 것을 배울 기회를 얻을 수 있다.
⑦ 공동체 의식과 관련된 긍정적 가치를 개발 할 수 있다.
⑧ 개인의 인격을 수양하는데 도움이 된다.
⑨ 지도자 역할을 수행함으로써 자기개발의 기회를 경험할 수 있다.

<전국대학 현황 및 스포츠 동아리 수>

구분	대학수	동아리수	인원
대학교	220	1,100	22,000
대학(2년제)	199	597	11,940
계	419	1697	33,940

출처 : 교육부 인터넷 자료(2002)

동아리 수는 4년제 대학은 대학 당 평균 5개, 2년제 대학은 평균 3개 동아리로 추정하였고 동아리 당 인원은 20명으로 추정하여 산정 하였다. 위의 표에서 보는 바와 같이 전국 대학 현황은 총 419개 대학으로 나타나 있고 이들 학교에서 활동하고 있는 스포츠동아리 수는 최소 1697개로 추정할 수 있으나 실제로 등록되지 않은 동아리까지 포함한다면 3배 이상의 스포츠동아리가 활동하고 있는 것으로 추정할 수 있다. 또한 이들 스포츠동아리에 소속해 있는 회원수도 평균 20명으로 추정할 때 33,940명으로 추정할 수 있다. 따라서 대학의 스포츠동아리도 생활체육의 한 영역으로 발전시켜 생활체육의 보급과 활성화에 적극적으로 기여할 수 있도록 활용방안을 강구해야 할 것이다.

스포츠 활동 참여에 있어서 집단화된 참여가 개별적인 참여보다 참가자에게 더욱 소속감을 갖게 하고, 결연(affiliation)기능을 높이며, 스트레스를 해소하며 사회적 순기능을 유발하는 데에 있어서도 생활체육 동호인클럽 활동의 본질적 가치 외에도 생활체육동호인활동의 육성과 참여권장 사업의 목적은 생활체육의 지속적 참여에 근간을 이루는 동호인 활동을 지원 육성함으로써 안정적이고 효율적인 생활체육 진흥의 토대를 마련하고자 하는 것이다. 또한 자생적 동호인이 조직적 면모를 갖추고 전국적 연결망을 구성하여 자발적인 활동체계를 구축할 수 있도록 육성코자 하는 것이다.

<표 47> 종목별 생활체육 동호인 현황

(2006. 8월말 현재)

연번	종 목	클럽수	회 원 수
	계	81,394	2,665,755
1	검도	1155	46340
2	경당	1	65
3	게이트볼	5532	110878
4	골프	412	11402
5	궁도	600	16558
6	그라운드골프	120	2285
7	기공	4	159
8	낚시	1631	43470
9	농구	2641	35688
10	단전호흡	7	192
11	단학기공/법륜궁	1164	42744
12	당구	1011	23046
13	댄스 스포츠	367	30425
14	등산	3338	166141
15	라켓볼	165	3538
16	럭비	26	899
17	레크리에이션	86	3612
18	롤러스케이팅	119	7997
19	무에타이	3	138
20	미식축구	38	694
21	배구	1986	42835
22	배드민턴	3516	135355
23	보디빌딩	1081	65739
24	복싱	68	1987
25	볼링	9114	219003
26	사격	229	4701
27	사이클	167	6397
28	생활체조	2315	135440
29	석궁	8	296
30	소프트볼	89	2051
31	수상스키	62	2792
32	수영	1090	45187
33	스케이팅/빙상	159	4431
34	스쿠버다이빙	46	1359
35	스쿼시	256	6889
36	스키	235	7767
37	스킨스쿠버	369	13490
38	승마	228	4313

39	써바이벌	3	111
40	씨름	324	6608
41	야구	2079	47256
42	에어로빅	1293	60090
43	역도	7	183
44	요가	132	4991
45	요트	12	220
46	우슈/쿵후	261	9916
47	윈드서핑	175	3951
48	유도	134	4009
49	육상/조깅마라톤	1371	45292
50	자전거	755	17606
51	전통무용	47	1813
52	정구	411	10596
53	족구	3112	56271
54	줄넘기	141	6082
55	줄다리기	143	2742
56	종합무술	275	6550
57	철인3종	56	1181
58	축구	13839	459811
59	카누	4	21
60	탁구	2525	63239
61	태권도	2448	149756
62	태극권	37	1224
63	택견	550	18594
64	테니스	6832	218024
65	페러글라이딩	658	14293
66	풋살	914	12594
67	피구	29	780
68	필드하키	24	517
69	합기도	1231	57410
70	항공스포츠	24	2244
71	핸드볼	32	521
72	헬스	548	24858
73	헹글라이딩	16	282
74	MTB	19	1146
75	X-게임	14	1022
76	스포츠글라이딩	1	30
77	캠프	241	1874
78	인라인하키	208	18911
79	국무도	231	8178
80	아이스하키	1	22
81	트라이애슬론	57	2298

82	부메랑던지기	3	54
83	레포츠	10	1820
84	레슬링	2	248
85	론볼링	8	265
86	민속경기	35	18288
87	생활무술기공	11	464
88	전통무예	4	54
89	우드볼	26	904
90	열기구	1	32
91	양 궁	1	35
92	해동검도	24	1786
93	레저복싱	5	131
94	클라이밍	12	235
95	격투기	9	606
96	기천문	1	52
97	킥복싱	14	459
98	활기도	1	35
99	오리엔티어링	16	176
100	파크골프	28	722
101	보치아	1	6
102	경비행기	8	499
103	걷기	1	81
104	법률대법	10	255
105	프리테니스	19	474
106	인라인스케이팅	432	46688
107	펜싱	0	0
108	특공무술	40	1086
109	경호무술	7	460
110	무예24기	3	168
111	궁수도	6	133
112	싱크로빅스	3	54
113	건강달리기	1	15

제2절 스포츠클럽

1. 공중 스포츠

최근 들어 주 5일제의 확대 보급과 경제적 수입의 전반적인 향상으로 인해 사회 전반적으로 삶의 질이 향상되었다. 이로 인해 적극적인 여가관이 형성되고 그 동안 소외 시 되어왔던 여가에 대한 대중들의 관심이 모아지고 있는 것이 현 실태이다. 또한 그동안 체험해 보지 못한 것에 대한 막연한 호기심과 맞물려 이 보고서의 주제에 해당하는 'Extreme Sports'가 일반인으로부터 많은 각광받고 있다.

'Extreme Sports'라 함은 생명의 위험을 무릅쓰고 여러 가지 묘기를 펼치는 레저스포츠를 통칭하며, X게임이라고도 한다. 초기에는 인라인 스케이트가 거의 전부라고 해도 과언이 아니었지만, 현재는 공중, 육상, 수상, 수중을 가리지 않고 전 분야에 다양한 스포츠들이 포진되어 있을 뿐 아니라 지금 이 순간에도 생소한 종목들이 생겨나고 있기도 하다.

(1) 패러글라이딩 [Paragliding]

낙하산(parachute)과 행글라이딩(hang gliding)의 합성어로 1984년 프랑스의 등산가 J.M. 부아뱅이 신속한 하산을 위해 특수 고안한 기체에서 유래하였다. 가장 근접한 유사모형으로는 1960년 영국 공군에서 훈련용으로 제작한 패러세일링(원형낙하산)을 꼽는다. 1986년에 국내로 들어왔다.

기체 조작이 간편해 세계적으로 동호인 수가 가장 많은 항공스포츠다. 배낭 속에 접어 넣은 무게가 약 4kg으로 가벼운 게 큰 장점이며, 산 정상이나 능선에서 약 10m 정도 도움닫기 후 비행한다. 평균시속은 20~40km이며 해발고도 10m 높이에서 이륙하면 평균 40m 비행한다. 비행에 적당한 바람은 정풍 기준 초속 1~5m 정도이며, 헬멧을 쓰고 하네스(harness : 기구와 몸을 연결하는 장비)를 입은 뒤, 좌우측 조종 줄로 방향을 전환한다. 착륙은 브레이크 손잡이를 사용한다. 평균수명은 5년, 햇빛 최대 노출시간은 약 300시간이다. 국제대회로는 세계 패러글라이딩 챔피언십대회가 있고, 한국에서는 대학생선수권과 클럽별 전국선수권, 육군참모총장배 대회 등이 해마다 열린다. 경기종목은 지정된 목표물 통과하기와 표적 던져 넣기, 먼 거리를 비행하는 크로스컨트리 등이 있다.

그 밖에 패러글라이딩을 응용한 레저스포츠로서는 착지 순간 스키를 타는 패러스키, 패러글라이더를 짊어지고 산에 오르는 불편을 없애기 위해 프로펠러 추진기를 장착, 이륙하는 모터패러글라이더, 엔진이 조종석에 있어 앉아서 비행이 가능한 패러플레인, 커넥터를 연결해 전문 조종사와 비행자 2명이 함께 비행하는 텐덤비행 등이 있다.

(2) 행글라이딩 [Hang gliding]

행글라이더로 활공하는 항공 스포츠로 사람이 매달려서 기류(氣流)를 이용하여 공중을 날 수 있게 되어 있는 고정날개형 활공기(滑空機)로 대자연을 벗 삼아 즐기는 자연의 스포츠로 새처럼 자유롭게 하늘을 날고 싶다는 사람들의 꿈을 실현시켜준 스포츠이다.

금속제 틀에 화섬(化纖) 천을 바른 연과 같은 기체를 인력으로 운반하여 다리로 이착륙하게 되어 있다. 국제항공연맹(FAI)의 산하단체인 국제행글라이더위원회(Commission Internationale De Vol Librc:CIVL)가 1975년 6월 28일 총회에서 정의하였다. 행글라이더는 그 성능과 강도로 보아 초급활공기에 속하지만, 이착륙방법은 초급활공기와는 명확히 구분된다. 이런 뜻에서 행글라이더는 인력활공기(人力滑空機), 행글라이딩은 인력활공이라 한다.

시속 40~100㎞의 빠른 속도로 하늘을 달려가는 듯한 기분을 맛볼 수 있을 뿐만 아니라 다양한 비행기술을 구사하고 과학적 사고도 길러주어 항공레저 스포츠의 참 맛을 느낄 수 있다.

행글라이딩의 유래는 1891년 독일인 오토 릴리엔탈(Otto Lilienthal)이 고정날개 모양의 행글라이더를 타고 하늘을 난 이래 전 세계에 알려진 것이다. 독일의 릴리엔탈은 1891년부터 오랫동안 관심을 가지고 있던 공중비행을 연구하는 한편, 활공기를 제작하여 높은 곳에서 뛰어내려 활공실험을 하였다. 릴리엔탈은 활공연구에 전념한 5년간에 기체 18종을 제작하여 2,000회 이상 활공하였다. 그는 이 사이의 연구결과를 종합하여 《비행기술의 기초로서의 조류의 비행》이

라는 논문을 저술하였다. 이 책은 항공을 지망하는 사람들에게 귀중한 입문서가 되고 있다

그 뒤 1964년 미국의 밀러가 지금과 같은 형태의 행글라이더를 만들었으며, 1969년 오스트레일리아인 빌 베네트가 샌프란시스코의 골든게이트교와 뉴욕의 자유의 여신상을 날면서 대중적인 인기를 끌기 시작하여 70년대 중반에는 국제 행글라이딩위원회가 창설되었다. 우리나라에는 1975년에 소개되어 70년대 후반부터 활성화되어 80년대에 본격적인 레저 스포츠로 자리를 잡기 시작했다.

초창기 모델은 로갈로 윙(Rogallo wing) 형식으로 카이트(Kite)라 하기도 하는데, 지금은 단종 되었다. 이 형식은 F.M.로갈로가 NACA(지금의 미국항공우주국의 전신)에서 연구하여 1951년 미국의 특허를 받은 것이다. 이 형식은 삼각형 플렉시블[可撓型]이며 파라세일(parasail) 또는 파라윙(parawing)이라고도 한다. 이 기종의 특징은, ① 경제적이며 구조가 간단하다. ② 조종·조작이 쉽고 안전하다. ③ 땀을 흘리며 활공하는 스포츠성을 지니고 있다. ④ 탑승자가 공중에서 직접 몸의 중심을 이동시켜서 조종한다. 이러한 특징은 경비행기나 글라이더·스카이다이빙에서는 찾아볼 수 없으며, 이 특징이 항공 스포츠로서 크게 평가받고 있다.

행글라이더의 기본구조는 2개의 날개앞전파이프(leading edge pipe), 1개의 킬(keel:용골), 1개의 크로스바(cross bar)로 골격을 구성한다. 재료는 알루미늄파이프 52-S 또는 6012-T6을 사용한다. 소부품은 항공기용 AN 규격품을 써야 한다. 날개의 천(sail)은 골조보다 약간 크게 재단하여 뼈대에 부착한다. 세일은 데이크론 3.8 oz 또는 밀러/데이크론/밀러(Mylar/Dacron/Mylar) 샌드위치 직포를 표면 가공한 것을 쓴다. 날개의 중앙부 아래쪽에 탑승자의 시트(seat 또는 harness)가 장착되어 있고, 컨트롤바(control bar)를 조작하여 조종하게 된다.

비행방법은 주력으로 언덕 아래로 달려가면서 양력을 얻어 이륙하고, 몸을 좌우로 이동하여 방향전환을 하고, 몸을 전후로 이동하여 속도조절을 하며, 두 발로 착륙한다. '경기방식은 공식경기와 비공식경기가 있는데 공식경기에서는 장거리경기 종목이, 비공식경기에서는 주로 체공경기, 정밀착륙경기, 정밀투하경기 등이 열린다.' 비공식경기에서는 주로 체공경기, 정밀착륙경기, 정밀투하경기 등이 열린다.

날개 정점의 각도는 표준형이 90°이고 고성능기종 오픈형(open type)은 120°로 가로세로비(aspect ratio)가 다르며 조종성능도 다르게 된다. 날개의 정점과 꼬리의 길이(킬의 길이)는 보통 5~6 m이고, 기체의 무게는 16~18 kg이다. 탑승자의 체중에 따른 기체의 선정은 킬의 길이로써 표시한다. 예를 들면 체중이 55 kg이면 킬의 길이는 5 m 정도의 것이 적당한 기종이 된다. 표준형 로갈로 활공기의 활공성능은 4:1 활공비(L/D)이며, 오픈형은 6:1 정도이다. 미국 전역을 비롯하여 세계적으로 그 지역마다의 활공 기상조건에 알맞은 활동영역을 개발하여 새 기록이 수립되고 있으며 현재 체공시간(滯空時間) 10시간 5분(미국의 J.휴즈)이 최고기록이다.

행글라이딩을 하기 위해서는 글라이더, 헬멧, 사고에 대비한 긴 팔 웃옷과 긴 바지, 벗겨지지 않고 탄력이 좋은 신발, 장갑, 하네스(안전벨트), 패러슈트(보조낙하산), 속도계, 고도계, 승강계, 나침반 등의 계기가 필요하다.

행글라이딩은 공기 속을 움직이는 스포츠이므로 기상에 민감한 편인데 기상조건으로는 바람이 특히 중요하다. 바람이 불어오는 방향이 이륙장에 맞바람이어야 하고, 풍속이 시속 20㎞ 이하여야 한다. 그리고 바람이 불규칙하게 급변하는 날에는 비행을 삼가야 한다. 비행 중에는 기류가 불규칙하게 난류로 바뀔 수 있는 곳, 즉 바람이 불 때는 산 뒤쪽(풍하측)이나 계곡 속으로 들어가지 말고 넓은 공간 속을 나는 것이 안전히다. 또한 초보사인 경우에는 햇빛이 강하여 열기류가 강하게 상승하는 날은 비행을 삼가야 한다.

초보자들이 행글라이더를 배울 경우에는 글라이더의 분해와 조립을 배운 후에, 내달리기, 이륙, 착륙훈련, 조정훈련 등을 배우게 된다.

초보자를 위한 교육기간은 8주에서 10주로 4주 수료 후에는 착륙기술을 익혀 30m고도비행을 할 수 있고, 8주 교육 후에는 중급수준으로 300m고도 비행을 즐길 수 있다.

행글라이딩을 즐기기 전날에는 음주를 피하고 충분한 수면을 취하며, 비행에 앞서 장비 점검을 철저히 해야 한다. 만약 이상 발견 시는 비행을 포기하여 안전사고에 대비하여야 한다.

많이 발생하는 상해는 각관절의 골절이나 염좌이며, 적절한 준비운동과 완벽한 장비를 갖춰 행글라이딩에 임한다면 충분히 예방될 수 있다.

(3) 스카이다이빙 [Sky Diving]

고고도(高高度)의 상공에서 낙하산을 펴지 않고 낙하하다가 지상 가까이에서 낙하산을 펴서 착륙하는 스포츠 패러슈팅의 총칭으로 항공기에서 뛰어내려 바로 낙하산을 펴고서 낙하하는 것도 같은 스포츠이다. 제2차 세계대전 후에 시작되었으며, 매력 있는 스포츠로서 세계 각국에서 널리 시행되고 있다. 스포츠용 패러슈트는 메인 패러슈트와 예비 패러슈트로 구분된다. 메인 패러슈트는 강하할 때 쓰며, 예비 패러슈트는 메인 패러슈트에 고장이 있을 때 사용한다.

1) 메인 패러슈트

① 초급자용 패러슈트: 보통 초급자는 조종성능이 너무 민감하지 않은 패러슈트를 사용한다. 이것은 체중 75kg인 사람이 강하할 때 표준대기 중에서 7m/sec 이하의 낙하속도여야 하고, 전진속도는 시속 16km 정도이다.

② 패러코맨더형(paracommander type): 1964년경부터 많이 사용되어온 것으로, 패러슈트 좌우에 안정용 안정판이 부착되어 있다. 낙하산 정상에 센터라인이 있어 정상이 오므라진 모양으로 펼쳐진다. 특성으로는, 전신 속도가 빠르며, 패러슈트의 부력을 감소시켜 실속(失速)조작이 가능하다. 선회할 때 선회용 구멍을 열어서 급속하게 방향을 변경할 수 있다. 1966~1974년까지의 세계선수권대회에서 정확착륙 종목에 이 형식이 가장 많이 사용되었다. 전진속도는 시속 22km이다.

③ 패러플레인형(paraplane type): 펴지면 그 형태가 글라이더의 날개와 같은 원리로 고안되어 있어서 다른 형과 비교하면 대단히 빠른 전진력을 가지고 있다. 이 전진력으로 발생하는 부력을 이용하여 목표에 도달한다. 선회도 글라이더와 같은 조작으로 하는 것이 특징이며, 따라서 급격하게 조작하면 글라이더와 같이 실속 추락할 위험성이 있어 조작에 각별한 주의가 필요하다. 전진속도는 노브레이크 상태에서 시속 40~50km이며, 50% 브레이크 상태에서 20~30km, 풀 브레이크 상태에서 0~8km이다. 전진속도를 조절할 수 있어서 착지할 때 충격을 최소한으로 줄일 수 있다.

2) 최저개산고도

최저 개산고도(開傘高度)는 강하기능에 따라 다른데 C급 이상은 지표면에서 650m, C급 이하는 750m, 연습생은 800m로 규정한다.

3) 지상풍속

강하 장소에서 지상 풍속이 매초 8m을 초과할 때는 강하를 금지하며, 연습생은 매초 5m을 초과하지 못한다. 풍속의 제한은 지상 풍속뿐이며, 상공에서는 강풍이라도 제한이 없다.

4) 경기종목

세계 각국에서 시행되는 스카이다이빙 경기종목은 다음의 3가지이다.

① 정확 착지(accurasy jump): 설정한 목표에 정확하게 착지하는 것을 겨룬다. 강하하는 고도별, 개인·단체별, 남녀별로 구분하여 실시한다. 일반적으로 세계선수권에서 실시하는 정확 착지는 고도 600~700m에서 강하하여 3초 이내에 낙하산을 펴고 목표지점에 강하하는 개인 정확착지와, 약 1,000m 고도에서 4명이 한 그룹으로 강하하여 10초 이내에 낙하산을 펴는 팀 경기가 많이 실시된다.

② 스타일 점프(style jump): 국제경기로서 시행하는 스타일점프는 2,000m 상공에서 강하하여 30초 후에 개산하는 사이에 좌우로 각각 360°선회, 뒤쪽으로 루프(loop:재주넘기)를 연속 22회 실시하는 공중동작의 정확도와 그 동작을 끝내는 데 소요된 시간으로 채점한다.

③ 레러티브워크(relative work): 이 종목은 1970년대 초부터 경기로 채택되었고, 세계선수권대회를 실시한 횟수도 적다. 예를 들면 10명의 스카이다이버가 약 4,000m 상공에서 연속하여 강하하고 나서 공중에서 접근하여 서로 손을 잡고 큰 동그라미(star)를 만들거나, 4명이 연속하여 강하한 다음 '스타'를 만들고, 다시 흩어져서 일렬로 손발을 잡고 늘어서거나 Y자형을 만드는 데 소요되는 초수를 겨루는 고도의 그룹 경기이다. 강하기능 증명은 국제항공연맹(FAI)의 스포츠규정에 따라 각국의 항공협회에서 심사하여 발급, 증명한다.

(4) 클라우드 호핑 [Cloud hopping]

1인승 열기구를 타고 구름을 뛰어넘는다는 뜻에서 유래된 신종 레저스포츠로 정확한 명칭은 1990년 열기구 제작사인 영국의 선더콜트사가 클라우드호퍼라는 이름의 시제품을 내놓은 것에서 유래하였다. 형태는 열기구이나 조작방법과 기체구조가 다르다. 다인승 열기구에서 바구니(곤돌라) 대신 낙하산이나 패러글라이딩에서 사용하는 1인승 하네스를 달았고, 풍선의 부피는 다인승의 1/6 정도인 600㎥이다. 연료탱크의 무게상 비행시간은 1~2시간이며, 하네스에 연료탱크, 버너, 간이의자 등을 함께 매달아 비행시 주입구를 아래위로 흔들면 간단히 바람이 드나들어 혼자서 자유롭게 구름 속을 넘나들 수 있다. 속도는 풍속에 따라 다르나 시간당 최고 60 km이며 최대고도는 산소마스크 없이 2,000 m 정도이다. 완만한 구릉과 평지가 많은 유럽이나 오스트레일리아 등에서 인기가 있으며, 한국에서는 1991년 그리펀레포츠사가 제작 후 시험비행에 성공했다. 이와 비슷한 것으로 소형 열기구에 헬륨가스를 채운 뒤 이륙, 5~10분 정도 중력 비행하는 점핑벌룬(jumping balloon)이 있다.

(5) 패러세일링 [Parasailing]

특수 고안된 낙하산을 멘 사람을 자동차나 모터보트에 긴 줄로 연결하여 끌고 가다가 낙하산에 공기압이 생기면 떠올라 공중비행을 즐길 수 있게 한 레저스포츠이다. 사전 교육이나 강습을 받지 않아도 자동차나 모터보트를 운전하는 사람의 조종에 몸을 맡기기만 하면 창공을 날 수 있으며, 조작이 간편해 1시간 정도 훈련하면 초급자도 쉽게 익힐 수 있다.

패러세일링의 유래는 1950년대 프랑스에서 공수부대 훈련용으로 개발한 것이 영국으로 넘어가 스포츠로 발전하였다. 1960년대에 미국에 도입되어 대중화되었으며, 우리나라에는 1980년대 중반에 도입되었는데, 우리나라에서는 자동차보다 주로 모터보트를 이용하고 있는데, 해변이나 배 위에서 출발해 강이나 바다 위를 활공하는 것이 스릴도 뛰어나지만 여러모로 안전하기 때문이다. 낙하산을 끌어주는 모터보트는 90마력 이상, 모터보트와 낙하산의 거리는 50~100m이며 견인줄의 길이로 활공 높이를 조정한다.

패러세일링을 하기 위해서는 낙하산과 견인줄인 하네스, 물위에서 비상할 경우에는 구명조끼가, 땅 위에서 비상할 경우에는 구명조끼 대신 헬멧이 필요하다. 패러세일링을 하는 장소는 호수나 바닷가, 강변 등 장애물이 없으며 넓게 트여 견인하는 자동차나 모터보트, 비행하는 사람에게 어떤 위험도 없는 장소여야 한다. 장소의 길이는 줄 길이의 최소한 10~12배가 되는 곳이어야 한다.

(6) 초경량항공기 [超輕量航空機, Ultra Light Plane]

소형 비행기로 즐기는 봄가을 항공 레저 스포츠.

행글라이더나 글라이더 등에 좌석과 엔진, 바퀴를 부착하여 동력에 의해 움직이는 무게 250㎏ 정도의 소형 비행기로, 경비행기와 달리 조립과 분해가 쉽고 간단하여 아마추어라도 직접 비행기를 제작할 수 있으며 속도감과 안전성이 뛰어나다. 또 좁은 공간에서도 이착륙이 쉬워 레저 활동 외에 항공촬영, 관광 등 다양한 용도로 활용할 수 있다.

1960년대 말 미국에서 행글라이더를 이용한 스포츠용 비행기 제작과정에 개발된 것이다. 그 뒤 유럽과 일본 등지에서도 만들어져 급속히 보급되기 시작하여 처음 상품화된 것은 1978년 만들어진 퀵실버 E형이다. 우리나라에는 1970년대 말에 도입되었으며, 1989년 대한항공협회 산하에 초경량항공기 협회가 발족하였다. 최근에는 국산 초경량항공기도 개발되었다.

초경량항공기는 크게 ULM(Ultra Light Motor)과 ULP(Ultra Light Plane)로 나뉜다. ULM은 행글라이더에 엔진을 장착한 것으로 해체와 조립이 간단하며 비행방식이 행글라이딩과 비슷해 행글라이딩에 익숙한 사람이라면 10시간 정도의 교육으로 비행이 가능하다. 일명 고정날개라 불리는 ULP는 엔진이 부착된 글라이더로, ULM보다 안정적인 자세로 조종할 수 있으나 해체가 불가능해 보관할 격납고가 필요하다.

초경량항공기를 조종하기 위해서는 항공기 외에 헬멧과 비행복이 필요하다. 또 초경량항공기를 조종하려면 조종사 자격증이 있어야 하는데, 비행학교를 통해 비행경험이 20회 이상인 사람들을 대상으로 치러지는 필기시험 및 실기시험에 합격해야 한다. 우리나라에서는 정해진 비행구역에서만 비행해야 한다.

2. 육상 스포츠

(1) 스케이트보드 [Skateboard]

가늘고 긴 널판지 앞뒤에 4개의 바퀴를 달고 달리는 놀이기구로 스티프와 플렉서블의 2종류가 있다. 파도타기 애호가들이 파도가 없는 잔잔한 바다에서는 파도타기를 할 수 없게 되자 서핑보드가 육지로 올라오면서 점차 스케이트보드의 형태를 갖추게 되었다. 1960년대 미국의 캘리포니아 해변에서 처음 시작하여, 1965년 무렵 한차례 붐이 일었고, 1974년 무렵부터 더 빠르고 더 잘 움직이는 폴리우레탄 바퀴가 개발된 뒤 다시 유행하였다.

1993년 미국의 스포츠 전문 유선채널인 ESPN 방송 및 대회로 전 세계로 알려졌다. 상상을 초월하는 현란한 묘기가 개발되었고, 젊은이들 사이에 축구나 농구와는 전혀 다른 새로운 스포츠로 자리를 잡았다. 이 놀이기구에 대한 열기가 전 세계적으로 확산되면서 급회전과 묘기를 위한 급경사지 및 돌출지역이 있는 스케이트보드 공원들이 세워졌다. 또한 스키의 활강경기 코스와 유사한 코스를 제공하는 이동식 경사로도 만들어졌다. 또한 사고가 많아지자 헬멧 및 무릎·팔꿈치보호대, 보호안경 등이 개발되었다.

스케이트보드는 데크·트럭·휠로 이루어져 있다. 데크는 질 좋은 은행나무를 가공해 만든 여러 겹의 합판을 프레스로 압축하여 탄력 있고 튼튼하게 만들어진다. 데크는 일반적으로 길이 76㎝, 너비 10㎝ 정도로, 재료는 초기에는 나무로 만들어졌으나 점차 알루미늄·유리섬유·플라스틱 등을 이용한다. 데크의 앞부분은 노즈, 뒷부분은 테일이라고 하며, 가운데의 오목한 부분을 컨케이브, 앞뒤로 구부러진 부분을 웨이브라고 한다.

트럭은 데크와 휠을 연결해주는 역할을 하며, 휠은 예전에는 지름 40㎜를 썼는데 요즈음에는 54㎜가 대부분이고 휠이 클수록 속도가 빠르고 기술이 잘 된다. 이밖에 트럭과 데크를 연결해주는 마운팅볼트 및 마운팅너트, 데크 위에 깔려 있는 샌드페이로 된 그립테이프, 트럭과 데크를 조립할 때 그 사이에 넣는 쿠션패드가 있다.

한국에는 1970년대 후반 몇몇 유학생이 국내로 가지고 들어와 소개되었으며,

그 당시는 언덕을 그냥 내려오면서 단지 스릴을 즐기는 정도였다. 1980년대에 들어서면서 점차 발전된 기술과 마니아들에 의해 다양하게 변형되기도 하였다. 처음에는 주로 서울의 대학로에서 많이 유행하였다. 바로 이때 점프대를 이용한 고난도 기술이 선을 보였다. 대학로의 주말 개방이 폐쇄되면서 스트리트 스케이트보드가 시작되었다.

<스트리트 보드>

<각종 보호장비>

(2) 트레킹 [Trekking]

목적지가 없는 도보여행 또는 산·들과 바람 따라 떠나는 사색여행으로 남아프리카 원주민들이 달구지를 타고 정처 없이 집단 이주한 데서 유래하였다. 전문 산악인들이 개발한 네팔의 히말라야 등 험한 산악길이 일반에게 공개되면서 트레킹이라는 용어로 정착했다. 등반과 하이킹의 중간 형태로 무거운 짐을 짊어지고 장거리 야영여행을 하는 백패킹(back packing)과 구별된다. 하루 도보거리는 15~20 km이며, 산의 높이를 기준으로 5,000 m 이상은 등반, 그 이하는 트레킹으로 구분하기도 한다.

한국은 1990년 사회단체 한국트레킹클럽이 결성되었고, 사단법인 한국체육진흥회가 1991년부터 매월 정규 트레킹클럽을 이끌면서 일반화되었다. 오지탐험 등 모험적인 트레킹을 중시하는 외국과 달리 역사 유적지를 더듬거나 밤 줍기, 섬여행 등을 정해놓고 걷는 테마(주제)트레킹이 대중화되었다.

한국은 신라시대의 화랑도 수행 등에서 초기 트레킹을 찾기도 한다. 평지에서는 보통 1시간 걷고 5~10분 휴식, 산행시에는 20분 걷고 5분간 휴식한다. 자연보호를 중시해 김밥이나 토스트 등으로 식사를 주로 한다. 복장은 야외용 간편한 복장, 신발은 조깅화 또는 등산화를 신는다.

(3) 서바이벌게임 [Survival game]

유럽과 미국 등에서 제2차 세계대전 참전용사들의 전투를 재현한 어른들의 전쟁놀이.

인간의 광적인 전쟁본능을 순화시킨다는 긍정론이 인정되면서 생명존중 또는 생존을 뜻하는 서바이벌게임이 파생되었다. 군용 M-16을 본뜬 소총과 우지 기관총을 본뜬 공기총(air soft gun)이 주된 장비이며, 사용되는 탄알에 의해 페인트볼스포츠 또는 서바이벌게임으로 나누기도 한다. 1970년대 유행한 페인트볼에서는 최소 지름 6mm부터 최대 5cm 크기의 모조 탄을 사용하는데, 명중시 속의 물감이 터진다 해서 페인트볼이다. 특히 아시아권에서 유행하는 서바이벌게임에서는 5~6mm의 콩알만 한 플라스틱 BB탄(ball bullet)이 주종이다. 한국에서는 1980년대 말 시뮬레이션 게임으로 첫 도입된 후 서바이벌로 정착했다. 경기방법은 두 팀으로 나눈 상대편의 깃발을 빼앗는 깃발전, 상대편이 전멸할 때까지 경기하는 섬멸전, 고지를 먼저 점령하는 고지전, 생포된 동료를 구출하는 포로 구출전 등의 시나리오 게임이 있다.

(4) 인공암벽등반 [人工岩壁登攀 , Sports climbing]

인공 합판이나 건물 벽면에 구멍을 뚫거나 인공 손잡이를 붙여 등반을 즐기는 사계절 레저 스포츠로 건물 내부와 외벽 또는 별도의 구조물에 바위벽을 만들어 놓고 보조 장비의 지원을 받아 맨손으로 바위를 오르는 것이다. 자연암벽등반에 비해 안전할 뿐만 아니라 날씨와 계절에 상관없이 즐길 수 있다. 또 적은 비용으로 남녀노소 누구나 즐길 수 있으며 온몸운동이 되고 특히 팔과 다리의 근육 강화에 좋다.

인공암벽등반의 유래는 1940년대 프랑스의 가스통데 뷰파가 전문 산악인들의 교육 훈련용으로 사용한 데서 시작되어 점차 스릴 넘치는 레저 스포츠의 하나로 발전한 것이다. 현재 세계 각국에 보급되어 있으며, 특히 프랑스에서는 생활주변 곳곳에 암벽장이 세워져 있을 정도로 국민 생활체육의 하나로 자리 잡고 있다.

우리나라에는 1988년에 도입된 뒤 전국적으로 빠르게 보급되어 해마다 동호인들이 늘어나고 있는 추세이며, 다양한 형태와 규모의 인공암벽이 등장하고 있다.

주요 국제대회로는 4년마다 열리는 세계선수권대회와 월드컵대회 등이 있다. 국내에는 대한산악연맹이 주최하는 아시안 스포츠 클라이밍선수권대회를 비롯하여 공인·비공인의 여러 경기가 있다.

인공암벽은 일반적으로 높이가 낮기 때문에 장비가 따로 필요하지 않으며, 초보자의 경우에는 암벽화, 마찰력을 높여주는 초크(탄산마그네슘가루), 초크백 정도가 필요하다. 루트와 난이도는 인공 홀더(손잡이)를 떼었다 붙였다 함으로써 조정한다.

(5) 빙벽등반 [氷壁登攀]

등산장비를 이용하여 빙벽을 올라가는 겨울 레저 스포츠로 등산장비를 이용하여 빙벽을 올라가는 겨울 레저 스포츠이다. 빙벽등반의 유래는 겨울철 산행의 일부였던 것이 하나의 독립된 레저 스포츠가 된 것이다. 우리나라에는 1975년 무렵 도입되어 1980년대 후반 겨울철 등산장비가 개발·보급되며 대중화되기 시작하였다.

빙벽등반은 암벽등반과 원리는 비슷하지만 바위와 얼음이라는 차이 때문에 더 많은 주의와 기술이 요구된다. 특히 슬라이딩이나 추락 연습 등 기초훈련을 튼튼히 하고 바른 등반 자세를 익혀야 한다. 또 장비의 이용과 등반의 기술에

능하고 빙벽의 질과 경사 정도를 잘 파악할 수 있어야 한다.

빙벽은 보통 4급으로 나뉘는데 1급은 초급빙벽으로 초보자들에게 좋은 장소이고, 2급은 중급빙벽으로 경사가 70~80도이며, 3급은 중상급빙벽으로 수직에 가까운 빙벽을 말한다.

빙벽등반을 하기 위해서는 피켈, 빙벽화, 빙벽용 아이젠, 헬멧, 장갑, 안전띠, 밧줄, 하켄 등이 필요하다. 복장은 활동하기 좋고 보온이 잘되는 모직이나 스테이플파이버로 된 옷 위에 방수와 통기성이 좋은 파카와 바지를 입어야 한다.

반드시 얼음이 완전히 얼은 뒤에 빙벽등반을 해야 하며, 많은 사람들이 한꺼번에 빙벽에 몰리게 될 경우 날카로운 고드름이 떨어지는 낙빙 사고의 위험이 크고 앞 사람의 아이젠에 상처를 입을 수도 있으므로 질서를 지키는 것이 중요하다.

(6) 윈드크루저 [Wind cruiser]

윈드서핑과 스케이트보드를 결합시킨 사계절 레저 스포츠

윈드서핑과 스케이트보드를 결합시킨 레저 스포츠로, 계절의 영향을 받지 않으며 바람의 세기와 관계없이 사계절 어느 때나 시속 20~160㎞ 정도의 속도를 즐길 수 있다. 또 전신을 이용해 균형과 방향 등을 조절하므로 운동량이 많아 몸의 유연성을 기르고 근육 강화에 좋다.

윈드크루저의 유래는 1980년대 중반 물에서 윈드서핑을 즐기지 못하는 겨울 동안 육지에서 연습을 하기 위해 만들어낸 것이다. 보급된 지 3~4년 만에 세계적으로 대중화되어 현재 유럽에서는 30여 개국이 참가하는 세계선수권대회가 해마다 열리고 있다. 우리나라에는 1990년대에 들어와 윈드서핑 동호인들을 중심으로 보급되고 있다.

땅 위에서 바람의 힘을 이용하는 것으로 배우기가 쉬워 2~3시간 정도면 기술을 익힐 수 있다. 윈드크루저는 4개의 바퀴가 달린 보드데크에 윈드서핑의 돛을 단 것으로 장비가 간단하고 가벼워 손으로 운반이 가능하다. 보드의 길이는 78cm로 방향을 전환하기 쉽다.

윈드크루저를 하기 위해서는 헬멧, 팔꿈치 및 무릎 보호대, 장갑 등이 필요하고, 장소는 넓고 평평한 곳이면 어디서나 가능하다. 바람이 강할 때에는 제동하기 어려우므로 탈 때 주의해야 한다.

(7) 백패킹 [Backpacking]

1박 이상의 야영생활에 필요한 장비를 갖추고 떠나는 등짐여행. 백패킹은 짊어지고 나른다는 뜻으로, 1박 이상의 야영생활에 필요한 장비를 갖추고 정해진 구간을 여행하는 것이다. 등산과 트레킹의 묘미가 복합된 레저 스포츠로 산의 정상까지 도달하는 것을 목적으로 하지 않으면서 발길 닿는 대로 걷는다는 점에서는 트레킹과 유사하지만, 주로 계곡이나 냇가를 끼고 발걸음을 옮긴다는 점에서 트레킹과 구별된다. 영국에서는 하이킹(hiking), 독일에서는 반데룽(Wanderung)이라는 말로 쓰인다.

백패킹의 유래는 기계화, 개인화, 물질화로 잃어버린 인간 본연의 모습을 찾으려는 노력으로 시작된 것이다. 형식에 구애받지 않고 문명의 도움 없이 자신의 두 발과 의지만으로 대자연을 찾아 나서는 행위로 근대적 의미의 도보여행이라 할 수 있다. 미국이나 유럽 등에서는 이미 정착되어 있지만 우리나라에는 아직 도입단계이다.

백패킹은 비포장 길이나 돌길을 멀리 가야하고 많은 짐을 매고 오래도록 걸어야 하므로 지치지 않게 페이스를 유지하는 것이 중요하다. 따라서 50분 걷고 10분 쉬는 식으로 일정한 간격으로 휴식을 취하는 것이 좋다. 형식으로는 무전여행, 오지마을 찾아가기, 비포장 도로 걷기, 강을 따라 걷기 등 다양하다. 대상지로는 사람의 손길이 많이 닿지 않아 자연 상태가 그대로 보존되어 있는 곳이 좋다. 주로 물길을 따라 여행하게 되므로 반드시 일기예보를 참고하고, 야영지는 물길 가까운 데를 피한다. 또 강을 건널 때는 물이 깊거나 물살이 센 곳은 리더가 앞장을 서도록 하며, 깊은 곳은 가능하면 우회하는 것이 안전하다.

백패킹을 하기 위해서는 야영, 취사, 운행의 세 가지 장비가 필요하다. 야영장비로는 텐트, 매트리스, 침낭, 가스등 등이 있으며, 취사장비로는 버너, 코펠 등이 있다. 운행 장비로는 의류, 신발, 모자, 스톡, 배낭, 머릿전등, 보조자일 등이 있다. 그밖에 지도, 나침반, 비상식량, 구급약 등이 필요하다.

(8) 타얀센 [Water jump]

여름 스키점프로 겨울철 스키점프의 고장인 북유럽에서 유행하는 이색 경기이다. 1980년대 초반 스키점프의 메카인 노르웨이에서 스키선수들의 비시즌 훈련용으로 개발되었다가, 여름철 레저스포츠로 정착했다. 경기방법은 스키점프와 흡사하나 점프대 위에 눈 대신 글라스 파이버라는 대용물을 깔고 점프한다. 도착지점에는 물이 흐르는 기다란 도랑 점프대가 설치되어 있다. 경기장의 모습이 초대형 수영장의 미끄럼틀을 연상시킨다. 물 한가운데 착지지점이 표시되어 있어 점프의 추진력으로 물위를 미끄러지며 착지점까지 도착하면 성공이다. 관중은 대부분 일광욕을 겸하기 위해 수영복 차림인 것이 특색이다. 점프거리는 스키점프용 점프힐(jump hill)의 길이인 90 m과 120 m 2가지이며, 장비는 겨울용과 같다. 한국에는 1992년 무주리조트에 점프 힐이 설치됐다.

(9) 산악자전거 [山岳自轉車, Mountain bike]

비포장도로용 자전거의 통칭으로 1970년 미국의 도로 사이클 선수인 G.피셔가 일반 사이클에 모터사이클용 바퀴와 자동차 쿠션 등을 달고 산에서 탄 것에서 유래한다. 한국에는 1980년대 초 도입되었다. 1996년 미국 애틀랜타 하계올림픽부터 공식 종목으로 채택되어, 60km급 크로스컨트리 경기에 남녀 각 1개씩의 금메달이 걸려 있다. 산악능선을 질주하기 위해 바퀴의 지름이 20~27인치로 도로용 사이클보다 작고, 두께는 도로용보다 1.5~2.5배 두꺼워 모터크로스(오토바이형) 자전거라는 별명이 붙어 있다. 경사진 길을 쉽게 오르내리기 위해 바퀴에 12~21단 배율의 기어가 달려 있고, 쿠션장치와 제동장치가 특수 설계되어 있다.

대회 종목은 산악능선을 종주하는 20~100km 크로스컨트리와, 힐클라이밍(언덕 오르기), 다운힐(언덕내려가기), 스키의 대회전에 해당하는 듀얼슬랄럼, 스키의 점핑에 해당하는 트라이얼 경기 등이 있다. 프로가 활성화된 유럽과 미국, 일본 등에서는 MTB월드컵을 비롯해 각종 오픈대회를 치르며, 한국에는 동호인 단체인 전국 MTB연합회와 대한MTB·BMX연맹이 각종 전국·국제 대회를 유치하고 있다.

(10) 암벽등반 [岩壁登攀, Rock climbing]

암벽등반은 자연 그대로의 암벽지형을 인간이 가지고 있는 모든 기술로 정복하는 모험스포츠의 하나로 자연에 대한 경외심과 겸손함을 배우는 것은 물론 정상에 오르기 위한 근력과 근지구력, 심폐지구력, 유연성, 조정력 등의 강인한 체력과 생사를 가늠하는 초인적인 인내력과 집중력을 배우게 되는 좋은 교육적 효과가 있다.

암벽등반은 난이도에 의한 루트로 7가지 등급 즉, 1,(Easy)에서 6(Extremely S)로 분류되는데, 보통 1~3등급은 자유등반에서 이루어지며 이보다 고난도인 4~6등급은 인공등반에서만 가능한 방법이다. 암벽등반의 종류에는 자유등반과 인공등반, 하드 프리 클라이밍, 볼더링 등이 있다.

암벽등반의 장비로는 암벽화, 하네스, 브레이크, 비너, 자일, 헬멧, 방풍옷 등의 개인장비를 반드시 갖추어야하며 공통장비로는 40-50m정도의 자일과 안전확보용 프렌드가 필요하다.

암벽등반을 즐기려면 장비사용법, 암벽을 타는 기술, 등산용어, 응급처치, 사고시의 구조요청 요령, 로프를 묶는 법, 하네스를 입는 법, 너트를 설치하는 법 등을 상세하게 알아야만 불의의 사고를 사전에 예방할 수 있다.

암벽등반의 기술향상을 위한 보조 트레이닝 방법은 주로 근력과 근지구력 강화를 위해 무게를 이용한 체계적이고 점진적인 웨이트 트레이닝이 필요하며 고소공포를 최소화 하기위한 정신력 강화 훈련이 병행되어야 한다.

암벽등반을 할 때 주의해야 할 사항은 교대 후등 자가 완전히 자기 확보를 할 때까지 선등 자는 후등자의 루프를 확보하고 있어야 하며, 질서유지와 팀워크를 이루는데 노력해야 한다. 사소한 실수는 생사와 직결되기 때문에 등반 중에는 장난을 치거나 한눈을 팔아서는 안 된다.

(11) 스네이크보드 [Snake board]

넓은 판 위에 두 발을 올려놓고 활주하는 사계절 스포츠.

뱀이 기어가는 것처럼 지그재그로 움직인다고 해서 이름 붙여진 신종 레저스포츠로, 장소에 구애받지 않으며 장애물을 피하기 쉬워 야외와 좁은 실내 어디에서나 즐길 수 있다. 또 동작이 간단해 누구나 쉽게 배울 수 있고 유연한 허리와 균형감각을 발달시켜 준다. 우리나라에서는 보급 초기단계이지만 미국과 유럽에서는 대중적인 인기를 끌고 있다.

기존 스케이트보드가 발로 땅을 밀어 추진력을 얻는데 비해 두 발을 놓는 위치가 분리된 보드(넓은 판) 위에 두 발을 올려놓고 두 발을 함께 오므렸다, 벌렸다를 반복하며 허리를 비틀 때 생기는 반동을 이용해 자체 추진력을 얻는다. 발을 보드에 고정시키는 바인딩(발걸이)을 부착하면 경사진 언덕이나 낮은 계단을 점프로 뛰어오를 수도 있다. 스네이크보드를 하기 위해서는 헬멧, 팔꿈치 및 무릎 보호대가 필요하다.

(12) 인라인스케이팅 [Inline skating]

스키 부츠에 바퀴가 일렬로 장착된 스케이트로 평지를 활주하는 레저 스포츠로 스피드와 기동성이 우수하고 스케이트와 스키, 하키 등 각종 실외 스포츠와의 폭넓은 교환성으로 저변 확산이 빠른 레저 스포츠이다.

인라인스케이트는 스키 부츠에 3~5개의 특수 폴리우레탄 바퀴를 연결시켜 스케이트와 스키 기능을 한데 모은 것으로, 날(blades) 대신 바퀴가 달린 것을 제외하고는 스케이트와 기본적으로 구조가 비슷하다. 인라인의 종류에 따라 운동용·크로스트레이닝용·경주용·길거리용·하키용·비포장도로용·크로스컨트리용·피겨용 등이 있는데, 신발·늑재·바퀴 등이 조금씩 다른 형태로 되어 있다. 일반적으로 미국의 인라인스케이트 제작사 K2의 인라인스케이트 모델명을 그대로 인용하여 롤러블레이드(rollerblade)라고 부르기도 한다.

최초의 인라인스케이트에 대해서는 여러 가지 설이 있으나 아이스 스케이팅이 발달된 스칸디나비아반도나 그밖에 북유럽에서 처음 만들어져 사용된 것으로 보인다. 바퀴가 일렬 형태인 최초의 인라인스케이트는 1760년대에, 현재와 같은 디자인의 인라인스케이트는 1966년에 스콧(Scott)과 올슨(Olson)의 시카고 롤러스케이트(Chicago Roller Skate Co.)에서 만들어졌다.

1863년 J.L.플림턴이 롤러스케이트(quad skates)를 발명하면서부터 롤러스케이팅이 인기를 끌게 되었다. 그러나 1991년 국제롤러스케이팅연맹(FIRS)이 인라인스케이트 경기를 허용하고, 이듬해 제25회 올림픽경기대회에서 롤러하키가

시범 종목으로 채택됨에 이어 미국의 롤러스케이팅 스피드스케이팅 경기가 쿼드(quad)와 인라인(inline)으로 나뉘는 등 1990년대 들어 세계적으로 인라인스케이팅 붐이 일어났다.

현재 미국에는 2600만 명 이상의 동호인이 있으며 유럽, 일본 등지에서도 가족 레포츠로 정착되어 있다. 우리나라에서도 1988년 인터넷 인라인스케이팅 클럽인 스킨라인(Skinline)이 조직되었고, 롤러스케이팅을 제치고 청소년층의 인기를 모으고 있다.

스케이트를 탈 줄 알면 2~3시간 정도면 배울 수 있고, 평지에서 시속 50km의 고속 질주로 속도감과 스릴을 즐길 수 있으며, 자유자재로 방향전환을 할 수 있다. 충격흡수장치로 관절 부위의 손상이 적어 안전도가 높으며, 관절의 노화 방지, 혈관의 정상적인 활동 유지, 비만 퇴치, 소화기 장애 치료 등의 운동 효과가 있다. 롤러스케이트로는 낼 수 없는 빠른 스피드가 나오기 때문에 항상 헬멧과 무릎·팔목 보호대를 착용하여야 하며, 계단타기, 한발로 오래 타기 등 고난도 기술을 구사할 수 있다.

인라인스케이트를 이용한 경기는 다양하게 개발되어 있는데 인라인하키를 비롯하여 2km, 5km, 10km, 50km, 100km 도로주행, 크로스컨트리, 스키와 같은 스킹, 높이뛰기, 멀리뛰기, 트램펄린 등 묘기를 겨루는 스턴트 등이 있다. 이 가운데 인라인하키는 아이스하키와 버금갈 정도의 인기를 보여 미국에서는 몇 년 사이에 300여 개의 인라인하키 팀이 생겨나기도 하였다.

(13) 모험경주 [冒險競走, Adventure racing]

한 팀을 래프팅·카약·산길경주·산악자전거·노 젓기(모험기술 패들링)·팀2종경기·비도로 육상스케이트 등 여러 종목의 선수들로 구성해 짧게는 1일, 길게는 한 달에 걸쳐 경주를 벌이는 극한스포츠를 말한다. 1988년 프랑스의 저널리스트이자 모험가인 제라드 푸실이 고안하였고, 이듬해 뉴질랜드에서 첫대회가 열렸다. 세계 철인7종 모험경주대회(MSOQ)를 제외하고는 명확하게 규정된 경기 방법이나 경주 코스는 없고, 보통 경주 기간에 따라 1일 경주, 2일 경주, 장기 경주 등 세 가지로 분류해 경주를 벌인다. 가장 일반적인 1일 경주는 비포장도로 마라톤(19.31㎞), 산악자전거(32.18㎞), 카누 또는 카약(1.61㎞)으로 구성된다. 2일 경주는 보통 20~30시간이 걸리는 경주로, 마라톤 또는 하이킹, 산악자전거, 카누나 카약 등으로 구성된다. 장기 경주는 짧게는 3일에서 길게는 한 달까지 걸리는 경주로, 극한의 체력과 강인한 정신력이 요구되기 때문에 반드시 충분한 훈련을 쌓아야 한다.

1999년 7월 29일부터 8월 1일까지 나흘간 중국 윈난성[雲南省]에서 펼쳐진 제3회 세계 철인7종 모험경주대회의 경우 산길경주·카약·산악자전거·노젓기·팀2종경기·비도로 육상스케이트 등 7종목으로 구성해 한 명의 이성(異性)을 포함한 4명이 한 팀이 되어 경기를 벌였다. 자연 앞에서 인간의 인내와 끈기를 시험하며 지구전으로 펼치는 이 7종 모험경주는 코스를 완주한 팀 가운데 총경과 시간이 가장 짧은 팀이 우승을 차지하는 경주이다. 첫날에는 산길경주·카약·산악자전거, 둘째 날에는 팀2종경기·비도로 육상스케이트·산길경주, 셋째 날에는 카약·등산길경주·노 젓기·산악자전거, 마지막 날에는 비도로육상스케이트·카약·산길경주·모험기술·산길경주·노 젓기 순으로 펼쳐졌다. 제1회 대회는 1997년 중국 시창[西昌]에서 개최되었다.

(14) 전파방향탐지 [電波方向探知, Radio direction find]

오리엔티어링과 아마추어무선을 혼합한 봄·가을 레저 스포츠이다. 전파방향탐지의 유래는 1950년대 초 유럽에서 서로 얼굴을 모르는 통신 회원들이 직접 만나서 우정을 나누기 위해 시작된 것이다. 1982년 유럽선수권대회를 발전시킨 제1회 세계 ARDF(Amateur Radio Direction Find) 선수권대회가 열렸으며, 우리나라에는 1978년에 전국아마추어무선연합회 주관의 여우사냥(Fox Hunting) 경기가 개최된 것을 시작으로 보급되었다.

전파방향탐지 경기를 즐기기 위해서는 독도법과 나침반 사용법을 알아야 한다. 경기는 출발점에서 도착점까지 최단 거리가 4~7㎞ 이내인 곳에서 치러진다. 경기방법은 나무 밑동 같은 곳에 숨겨진 5개의 발신기가 모스부호로 신호를 보내면 제한시간 안에 발신기를 찾아내는 것으로, 찾아낸 발신기의 수와 소요된 시간으로 밴드와 부문별 등수를 매긴다.

전파방향탐지를 하기 위해서는 안테나, 수신기, 나침반이 필요하다. 경기에 적당한 장소는 등고치가 200m 이하인 숲이나 들판 등으로 호수나 강에서는 떨어진 곳이라야 한다. 또 전파 방해가 되는 철도, 고속도로, 송전선 등에서도 떨어진 곳이라야 한다.

전파가 발생되는 곳을 찾아 쉴 새 없이 숲이나 들판 등을 뛰어다녀야 하므로 강한 체력이 요구되며, 전파에 대한 과학적 이해와 수신기를 다루는 기술도 필수적이다.

(15) 동굴탐사 [洞窟探査]

동굴을 탐사하여 태고의 신비와 살아 있는 역사를 만끽하는 봄·가을 레저 스포츠로 오래도록 사람의 발길이 닿지 않은 동굴 속에서 태고의 신비와 살아 있는 역사를 만끽하는 모험 레저 스포츠이다. 태고의 신비를 간직하고 있는 동굴은 미지의 세계에 대한 무한한 상상력과 자연의 경이감에 대한 짜릿한 흥분을 느끼게 하며, 사계절 일정한 온도를 유지하고 있으므로 계절에 관계없이 탐험을 즐길 수 있다. 현재 우리나라에서 개방되어 탐험할 수 있는 천연동굴은 많지 않으나 알려진 동굴탐사 코스로는 강원도의 영월 고씨굴과 선굴(광천동굴), 충청북도의 고수동굴과 노동동굴, 그밖에 온달동굴, 폐광굴, 정도전굴, 천동동굴 등이 있다.

동굴탐사의 유래는 16~17세기에 동굴이 지니고 있는 신비감과 막연한 공포에 맞서 탐험을 시도한 것에서 비롯된다. 17세기 후반부터는 좀 더 신중하고 또 동굴을 알기 위한 동굴탐험이 시작되어, 외과의사이면서 아마추어 지질학자였던 영국의 존 보먼트는 광산작업 중 발견된 동굴을 광부들의 도움을 받아 촛불만 가지고 탐험을 시작하여 그 보고서를 왕실 지리 학회에 발표하기도 했다. 동굴탐사를 즐기려면 동굴 안에서의 안전수칙을 지키고, 동굴의 종류나 생물 등 동굴에 대한 기본상식을 갖추며, 동굴마다 갖고 있는 특색 있는 볼거리를 미리 알아둔다. 동굴탐사를 하기에 가장 좋은 시기는 동굴 안의 물이 줄어드는 4, 5월 무렵이다.

동굴탐사를 하기 위해서는 헬멧, 자일, 하강기 및 등강기, 카라비너, 안전벨트, 헤드랜턴, 손전등, 방수 등산화, 탐사복, 나침반, 호루라기, 태클색 등이 필요하다.

동굴은 어둡고 습하기 때문에 낙반사고, 미끄럼, 암벽 등 많은 위험 요소가 있으므로 반드시 전문가와 동행하며 안전장비를 필수적으로 갖추어야 한다. 탐사를 하기에 앞서 개인행동을 해서는 안 되며 동굴 안에서의 자연 훼손이 없도록 해야 한다. 관광코스로 개방된 공개동굴 이외에는 해당지역 문화재 담당부서나 자연보호 담당부서의 사전허락을 받아야 한다.

(16) 번지점프 [Bungee jump]

긴 고무줄에 몸을 묶고 높은 곳에서 뛰어내리는 모험스포츠로, 1979년 영국 옥스퍼드대의 모험스포츠클럽 회원 4명이 미국 샌프란시스코의금문교에서 뛰어내리면서부터 시작됐다. 이후 8년 뒤 뉴질랜드의 A.J.해킷이 프랑스의 110 m 에펠탑에서 점핑한 것이 세계 매스컴을 장식했고, 해킷이 이듬해 고향 퀸스타운에서 해킷-번지클럽을 결성한 후 47 m 높이의 카와라우강 다리에서 50명에게 번지점프를 지도하면서 인기 레저스포츠로 발돋움했다.

번지점프는 남태평양에 있는 섬나라 바누아투의 펜테코스트섬 주민들이 매년 봄 행하는 성인축제에서 유래하였다. 나무탑 위에 올라간 뒤 칡의 일종인 번지라는 열대덩굴로 엮어 만든 긴 줄을 다리에 묶고 뛰어내려 남성의 담력을 과시하는 의식이었다. 그 뒤 헬리콥터에서 440 m 고공 낙하하는 등 신기록 갱신이 잇따랐으며 최근엔 다인(多人)점프, 자전거타고 점프하기 등 고난도 묘기를 다투는 번지점프대회가 스포츠로 정착했다.

3. 수상 스포츠

(1) 래프팅 [Lafting]

원래 래프트란 나무로 엮은 뗏목을 뜻하는 말로, 래프팅이란 뗏목을 타는 것을 의미한다. 그러나 요즘에는 여럿이 함께 PVC나 고무로 만든 배를 타고 노를 저으며 골짜기와 강의 급류를 타는 레포츠를 가리킨다.

1) 래프팅 목적

개인의 능력을 조직화함으로써 팀에 대한 파워를 극대화 시킨다. 의사결정력 제고 및 문제 해결능력을 배양한다. 협동정신 및 공동체 의식 함양을 통한 조직의 활성화를 유도한다. 급변하는 상황변화에 따른 대처능력배양, 팀워크형성과 자신감, 협동심 배양훈련을 동한경쟁심으로 승부의욕 유발 및 도전의식 고취한다. 자연과의 교류를 통하여 정서순화와 스트레스 해소, 순간 적응력과 판단력, 인내심 배양한다.

2) 래프팅 역사

래프팅의 기원은 아득한 옛날 원시인들이 타고 다녔던 뗏목으로까지 거슬러 올라갈 수 있으며, 근래로 와서는 수렵과 이동을 하기 위한 운반수단으로서 예로부터 뗏목을 엮어 사용되어왔으며 오늘날과 같은 고무보트가 사용된 것은 여행사가 그랜드 캐년의 긴 강줄기에서 많은 여행자들을 실어 나르기 위해 시작하면서 레저프로그램으로 그 기원을 찾아볼 수 있다. 그 후 스릴과 재미를 찾는 사람들에 의해 뗏목은 보다 안전하고 다루기 쉬운 장비로 개량되기 시작했다. 오늘날과 같은 형태의 보트가 선을 보인 것은 제2차 세계대전 이후에 전쟁의 부산물로 남은 군용 고무보트를 사용하면서부터이다. 국내에서는 93년 8월 한국레저협회가 래프팅의 보급을 위해 철원의 한탄강에서 전국 래프팅 대회를 개최하면서 본격적인 보급과 함께 래프팅을 여름수상레포츠의 인기종목으로 급부상시켰다. 1966년에서 1971년 사이 북아메리카 지역, 특히 그랜드캐니언의 관광회사들이 관광객들을 많이 실어 나르기 위해 대형 고무보트를 사용하면서부터 본격적인 래프팅 붐이 일기 시작하였고, 이어서 세계 각국으로 빠른 속도로 보급되었다.

현재 미국에서는 래프팅이 범국민적 대중 레포츠로 자리를 잡고 있으며, 성인 동호인만도 3백만 명이 넘는다. 또, 산이 많고 급류 계곡이 많은 이웃 일본에서도 1980년대부터 래프팅이 폭발적인 인기를 끌며 동호인이 늘어나서 국내 코스만으로는 부족하여 해외의 래프팅 명소로 나가 이를 즐기고 있다. 우리나라에서는 1970년대 초 미군용 고무보트가 보급되면서 일반에 처음 소개되었다. 그러다가 1981년 7월 한국 탐험협회 회원들이 고무보트로 낙동강을 종단하면서 관심을 끌기 시작하였다. 그러나 장비 부족과 적절한 코스가 개발되지 않아 1980년대에는 개인적으로 즐기는 동호인들만이 약간 있었을 뿐 초보 단계에 머물러 있었다.

1990년대에 들어오면서 전문 동호인 클럽과 대학의 동아리들을 중심으로 크게 보급되고 여기에 레저 전문 업체들이 레포츠 종목으로 래프팅을 개발, 각종 행사를 개최하면서 래프팅을 즐기려는 사람들이 폭발적으로 늘어나고 있다. 우리나라는 강이 많고 산골짜기를 따라 흐르는 급류 지대가 많아, 코스만 개발하면 래프팅을 즐길 수 있는 장소는 충분하다. 현재 개발된 장소로는 한탄강 상류 약 13km, 조양강과 동강 약 65km, 내린 천 약 70km, 영월 서강 약 10km, 홍천강 약 12km 이외에 진부령 계곡, 백담사 계곡 등 10여 곳이 넘으며, 계속하여 새로운 코스가 개발되고 있다.

3) 래프팅의 매력

파도와 싸우고 계곡의 급류를 헤쳐 나가는 박진감 속에서 약간의 두려움이 앞서 기도 하지만 그 짜릿한 스릴 쾌감은 단연 최고다. 전문 기술을 요하지는 않지만 노를 저어 보트를 전후좌우로 이동시켜야 하는 것이 기본적인 기술이다. 또 물살의 흐름과 속도, 방향을 숙지해야 만 적극적인 대처의식이 생기므로 빠르고 높은 파도의 물살을 만나면 일단 물의 흐름에 고무보트를 맡겨두고 바위 같은 장애물이 나타나면 30~40미터 전방에서 방향을 바꿔 충돌을 예방해야 한다. 따라서 초보자를 위해 보트의 맨 뒤편에는 숙련된 가이드가 앉아야 하고 팀원들은 가이드의 지시에 따라 노 젓는 방향, 횟수 등을 맞춰야 한다. 이처럼 절대적인 협동심이 필요하므로 현재 래프팅은 각 기업체의 연수프로그램으로 큰 몫을 자리하고 있다. 래프팅을 응용한 게임도 여러 종류로 포인트를 몇 군데 지정해 놓고 실시하는 수상 오리엔티어링, 상대방의 풍선을 터뜨리는 수중서바이벌, 상대의 보트를 빼앗는 해적선게임 등이 많이 행해지고 있다.

4) 래프팅 강좌

(1) 급류 난이도 분류

1급 : 약간의 리플과 작은 파도가 있는 흐르는 물

2급 : 1m이상의 보통 파도가 있는 쉬운 급류

3급 : 높고 불규칙한 파도가 있는 급류

4급 : 강하고 불규칙한 파도가 있는 급류, 복잡한 수도가 형성되어 있고, 세밀한 조성요망

5급 : 상당히 크고 센 급류로 정확하고 복잡한 조성이 필요.

6급 : 정찰에도 한계를 느낄 정도로 수도가 복잡하고 전방이 보이지 않으며 하강이 불가능 한 급류

(2) 패들링 구령법/지상교육

① 패들정지 : 패들 블레이드를 수면 쪽으로 양 무릎 위에 가지런히 올려놓는다.

② 양현 앞으로 : 패들 블레이드를 수면과 직각으로 하여 멀리, 깊이 넣어 뒤로 길게 잡아당기는 행동을 반복한다. 좌, 우현이 같이 한다.

③ 양현 세게 : 양현 앞으로와 동일한 방법으로 힘을 강하게 하여 패들링을 한다. 급류 통과시 가장 기본적으로 하는 동작으로 좌, 우현이 같은 힘으로 강하게 젓는다.

④ 양현 뒤로 : 패들 블레이드를 직각으로 허리 뒤로 하여 양현 앞으로와 반대자세. 배가 뒤로 가거나 급류에서 앞의 보트와 간격을 유지할 때 실시한다.

⑤ 패들 정지 : 패들 블레이드를 수면과 수직으로, 패들 블레이드가 완전히 물에 잠긴 상태.

⑥ 좌현 앞으로 : 좌현 패들러는 패들링을 하고 우현 패들러는 대기한다. 우측방향으로 전환시.

⑦ 우현 앞으로 : 우현 패들러는 패들링을 하고 좌현 패들러는 대기한다. 좌측방향으로 전환시.

⑧ 좌현 뒤로 우현 앞으로 : 좌현 패들러는 뒤로 패들링을 하고 우현 패들러는 앞으로 패들링을 한다. 빠른 방향 전환시.

⑨ 우현 뒤로 좌현 앞으로 : 우현 패들러는 뒤로 패들링을 하고 좌현 패들러는

앞으로 패들링을 한다. 빠른 방향 전환시.

5) 래프팅의 장점

① 장애물이 있거나 물 깊이가 얕아도 물이 있고 급류가 있는 곳이면 어디서도 안전하게 스피드와 스릴을 즐길 수 있다
② 둘째 여러 사람이 힘을 모아야 가능한 운동이기 때문에 협동심과 인내심을 기르는데 좋다.
③ 온몸의 힘을 모아 물살을 헤치며 노를 저어야 하기에 전신운동의 효과가 크고 신선한 공기를 마음껏 마실 수 있어 건강에 더없이 좋다는 장점도 있다.

6) 래프팅 안전 수칙

중간에 덥거나 답답하다 해서 헬멧이나 구명조끼를 벗어 두거나 느슨하게 풀어서는 안 된다. 보트의 배수는 언제나 잘 된 상태이어야 한다. 배가 뒤집어 졌을 경우 래프트(배)속에 있어서는 안 된다. 래프트 속에 밧줄을 느슨하게 두어서는 안 된다. 초보자들끼리의 급류 타기는 위험하다. 경험이 풍부한 사람과 동행해야 한다. 술을 마신상태에서 래프팅을 해서는 안 된다.

(2) 스킨 스쿠버 다이빙 [Skin SCUBA Diving]

스킨스쿠버 다이빙은 바다에 대한 동경심으로 청소년과 일반인의 건전한 심신단련과 취미활동은 물론 정서함양으로 스트레스를 해결시킬 수 있으며 해양지식 습득은 물론 수중탐사 연구개발을 하는 사계절 전천후 레저 스포츠이다.

스킨스쿠버 다이빙은 두 가지로 나뉘는데 수경, 오리발, 스노클 등의 보조 장비를 이용하여 개인의 호흡능력에 따라 맨몸으로 잠수하는 것을 스킨다이빙이라 하며, 수면에서 호흡을 멈춘 상태로 약 10M정도 내의 수심을 왕복하며 즐기는 잠수형태를 말한다. 스킨장비 이외에 압축공기통과 자동호흡조절기 등을 사용하여 더 오래 더 깊이 잠수하는 것을 스쿠버 다이빙이라고 한다. 제한 수심은 약 30-40M이다.

다이빙을 배우는 데에는 연령제한이 없으며 단지 보통의 체력과 수영능력만

있으면 된다. 다이버 교육은 전문가를 통하여 이론 강습과 풀장연습, 바다실습을 철저하게 교육 받아야만 한다.

스쿠버다이빙을 즐길 때에는 위급한 상황에 대비해 언제나 2인 이상이 같이 행동해야 하며, 잠수가 끝나고 수면으로 상승할 때에는 위를 살펴야 하며 자신이 내뿜는 기포보다 천천히 상승해야 한다. 그렇지 않으면 감압 병에 걸릴 위험이 있다. 20회 이상의 잠수경력이 없으면 강사의 통제를 받으며, 30M이하로 내려가게 되년 잠수병에 걸릴 우려가 있으므로 주의해야 한다.

잠수시에 체류시간은 스쿠버 다이빙 시간계획표에 따라 잠수시간과 휴식시간을 철저히 엄수해야만 장시간의 잠수로 인한 질환을 예방할 수 있다.

1) 개요

육상동물인 인간은 물속에 들어가기 위해서 여러 기구와 기계를 개발해 왔다. 호흡기를 사용하지 않고 자신의 폐의 공기만으로 잠수하는 방법으로는, 훈련된 사람이라도 1회 잠수시간이 1~3분, 깊이 10~20m이므로, 수중에서의 활동은 극도로 제한된다. 이러한 잠수방법은 옛날부터 해온 가장 기본적인 것으로, 지금도 직업적으로 어패류·해조 등의 해산물을 채취하는 해녀가 이용하며, 스포츠(스킨다이빙)로서도 많은 사람들이 애용한다.

수중에서 오랜 시간 활동하기 위해서는 호흡을 하기 위한 기체가 계속적으로 공급되어야 한다. 그 기체를 얻기 위해서 고안된 잠수기로는, 수상의 펌프·공기압축기로 고무호스를 통해서 기체를 보내는 송기식 잠수기와 잠수자 자신이 호흡용 기체를 휴대하는 자급식 잠수기가 있다. 이러한 잠수기를 사용하여도, 잠수 시간과 깊이가 제한되는 것은 불가피하다. 수중에서는 깊이 10m마다 수압이 약 1kg/㎠ 더해지며, 잠수자는 그 깊이의 기압과 동일한 압력의 기체를 호흡한다. 이처럼 잠수 때문에 1kg/㎠의 공기 속에서 생활하는 인체에는 여러 가지 장애가 생긴다.

이러한 장애를 제거하기 위해서 많은 연구실험이 실시되었으며, 오늘날은 충분한 잠수기술과 지식만 있으면, 공기를 사용한 실제의 잠수에서 깊이 50m까지를 활동범위로 할 수 있다. 실험적인 잠수에서는 특별한 호흡용 혼합기체를 써서, 깊이 200m까지의 잠수에 성공하였다. 인간이 직접 잠수하는 방법과는 별도로, 수중에서 사물을 관찰하기 위한 인경 모양의 잠수함(潛水函)과 수중 관찰실도 고안되었다. 또 보다 깊은 바다 속을 조사하기 위해서 잠수조사선도 만들어졌다. 심해조사선을 이용하면 깊이 1만 m까지의 잠강(潛降)도 가능해졌지만 해중에서 자력으로 자유로운 항해능력을 가질 수 있는 효과적인 조사선은 앞으로 연구과제이다.

2) 역사

사람은 이 지구상에서 살기 시작했을 때부터 이미 잠수법을 알고 있었을 것으로 생각된다. 문헌에 따르면 BC 900년에 아시리아인은 염소의 가죽으로 만든 수중호흡기의 그림을 남겨놓고 있다. 알렉산드로스 대왕은 BC 333년 해전에서 잠수부를 써서 적의 전함을 침몰시켰다고 기록되어 있다. BC 300년경에 로디안(Rhodian)은 난파선의 인양에 관한 법률에서 잠수부의 보수(수심 10m까지)를 정하였다. 77년에는 역사가 플리니우스가 그의 저서《박물지(Historia Naturalis)》에서 전쟁 때 부표가 달린 수중호흡기가 사용되었다고 기술하였다.

1405년 독일의 작가 G.카이저는 가죽으로 만든 잠수복과 유리창이 있는 헬멧 잠수기에 관해서 기술하였다. 16세기 레오나르도 다빈치가 몇 개의 잠수기의 스케치를 남겼다. 1680년 보렐리는 일종의 자급식 잠수기를 고안하였으나, 사용할 수 있을 것으로는 생각하지 않았다. 1700년대 많은 잠수기가 발표되었는데, 매우 얕은 깊이에서만 쓸 수 있는 것이었다. 1825년 W.H.제임스는 압축공기를 채운 용기로, 실용할 수 있는 최초의 자급식 잠수기를 만들었다.

1837년 A.지베가 완전수밀복(完全水密服)이 딸린 헬멧 잠수기를 발표하였는데, 이것이 오늘날 헬멧 잠수기의 원형이 되었으며, 1840년대 말에는 송기펌프도 발달하여 수심 약 20m까지의 잠수가 가능해졌다. 공업기술의 발달과 더불어 송기용 공기압축기가 완성되어 많은 잠수작업에 사용되었다. 이 시대에는 150kg/㎠까지 충전할 수 있는 고압용기가 개발되고, 자급식 산소호흡기도 개발되었으며, 제1차 세계대전 중에는 영국에서 군사목적으로 자급식 산소 호흡기를 사용하기에 이르렀다. 1907년 한스 교수는 무서운 잠수병을 막기 위한 감압표(減壓表)를 완성하여 잠수를 보다 안전한 것으로 만들었다. 이 시대에는 많은 연구가 이루어졌는데, 심해잠수에는 호흡기체로서 공기보다는 산소와 헬륨을 주성분으로 한 혼합기체의 사용이 유효하다는 것이 발견되었으며, 1939년 미국의 잠수함 스쿠아라스호는 깊이 80m까지 잠수하는 데 성공하였다.

또한 금속제의 경식(硬式) 잠수기가 개발되어, 수심 100~150m에서의 작업에 성공하였다. 제2차 세계대전 때도 각국 해군은 자급식 산소 호흡기를 사용하였다. 1942년 프랑스인(人) 쿠스토와 가니앙은 압축공기를 사용한 자급식 잠수기 애퀄렁(aqualung)을 개발하였다. 이것은 사용하기 쉽고, 수중에서 행동력이 있다는 장점 등으로 인하여 1950년대 세계적으로 보급되었으며, 많은 스포츠다이버와 과학자 다이버를 낳았다.

오늘날 사용되는 잠수기와 그 주된 용도는, ① 헬멧식 잠수기는 샐비지·토목공사, ② 마스크식 잠수기는 해산물채취·선박용 비품, ③ 스쿠버잠수기(애퀴렁 등)는 연구·조사·스포츠 등이다. 그 밖에 현재 연구개발 중인 심해잠수기가 있다. 최근에 있었던 잠수에 관한 주요 실험은 쿠스토와 그 그룹이 실시한 해저거주실험 프레콩티낭(대륙붕개발계획) I~III(1962~1965)이며, 깊이 1,000m에서 6명이 23일간 생활하는 데 성공하였다. 미국 해군은 시랩(Sealab: 해저 지주 실험실)계획을 실행하여 성공하였다.

(3) 스킨 다이빙 [Skin Diving]

간단한 보조용구 또는 수중호흡기를 몸에 부착하고 물속에 잠수하는 스포츠로 전자는 수중 마스크·핀·스노클을 부착하고 잠수하는 스노클 다이빙(영어로는 breath-hold diving)을 말하며, 후자는 애퀴렁(aqualung: 水中肺) 등을 메고 잠수하는 스쿠버 다이빙이다. 스킨 다이빙의 역사는 수영만큼 오래 되었다. 1920~1930년대 지중해와 미국에서 처음 대중화되었으며, 19세기부터 장비 제작이 시작되어 스킨 다이빙의 대중화를 가속 시켰으며, 1959년에는 세계수중연맹(CMAS)이 창설되었다. 스노클 다이빙에서는 잠수기 없이 높은 수압에 견디면서 들이쉰 공기만으로 잠수하기 때문에 한정된 시간밖에 머무를 수가 없다.

잠수시간은 일반 성인이 30초~2분 정도이고, 세계기록도 4분 정도이다. 깊이도 수압차와 잠수시간의 관계로 5~20m 정도이나, 40m까지 잠수한 기록도 있다. 수심 2m 정도까지는 괜찮으나 2m보다 깊이 잠수하면 수압 때문에 귀에 통증을 느끼고 고막이 터지는 일도 있으므로 코를 쥐고 공기를 내이(內耳)로 보내어 고막을 밀어 준다. 스쿠버다이빙은 봄베의 공기가 있는 한 수중에 머무를 수 있다. 그러나 고압의 공기를 들이쉬고 있기 때문에 여러 가지 장애가 일어나는 수가 있으므로, 실제 사용에 있어서는 기술적인 훈련이 필요하다.

1) 용구와 장비

① 수중 마스크(수중안경): 눈과 코를 가리는 것.
② 핀(fin:물갈퀴): 수중에서의 추진력을 더하기 위해 발에 신는 것으로 합성고무로 만든 물갈퀴.
③ 스노클(snorkel): 길이 약 40cm, 지름 약 2cm의 고무로 만든 가요성 파이프. 한쪽 끝을 입에 물고, 다른 쪽은 수면 위에 나오게 하여 호흡을 한다.
④ 웨트슈트(wet suit): 합성고무의 스펀지로 만든 잠수복. 몸을 보호·보온한다.
⑤ 웨이티드 벨트(weighted belt): 납으로 만든 추를 단 벨트. 부력을 0으로 하기 위한 것. 무게는 1개 1kg. 웨트슈트를 입었을 경우 성인은 5~6kg이 필요하다.
⑥ 라이프 베스트(life vest): 긴급시나 장시간 해면을 표류할 때 팽창시키는 구명구. 반드시 착용하여야 하며 플로테이션 베스트(flotation vest)라고도 한다.
⑦ 탱크(tank:봄베): 고압 공기를 넣은 합금제의 용기. 여러 종류가 있으나 대개 용적 12ℓ의 것이 알맞다. 150기압의 압축공기가 들어 있으므로 직사광선이나 고온·화기를 피할 것.
⑧ 레귤레이터(regulator): 탱크 속의 압축공기를 수심에 따라 공급하는 장치.
⑨ 잔압계(殘壓計): 탱크 속에 남아 있는 공기량을 알리는 기구.
⑩ 수심계(水深計): 수중에서 수심을 알기 위한 기구.

2) 장비

① 마스크 (Mask)

수중에서 물체를 확실히 볼 수 있게 해 주는 장비로 마스크의 유리는 깨질 경우 작은 조각으로 깨져서 인체에 손상을 주지 않도록 하기 위해 열처리된 유리로 만들어지며, 귀, 사이너스 등에 압착이 일어날 때 압력평형을 할 수 있도록 코를 잡을 수 있게 만들어진다. 그 밖에 머리끈 조절장치가 있어야 하며 부피와 시야가 적당하고 얼굴에 닿는 스커트 부분이 부드러운 것이 좋다.

마스크의 머리끈을 걸지 않은 상태로 마스크를 얼굴에 대고 코로 숨을 들이마신 다음, 손을 놓아도 마스크가 얼굴에서 떨어지지 않는다면 잘 맞는 것이다. 시력에 따라 눈에 맞는 렌즈를 유리대신 끼울 수 있도록 고안된 것도 있다.

* 재질: 일반 고무 제품과 실리콘 제품 또는 여러 가지 신소재로 만들어진다.

형태: 1안식, 2안식, 3안식 등이 있고 마스크 내부로 스며드는 물을 배출시키기 위한 배수변이 부착된 것도 있다.

* 참고 - 실리콘 소재

실리콘 소재의 마스크는 1975년에 스쿠버프로가 개발했다. 그때까지 실리콘은 항공기의 창틀 테두리용으로 사용되었다. 그 이유는 실리콘이 압력 변화에 강하기 때문이었다. 실리콘 소재는 착용감이 좋고 고무 소재보다 내구성이 우수하다. 또 고무 알레르기가 있는 사람도 실리콘으로 사용함으로써 다이빙이 가능해졌다.

② 스노클 (Mask)

머리를 들지 않고 호흡할 수 있도록 하여 수면에 오래 떠 있을 수 있으며, 스쿠버 다이빙에서 수면으로 먼 거리를 이동할 때 탱크의 공기를 사용하지 않고 스노클로 호흡하면서 이동할 수 있으므로 탱크의 공기를 절약할 수 있다.

스노클은 대롱과 마우스피스, 연결고리 등의 기본적인 형태로 구성되며, 종류와 기능에 따라 다양한 구조를 갖는다. 대롱 부분은 견고한 플라스틱 재질이며 마우스피스는 입에 잘 맞도록 유연한 실리콘이나 자바라 형태로 되어있다.

가능한 호흡 저항이 적고 마스크에 부착한 뒤 입으로 물었을 때 편안한 느낌을 주는 것이 좋다. 가늘고 긴 것은 초보자들이 사용하기 쉬운 반면 호흡하기가 힘들다. 이와는 반대로 굵고 짧은 것은 호흡하기는 편하지만 물 빼기가 힘들어서 초보자나 여성 다이버가 사용하기 어렵다.

스노클은 흔히 마스크의 머리끈 왼쪽에 부착한다. 그 이유는 스쿠버 다이빙에서 호흡기가 오른쪽에 위치하기 때문에 서로 방해가 되지 않도록 하기 위해서다.

* 종류

형태에 따라 J형, 자바라형, 완곡형 등이 있으며 배수밸브가 부착된 것도 있다. 단순한 형태의 연결고리보다는 마스크 머리끈과 쉽게 연결/분리 되도록 제작된 탈착식이 편리하다. 남아 있는 물이 잘 빠지도록 배수밸브가 부착된 종류도 있다.

* 참고 - 이중 배럴 장치란?

튜브와 배수 부분이 두 개로 갈라져 있어 보통 스노클보다 경계 부분이 길다. 경계 부분을 길게 해 배수 때 되돌아 온 물이 마우스피스 쪽으로 흘러 들어가는 것을 최소화하고 배수막 쪽으로 물이 흐르도록 되어 있다. 배수막 쪽에 고인 물은 그 물 자체 무게로 저절로 배수된다.

③ 오리발 (Fins)

추진력을 증가시켜서 수영에 미숙한 사람이라도 쉽게 수영할 수 있도록 해준다. 크기가 다양하며 겹날로 구성된 것도 있고, 탄력성도 재질에 따라 다양하다.

사용하고자 하는 용도에 따라 선택하며 발의 크기, 근력, 잠수 신발의 크기 등을 고려하여 선택한다. 여행을 할 때는 탈착식 버클이나 조절 끈과 같은 예비 부속품을 준비하는 것이 좋다.

* 종류

신발형: 작고 유연하며 주로 여성용 또는 스킨 다이빙용으로 사용된다.

벨트형: 조절벨트가 부착되어 발의 크기에 따라 조절이 가능하며 잠수신발 (boots)을 착용해야 한다. 단단하고 추진력이 좋아서 조로 남성용 또는 스쿠버 다이빙용으로 사용된다.

④ 잠수복 (Diving Suit)

물속에서는 체온의 손실이 빠르게 진행되므로 잠수복을 착용하여 체온 손실을 외대한 방지해야 하며, 바위 지역의 패류, 수중생물의가시나 촉수 등에 상처를 입을 수 있으므로 이를 방지하기 위해서는 반드시 착용해야 한다.

잠수복은 일반적으로 네오프렌이라는 재질로 만들어지며 원피스형과 어깨끈이 있는 파머죤 투피스 그리고 어깨끈이 없는 스탠다드형 투피스 등의 형태가 있다. 재질의 두께에 따라 3mm, 5mm, 7mm등으로 구분되는데 국내에서는 5mm투피스 파머죤과 원피스 형태의 잠수복이 널리 쓰인다.

* 종류

습식잠수복 (Wet Suit) : 물이 스며들지만 그 양이 적고 유동이 거의 없으므로 체온을 유지할 수 있다.

건식잠수복(Dry Suit) : 물이 스며들지 않고 보온력이 뛰어나지만 값이 비싸고 부력 조절이 어렵다.

* 선택

습식 잠수복의 경우 몸에 꼭 맞는 것이 좋다. 큰 것은 보온력이 약하고 반대로 작은 것은 잠수복 압착이나 경동맥 압박이 일어날 수도 있다.

건식 잠수복은 주로 다이빙하는 물의 수온에 따라 재질, 형태 등을 잘 선택해야 한다. 그밖에도 잠수장갑, 잠수신발, 잠수모자 등도 잠수복과 함께 구입하는 것이 좋다.

⑤ 다이빙 칼 (Diving Knife)

수중에서 간단한 작업을 하거나 수초, 밧줄, 그물 등에 엉켰을 때 절단하기 위해 사용한다.

녹슬지 않는 스테인리스 스틸로 만들어지며 줄 등을 절단하기 위해 톱니가 있고, 칼집과 고리가 있어서 수중에서도 쉽게 착용하고 고정시킬 수 있다. 또 수중에서 작은 물체를 부수시 위해 손잡이 끝 부분에 무거운 해머 부분이 있는 것도 있다.

⑥ 웨이트벨트 (Weight Belt)

인체는 거의 중성부력을 띠고 있지만 잠수복이나 부력조절기 등은 양성부력을 띠고 있다. 따라서 이런 장비들을 사용하게 되면 다이버는 양성부력을 갖게 되는데, 이런 양성부력을 상쇄시켜서 중성부력을 만들기 위해 웨이트벨트를 착용한다. 스쿠버 다이빙을 할 경우에는 다이빙을 끝마칠 무렵 탱크 내부의 공기가 소모되어 약간 양부력을 간제 되므로 처음 다이빙을 시작할 때는 약간 음성부력을 띠도록 웨이트벨트를 조절하는 것이 좋다.

벨트에 걸 수 있도록 납으로 만든 웨이트벨트와 한 번에 풀 수 있도록 고안된 버클로 구성된다.

착용하였을 때 풀어지지 않고 비상시에는 신속하게, 간단히 풀어 버릴 수 있도록 고안된 것이 좋다.

⑦ 장비가방 (Gear Bag)

장비를 운반하거나 단기간 보관하기 위해 사용된다.

크기가 적당하고 끈과 고리가 튼튼하며 부속 부분이 녹슬지 않는 것이 좋고, 어깨에 멜 수 있는 것, 바퀴가 달린 것, 그물 형태로 되어서 젖은 뒤 물이 빠지도록 된 것 등 여러 가지 형태가 있으므로 필요에 따라 적당한 것을 선택한다.

(4) 카이트서핑 [Kite surfing]

서핑과 패러글라이딩을 접목한 레저스포츠. 한국도입시기 : 2000년

1990년대 초 유럽과 하와이 등지에서 파도가 일지 않는 날에도 서핑을 할 수 있는 방법은 없을까 고심하던 중 고안되었다. 이후 유럽·미국·남태평양 등으로 보급되었고, 한국에는 2000년부터 도입되어 동호인들을 중심으로 이용자들이 확산되고 있다.

바람만 불면 파도가 없어도 서핑을 할 수 있는 수상 스포츠이자 레저 스포츠로, 서핑과 패러글라이딩을 접목한 것이다. 즉 패러글라이딩 기구와 같은 대형 카이트(연)를 공중에 띄우고, 이 카이트를 서핑 보드와 연결해 카이트가 바람의 힘에 따라 서핑보드를 끌면서 물위를 내달릴 수 있도록 고안되었다.

장비는 서핑용 하네스(harness:기구와 몸을 연결하는 장비)와 서핑보드, 조종용 붐, 30m 길이의 줄, 5m짜리 대형 카이트로 이루어져 있다. 사람 어깨 넓이 정도 되는 알루미늄 봉(조종봉)을 단단한 연줄로 카이트와 연결해 두 손으로 이 봉을 잡고 좌우로 움직이면서 카이트를 조종한다.

서핑과 패러글라이딩의 두 요소를 함께 익혀야 하기 때문에 배우는 데 시간이 걸리기는 하지만, 장비가 가볍고 간편해 누구나 즐길 수 있다. 어느 정도 숙련되면 6m 이상의 고공 점프는 물론, 공중에서도 다양한 재주와 묘기를 선보일 수 있다. 종류에는 램 에어 디자인(ram air design)과 같은 트랙션(traction) 카이트와 모스키토(mosquito) 카이트와 같은 혼합형이 있다.

(5) 워터슬레이 [Water sleigh]

바나나 모양의 무동력 보트 또는 그것을 이용한 수상 레저 스포츠.

바나나보트라고도 한다. 바나나 모양의 무동력 보트를 모터보트나 제트스키에 연결하여 수면 위를 달리는 것으로 수상스키와 비슷하고, 균형 감각이 필요한 면에서는 래프팅과도 유사한 신종 레저 스포츠이다.

국내에는 1993년부터 보급되기 시작해 지금은 서울 근교의 남이섬이나 대성리, 청평, 팔당호, 광나루 일대에서 동호인들을 볼 수 있다.

전문 기술 없이 즐길 수 있다는 점이 특징이다. 모터보트에 연결된 워터슬레이에 뒷좌석부터 한 사람씩 말을 타는 자세로 나란히 앉은 뒤, 손잡이를 꼭 잡고 중심을 앞으로 주어 엎드린다. 보통 시속 30~40km로 달리는데 체감속도는 훨씬 빠르다. 속력이 붙을수록 무동력 보트가 솟구쳐 올라 물 위를 날아오르는 듯 한 기분을 느끼게 된다. 보트가 선회할 때는 옆으로 튕겨 나가 물에 빠지기도 하는데, 오히려 이때 짜릿한 재미를 느낄 수 있다.

워터슬레이는 함께 탄 사람들이 호흡을 맞추어 한 몸처럼 균형을 잡아야 하고 뒤집히지 않기 위한 협동심이 요구된다. 맨 앞에 탄 조장이 모터보트의 선회방향에 따라 신속한 지시를 내리고 이에 따라 동승한 조원 전원이 일사분란하게 균형을 잡아야만 물에 빠지지 않는다. 일단 뒤집히면 워터슬레이를 제대로 띄우기 위해 물에 뜬 채 혼연일체가 되어 협동해야 한다.

현재 국내에 소개된 워터슬레이는 폴리염화비닐(PVC)이나 합성고무로 만들어졌다. 보통 3인승, 5인승, 7인승으로 나뉜다. 너비는 56cm로 같고 길이는 3인승 3.7m, 5인승 5.07m, 7인승이 6.01m로 다른데, 타는 사람의 몸집에 따라 인원을 조절한다. 또 모두 세 개의 주 공기막이 형성되어 있고 길이가 길수록 팀워크와 균형이 달리 요구된다.

필요한 장비는 워터슬레이와 구명동의뿐이다. 워터슬레이는 모터보트 같은 예인 동력에 의존하기 때문에 개인이 별도로 구입하는 것은 별 의미가 없고, 레저회사가 보유한 것을 이용하면 된다. 워터슬레이를 개인 자격으로 탈 때의 비용은 구명동의 대여료를 포함해 1인당 1만 원선이다. 그러나 이벤트 업체의 경우 수상스키 행사를 진행할 때 워터슬레이를 부대행사로 포함시키므로 회원이 아니더라도 3~4만 원 정도면 수상스키 강습과 더불어 하루 종일 즐길 수 있다. 단체로 참여하면 할인 혜택도 있고 팀을 나누어 승부를 겨룰 수 있어 일석이조의 즐거움을 얻을 수 있다.

(6) 파워보트 [Powerboat]

특수하게 개조된 모터보트로 시속 200㎞대의 속력을 즐기는 여름 수상 레저 스포츠로 서핑 보드에 모터보트 엔진을 결합시킨 것으로 서프제트와 달리 앉아서 즐기는 레저 스포츠이다. 파워보트의 유래는 지중해 연안을 찾는 자동차경주 마니아들이 여름 휴가철 동안 자동차경주 대신 즐기기 위해 모터보트를 개조해 만든 것이다. 현재 국제파워보트연맹(UM)이 해마다 서유럽과 동구권, 아시아 지역 등을 돌며 대회를 개최하고 있으며, 우리나라에서도 도입이 추진되고 있다.

파워보트의 종류로는 1인승과 2인승이 있으며, 앉은 상태에서 몸 전체를 움직여 방향을 조절한다. 크기와 무게, 최고 시속은 서프제트와 비슷하며 보드 양옆에 달린 노끈을 손으로 잡아 몸의 균형을 유지하고 오른쪽 노끈 손잡이 옆에 부착된 변속기 레버를 엄지손가락으로 움직여 속도를 결정한다. 경기방법은 시속 200㎞대의 속력으로 호수나 바다 위에 떠 있는 서킷을 규정된 횟수만큼 도는 것으로 엔진의 성능보다는 운전기술이 우승을 좌우한다.

(7) 드래곤보트 [Dragon boats]

20여 명의 패들러가 고수의 북소리에 맞추어 한 동작으로 노를 저어 수면 위를 질주하는 수상 레저 스포츠이다. 현재 유럽과 미국, 아시아에서 해마다 국제 규모의 대회가 열린다. 용주(龍舟) 또는 용선(龍船)이라고도 한다.

드래곤보트의 유래는 기원전 중국에서 물에 투신해 죽은 시인 굴원(屈原)을 구하려던 노력을 기념하는 행사가 변형된 것이다. 현재 세계 여러 곳에서 드래곤보트 축제를 개최하는데, 홍콩에서는 용선제라고 불리는 드래곤보트 축제가 가장 인기 있는 행사 가운데 하나이다. 또 뉴질랜드의 웰링턴 지역에서도 다양한 연중행사 중 가장 인기 있는 행사이다.

보통 한 배에 20~23명이 탈 수 있으며 노잡이, 키잡이, 북잡이, 징잡이로 구성된다. 배의 방향은 키잡이가 조절하고 페이스 조절은 노잡이가 하며, 북잡이는 북을 두드려 흥을 돋운다. 경기방식은 남, 여, 남녀혼성 3가지가 있으며 스피드를 겨루는 경기이다.

(8) 아이스다이빙 [Ice Diving]

얼음을 깨고 들어가 다이빙하는 겨울레저 스포츠로 두께 15cm 이상의 얼음을 깨고 실시하는 다이빙으로, 차가움을 차단하는 특수다이빙복인 드라이슈트를 입고하기 때문에 드라이슈트 다이빙이라고도 한다.

다이빙을 하는 시간대는 낮 12시부터 오후 3시까지가 적당하고, 체력소모가 심하므로 1회 15분 실시 후 30분~1시간 휴식시간을 가져야 한다. 얼음구멍은 얼음이 충분히 두껍고 수심이 적당하고 물의 흐름이 없으며 맑은 색으로 언 부분에 가로 3m, 세로 2m 정도로 넉넉하게 만든다.

장비는 다이버의 체온을 보호하는 드라이슈트·내의·장·칼·마스크·핀(fin) 등 다양한 다이빙장비들과, 공기를 공급하는 장비로서 동계용 주(主)레귤레이터와 보조레귤레이터를 준비한다. 그밖에 얼음구멍을 만들기 위한 장비, 수면 위에서 대기하는 팀을 위한 보온장비 및 피난처 등이 필요하다.

낮은 기온과 차가운 물, 외진 장소 등 험한 자연환경에서 행해지므로 충분한 사전교육, 계획과 준비, 훈련과 안전한 장비 및 비상대처 수단이 필수적이다. 얼음이 다이버의 머리 위를 가로막기 때문에 수면에서 다이버를 지원해주는 팀이 반드시 있어야 한다.

국내에서는 1992년부터 시작하였는데 시기는 1월 중순부터 2월까지가 적당하고, 낮은 기온으로 인하여 강물이 잘 어는 경기 이북 지역에서 주로 실시한다.

4. 레저스포츠

레저스포츠란 한가한 여가시간을 이용하여 삶의 질 향상을 위하여 어떤 규칙과 룰에 의하여 도심·근교·산악지대·강·바다·창공 등에서 자발적인 신체활동을 하는 것으로서 우리들의 생활주변에서 자신의 건강을 위한 목적 지향적 생활스포츠와는 구별한다. 주로 자연을 상대로 하여 건강증진, 기분전환, 창의력 향상 등을 위한 일종의 스포츠 활동인 동시에 실내외 또는 야외활동을 총칭하므로 현대인은 레저스포츠를 즐기며 살아간다.

(1) 지상 레저스포츠

① 활쏘기 : 전통무예인 국궁이 있고, 올림픽 종목인 양궁이 있다. 심신단련과 인격수련의 수단으로 사용한다.

② 골프 : 잔디 위의 페어웨이에서 골프공을 쳐 그린의 홀에 공을 넣는 운동으로 많은 돈과 시간이 소요된다.

③ 게이트 볼 : 25*20m 정방형의 운동장에서 20*24cm의 게이트에 스틱을 이용하여 공을 쳐 넣는 게임

④ 라크로스 : 하키, 축구 및 농구를 합친 경기

⑤ 모터사이클 : 두 개의 바퀴 사이에 엔진을 장착하여 편이한 교통수단으로 이용하기도 하고, 스피드와 묘기를 즐길 수 있는 이륜차

⑥ 묘기자전거 : 오토바이형 자전거인 BMX는 산악자전거인 MTB와 함께 모험을 즐기려는 젊은 층에게 인기 있다.

⑦ 부메랑 : 부메랑을 멀리 날아가게 하는 레저스포츠

⑧ 서바이벌 : 야산에서 모형총기를 이용해 모의전투를 벌이는 전쟁놀이이며 자연 속에서 무방비상태로 적응·생존하는 훈련

⑨ 스노보드 : 바다에서의 서핑, 땅에서의 스케이트보드와 같이 스키보단 넓은 외판에 두 발을 올려놓고 온몸의 균형을 이용하여 달리는 겨울철 레저스포츠

⑩ 스케이트보드·스네이크보드 : 1950년경 미국에서 파도를 타던 서핑보드가 육지로 올라오면서 탄생된 레저스포츠 종목이며, 후자는 발판이 두 개로 분리되어 있어서 한 발로 구르지 않아도 추진력을 얻을 수 있는 놀이 겸 운동

⑪ 스키 : 산악지대에서 고르지 않은 눈길을 헤치고 내려오는 동계스포츠의 꽃이다.

⑫ 인라인 스케이트 : 일명 롤러스케이트 또는 롤러 블레이드라 부른다.

⑬ 승마 : 말 타기

⑭ 윈드크루저 : 바다의 윈드서핑과 같으나 밑바닥에 롤러장치를 하여 사계절 땅위에서도 즐길 수 있는 레저스포츠

⑮ 자동차 경주 : 운전자의 운전기술과 자동차의 성능을 최대한 이용한 스피드 경주

⑯ 클레이 사격 : 시속 60~90km로 공중을 날아가는 피전(진흙으로 만든 흰색

접시)을 총으로 맞히는 레저스포츠

⑰ 잔디스키 : 스키 슬로프 위에 인조잔디를 심어 눈이 없는 상태에서 사계절을 즐기는 스키

⑱ 트레킹·백패킹 : 전자는 가볍게 배낭을 메고 여유롭게 산이나 들판 등을 걸으면서 체력 연마와 자연·역사에 관한 현장학습 하는 것이며, 후자는 등에 무거운 짐을 짊어지고 1박 이상의 야영생활을 하는 배낭여행이다.

다음은 시상레저스포츠에 해당하나 실내 레저스포츠로는,

⑲ 검도 : 정신단련·신체연마·기술숙달 세 가지 목적을 가진 실내 스포츠

⑳ 라켓볼 : 직육면체의 실내코트에 들어가 전방, 측면, 벽, 천장 등의 6면을 이용하여 라켓으로 볼을 치는 운동

이외에 스쿼시와 헬스가 있습니다.

(2) 해양·수상 레저스포츠

① 래프팅 : 무동력 고무보트에 3~4명에서 많게는 20명 이상이 한 조가 되어 노를 저으며 계곡을 타는 스포츠

② 수상스키 : 두 발에 스키를 신은 다음 모터보트에 맨 줄을 잡고 보트에 이끌리면서 물위를 질주하는 스포츠

③ 스쿠버 다이빙 : 몸에 지니고 다닐 수 있는 수중호흡장비를 갖추고 해저 15~30m까지 잠수를 즐기는 스포츠

④ 윈드서핑 : 보드(판자)만으로 파도를 타던 서핑에 마스트(돛대)를 달고 세일(돛)로 바람이 힘을 이용해 물살을 헤치며 나가는 수상스포츠

⑤ 요트 : 배 안에 돛대와 배 뒤에 달린 키를 조정하면서 바람을 타고 물살을 가르며 나아가는 수상 스포츠

⑥ 제트 스키 : 물 위를 모터의 힘으로 달릴 수 있는 '물 위의 모터사이클'

⑦ 카누·카약 : 전자는 한쪽에만 날이 달린 노를 이용하고 후자는 양쪽 모두 날이 달린 노를 사용하여 계곡을 타는 보트스포츠

(3) 항공레저스포츠

① 번지점프 : 탄력이 좋은 로프인 번지를 이용하여 발목에 로프를 묶고 지상을 향하여 뛰어내리는 레저스포츠

② 열기구 : 특별한 조정장치 없이 기구만을 이용하여 나침반과 지도를 가지고 바람을 이용하여 목적지까지 비행하는 레저스포츠

③ 초경량항공기 : 1인승의 경우 150kg, 2인승의 경우 225kg 이하의 기체중량으로 고도 500피트 미만으로 비행하는 아주 가벼운 항공기

④ 패러글라이딩 : 패러슈트(낙하산)와 행글라이더의 특성을 결합한 것으로 가장 가볍고, 가장 쉽게 하늘을 날 수 있는 가장 늦게 탄생된 비행체

⑤ 행글라이딩 : 동력 사용 없이 두 발의 힘만으로 이륙하여 체중으로 조종하며 두 발로 착륙하는 활공기구

(4) 탐험 레저스포츠

① 빙벽 타기 : 얼음으로 뒤덮인 계곡이나 겨울폭포를 등산장비를 이용하여 오르는 동계 스포츠

② 산악자전거 : 산을 달리기 위해 제작한 특수자전거

③ 암벽타기 : 암벽 지형을 모든 등반기술을 사용하여 안전하게 올라가는 일종의 모험스포츠

④ 오리엔티어링 : 지도상에 나타난 각 지점을 지도와 나침반만으로 혼자 힘으로 지정된 지점을 차례로 돌아 빠른 시간 내에 돌아오는 경기

⑤ 인공암벽 : 건물내부와 외벽 또는 별도 구조물에 바위벽을 만들어 놓고 보조 장비의 지원을 받아 맨손으로 바위를 오르는 운동

(5) 신종 레저스포츠

① 다트 : 18~30g의 작은 화살을 이용하여 237cm 떨어진 지점에서 지상 173cm 높이에 있는 다트 판에 작은 화살을 과녁에 맞히는 경기

② 드레곤 보트 : 20여명의 패들러가 고수의 북소리에 맞추어 노를 저어 수면

위를 질주하는 수상경기

③ 드레그 레이스 : 자동차로 4분의 1마일(약402.3m)의 직선도로를 빨리 달리는 스피드경쟁이며 보통 시속 400km이상 무한 스피드경주

④ 랜트 요트 : 육지에서 타는 요트 경기

⑤ 모굴스키 : 울룩불룩한 눈 둔덕으로 이루어진 슬로프에서 스키 타는 운동

⑥ 스포츠 카이트 : 연날리기 운동

⑦ 우드 볼 : 클럽과 볼 등의 장비는 거의 게이트볼과 비슷하고 경기규칙은 골프와 비슷한 경기

⑧ 익스트림 아이 러닝 : 극한의 자연 속에서 다림질로 스트레스를 푸는 '극한 다림질'을 하는 운동

⑨ 웨이크 보드 : 모터보트의 항적을 이용하여 파도타기 운동

⑩ 킥슬레드 : 서서 타는 썰매

⑪ 파크 오리엔티어링 : 공원에서 하는 오리엔티어링 경기

⑫ 펀 보드 : 요트와 서핑이 절묘하게 어우러진 새로운 수상레저 스포츠

⑬ 필드 캐스팅 : 지상에서 낚싯줄 멀리 던지기 경기

⑭ 플라잉 디스크 : 작은 플라스틱 원반을 규칙에 맞추어 던지는 운동이다.

제3절 체육시설업 기준 및 대상

1. 체육시설업 기준 및 대상

(1) 작성기준

본 현황은 「체육시설의 설치·이용에 관한 법률」에 따라 2007년 12월말 기준으로 각 시·도(시·군·구)에 등록·신고된 체육시설업을 종합·집계한 것임.

(2) 작성대상

① 등록체육시설업(3개 업종) : 골프장업, 스키장업, 자동차경주장업

(체육시설의 설치·이용에 관한 법률 제12조 : 등록체육시설업을 하고자 하는 자는 시설을 설치하기 전에 체육시설업의 종류별로 사업계획서를 작성하여 특별시장·광역시장 또는 도지사의 승인을 얻어야 함)

② 신고체육시설업(14개 업종) : 요트장업, 조정장업, 카누장업, 빙상장업, 종합체육시설업, 승마장업, 수영장업, 체육도장업, 골프연습장업, 체력단련장업, 당구장업, 썰매장업, 무도장업, 무도학원업

(체육시설의 설치·이용에 관한 법률 제20조 : 신고체육시설업을 하고자 하는 자는 제11조의 규정에 의한 시설 등을 갖추어 시장·군수 또는 구청장에게 신고하여야 함)※「체육시설의 설치·이용에 관한 법률」 제2장(제3조 내지 제5조)의 공공체육시설은 전국 공공체육시설 현황에 수록되었으므로 작성대상에서 제외함.

2. 체육시설업 증감현황

(1) 총 괄

① 2006년에 비해 체육시설 총 업소수 6.1%, 면적 12.2% 증가

② 시·도별 업소 수는 전북을 제외한 15개 시·도가 증가

(2) 업종별

① 업종별로는 골프연습장업, 골프장업, 당구장업은 크게 증가하였으며, 체육도장업, 종합체육시설업은 다소 증가

- 골프연습장업 : 2006년 4,126개소 대비 18.8퍼센트 증가한 4,900개소
- 골 프 장 업 : 2006년 247개소 대비 11.7퍼센트 증가한 276개소
- 승 마 장 업 : 2006년 63개소 대비 7.9퍼센트 증가한 68개소
- 당 구 장 업 : 2006년 18,261개소 대비 6.9퍼센트 증가한 19,527개소

- 스 키 장 업 : 2006년 16개소 대비 6.3퍼센트 증가한 17개소

② 수영장업, 무도학원업, 무도장업, 썰매장업 등은 감소 추세

(3) 시·도별

① 전북을 제외한 시·도의 신고 체육시설 업소수는 증가

② 볼링장업, 테니스장업, 에어로빅장업 등 3개 업종이 신고체육시설업에서 자유 업종으로 전환됨 ('06. 3월)

3. 체육시설업 개황

(1) 체육시설업종별 업소수분포

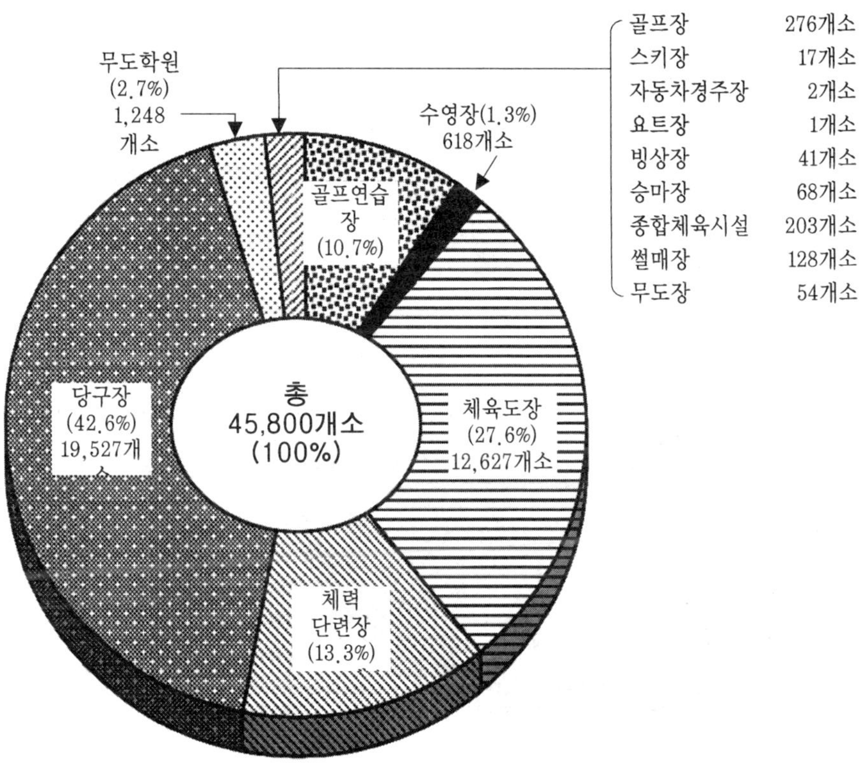

종 목	업소수 (개소)	비율 (%)	종 목	업소수 (개소)	비율 (%)	종 목	업소수 (개소)	비율 (%)
계	45,800	100	골프장	276	0.6	승마장	68	0.1
골프연습장	4,900	10.7	스키장	17	0.0	종합체육시설	203	0.4
수영장	618	1.3	자동차경주장	2	0.0	썰매장	128	0.3
체육도장	12,627	27.6	요트장	1	0.0	무도장	54	0.1
체력단련장	6,090	13.3	빙상장	41	0.1			
당구장	19,527	42.6						
무도학원	1,248	2.7						

(2) 체육시설업종별 면적분포

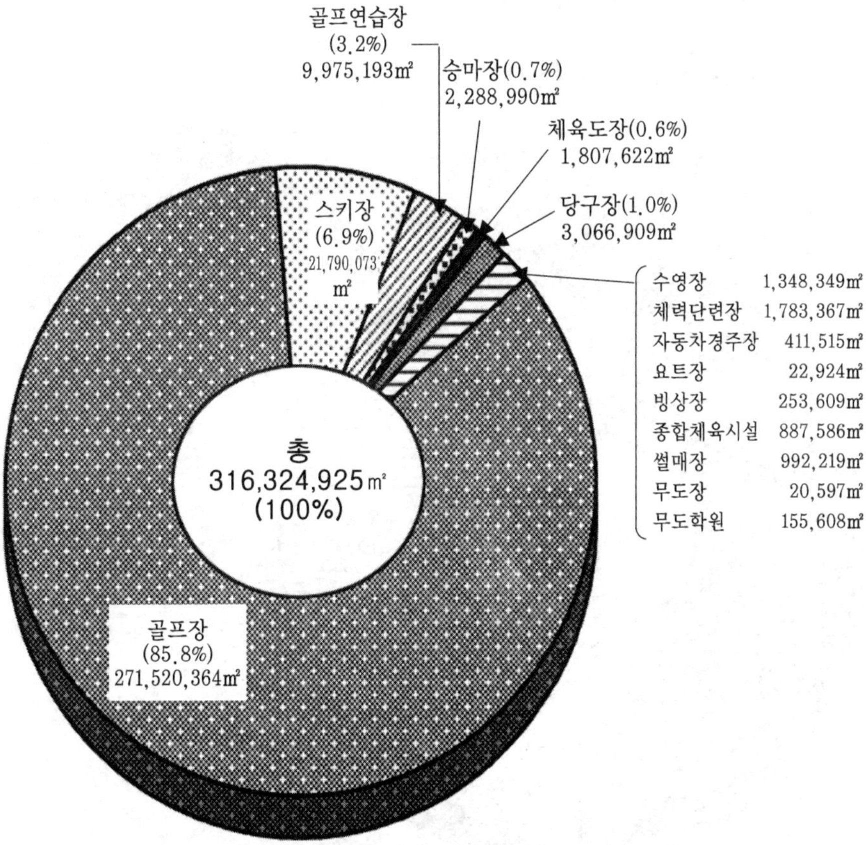

종 목	면적(㎡)	비율(%)	종 목	면적(㎡)	비율(%)	종 목	면적(㎡)	비율(%)
계	**316,324,925**	**100**	수영장	1,348,349	0.4	종합체육시설	887,586	0.3
골프장	271,520,364	85.8	체력단련장	1,783,367	0.6	썰매장	992,219	0.3
스키장	21,790,073	6.9	자동차경주장	411,515	0.1	무도장	20,597	0.0
골프연습장	9,975,193	3.2	요트장	22,924	0.0	무도학원	155,608	0.0
승마장	2,288,990	0.7	빙상장	253,609	0.1			
체육도장	1,807,622	0.6						
당구장	3,066,909	1.0						

(3) 전년대비 체육시설업 증감현황

(업소 : 개소,면적 : ㎡)

구 분		2006년	2007년	증 감	%
합 계	**업소**	**43,157**	**45,800**	**2,643**	**6.1**
	면적	**282,131,649**	**316,324,925**	**34,193,276**	**12.1**
골프장업	업소	247	276	29	11.6
	면적	239,131,172	271,520,364	32,389,192	13.5
스키장업	업소	16	17	1	6.3
	면적	21,713,707	21,790,073	76,366	0.4
자동차경주장업	업소	2	2	0	0.0
	면적	411,515	411,515	0	0.0
요트장업	업소	1	1	0	0.0
	면적	22,924	22,924	0	0.0

빙상장업	업소	40	41	1	2.5
	면적	248,649	253,609	4,960	2.0
승마장업	업소	63	68	5	7.9
	면적	2,012,006	2,288,990	276,984	13.8
종합체육시설업	업소	193	203	10	5.2
	면적	645,933	887,586	241,653	37
수영장업	업소	646	618	△28	△4.3
	면적	1,624,556	1,348,349	△276,207	17
체육도장업	업소	12,091	12,627	536	4.4
	면적	1,700,910	1,807,622	106,712	6.3
골프연습장업	업소	4,126	4,900	774	18.8
	면적	8,859,801	9,975,193	1,115,392	12.6
체력단련장업	업소	6,007	6,090	83	1.4
	면적	1,667,267	1,783,367	116,100	7.0
당구장업	업소	18,261	19,527	1,266	6.9
	면적	2,808,704	3,066,909	258,205	9.2

썰 매 장 업	업소	130	128	△2	△1.5
	면적	1,096,694	992,219	△104,475	△9.5
무 도 장 업	업소	55	54	△1	△1.8
	면적	20,946	20,597	△349	△1.7
무도 학원업	업소	1,279	1,248	△31	△2.4
	면적	166,415	155,608	△10,807	△6.5

(4) 스포츠산업 전문인력 양성 현황

스포츠산업 종사자 인력개발 및 경영능력 제고를 위해 2002년 하반기부터 전문인력 양성과정 운영하고 있으며 스포츠마케터, 스포츠시설 경영 관리자, 공공체육시설 관리자, 전문마케터, 스포츠산업 아카데미, 스포츠경영관리사 인턴십 등 6개과정 개설 운영하고 있다. 성과로는 스포츠산업 환경 변화 대응 및 발전 견인 전문 인력 양성, 전문 인력 실무 전문성 제고 및 국제 경쟁력 강화, 전문 인력 양성 교육과정 체계화 및 지방 확산을 들 수 있다.

(단위 : 명)

과 정	2002	2003	2004	2005	2006	계
스포츠마케터	40	129	171	199	198	737
스포츠시설 경영 관리자	30	82	107	106	126	451
공공체육시설관리자	50	63	46	53	48	260
전문스포츠마케터	-	-	-	16	25	41
특 별 과 정	-	-	64	79	46	189
스포츠산업아카데미	-	-	-	-	194	194
스포츠경영관리사	-	-	-	-	19	19
합 계	120	274	388	453	656	1,891

자료출처 : 문화관광부 통계자료

제6장 레크리에이션

제1절 레크리에이션(Recreation)

1. 레크리에이션의 어원(語原)

레크리에이션이란 용어의 어원은 라틴어의 '레크리아찌오(recrea-tio)는 약하거나 피곤한 상태에서 정상적인 건강상태를 회복하는 것, 또는 새로운 힘을 얻거나 일한 뒤 정신을 새롭게 하는 것 등으로 표현되는 말에서 유래하여, 영어의 『Re』 라는 말의 재차, 새로이, 또다시 등의 뜻을 가진 접두사와 『create』 라는 말의 창조하다는 뜻의 동사와 결합하여 기분전환하다, 마음이 상쾌하다, 위안을 주다, 오락을 즐기다 등의 뜻이 되었다.

레크리에이션이란 말은 20세기의 현대적 문화생활에 있어서 신용어로 일반 사람들에게 불리어지게 되었다. 어원은 문예 부흥기에 있어서 인간개조의 필요성을 부르짖던 인도주의자들에 의해서 이루어진 용어로 그 뜻은 오락적 활동, 심신 위안적 활동, 기분전환, 놀이 등의 활동을 말하는 것인데 일부 학자들은 자기 스스로가 자진하여 활동하는 비직업적 활동이라고 말하고 있다.

레크리에이션이란 말을 순수한 우리말 표기로 제정하기 위한 노력으로 한때 '소창(蘇創, 消暢, 笑唱)', 건전오락' 등으로도 불러보았으나, 그 말뜻 자체가 충분히 전달되지 못함으로 해서 다시 국제적으로 통용되고 있는 대로 '레크리에이션'이라 표기하고 있다. 레크리에이션의 의의는 3가지 면에서 찾을 수 있다.

첫째, 어떤 활동에 대한 각자의 흥미와 욕구에 의해서 이루어지는 것이다. 즉 사람들은 저마다 성격이 다르듯이 취미나 그밖에 활동들도 다르다.

둘째, 각자가 행하는 여가활동에서 만족과 희열을 느끼는 것. 만족과 희열을 느끼지 못하는 것은 마치 고된 노동과 다를 바 없는 것이기 때문이다.

셋째, 레크리에이션은 자발적(스스로)인 활동에 의해 이루어지는 것이다. 왜냐하면 레크리에이션은 타인의 강제, 권유에 못 이겨서 하는 것이 아니고 어디까지나 마음에서 스스로 우러나서 하는 자발적인 활동이기 때문이다. 레크리에이션의 본질적 요소는 할 만한 가치가 있는 일 (Worth-While), 사회적으로 용납될 것 (Socially accepted) 여가시간에 행해질 것 (Leisure) 만족을 느낄 수 있을 것 (Satisfaction) 자발적(스스로)으로 행하여 질 것 (Voluntary) 이상과 같은 다섯 가지 요소를 바탕으로 김오중은 레크리에이션을 각자가 선택한 활동에 스스로 참여하여 만족을 느낄 수 있고 동시에 문화적, 사회적으로 받아들일 수 있는 창조적이며 건설적인 여가의 활동으로 정의 하였다.

2. 레크리에이션의 필수요소

레크리에이션은 개인에 있어서 자기 자신을 발견하고 심신을 성장시키고 견식을 넓히며 인생의 의미를 새롭게 추구할 뿐만 아니라 사회적으로도 문화 형성의 기초가 되며 사회봉사와 건전한 사회 건설의 기회가 될 수 있고 학습활동을 도우며 교육을 효과 있게 실시하는 데에도 큰 도움이 된다. 레크리에이션은 다음 다섯 가지의 필수 요소를 갖출 수 있는 것이어야 한다.

(1) 풀어줌(Relaxation)

심신의 긴장을 풀어주고 스트레스를 해소시켜 주는 것이 레크리에이션이 갖는 중요한 요소이다.

⑵ 사귐 (Friend-ship)

사람은 사회적인 동물이다. 상호 관계를 맺으며 살아간다. 서로 주고받으며 친교를 나누는 가운데 누구와도 언제, 어디서나, 함께 손잡고 일할 수 있으며 살 수 있는 우정을 수립할 줄 알아야 한다.

⑶ 만듦 (Creation)

어떤 일을 시작하고 그 일을 위해서 노력하는 과정은 매우 중요하다. 그 일이 큰 것이나 작은 것이 문제가 아니라 스스로 즐겨 만들고 또 성취의 기쁨을 맛볼 수 있다면 생활에 대한 자신감이 생길 것이며 그것은 새로운 일을 찾아내고 미래를 여는 지름길이요, 열쇠가 될 수 있을 것이다.

⑷ 도와 줌 (Service)

서로 도와주고 이해하고 협조하는 마음은 이웃을 위해서나 나 자신을 위해서도 매우 중요하다. 이 마음은 사회를 풍요롭게 해서 믿음과 희망과 사랑이 넘치게 할 것이고, 참다운 평화를 가져오게 할 것이다. 불신과 미움으로 가득한 사회에 믿음을 심어줄 수 있도록 도와주는 것이 레크리에이션이다.

⑸ 인간관계 형성 (Human-relation)

사람은 모두가 서로 관계를 맺고 있다. 상호작용을 통하여 서로 영향을 주고 영향을 받으면서 자신은 성장해 가는 것이다. 이것이 곧 인간관계인 것이다. 참다운 인간관계란 먼저 자신을 알고, 나아가서 상대방을 알 때 형성되는 것이다. 즉, '관계 속의 인간'의 의미를 재발견하는 것이다.

3. 현대 레크리에이션의 흐름

오늘날 레크리에이션의 흐름은 세 가지로 나누어 생각할 수 있다.

(1) 행복의 추구

레크리에이션의 궁극적 목적은 행복한 삶을 누리는데 있다. 그러기에 레크리에이션이 인간의 기본적 욕구로서 행복한 삶을 추구하고자 하는 것은 너무나 당연한 일이다. 인생이란 생존경쟁만을 위해서 사는 것도 아니며, 항시 고된 노동을 위해서만 사는 것도 아니다. 인생이란 열심히 일하고 즐기며 하는데서 보람을 느낄 수 있다. 즉 레크리에이션이 우리에게 참다운 희열과 만족과 자유와 행복을 가져다주는 활동으로서의 의미를 강조하고 있다.

(2) 일상생활의 활력소

직장생활이나 노동에서 지친 마음과 몸을 레크리에이션을 통해서 후련하게 풀어줌으로서 내일의 직장생활이나 노동에 새로운 의욕과 활력을 북돋아주고 생산성 향상에 도움을 주는 것으로서 기업체, 공장 등에서 강조되고 있다.
즉 레크리에이션은 우리 인간으로서 일상생활을 위한 능률향상과 활력소로서의 의미가 있다는 것이다.

(3) 교양 및 인격의 향상

레크리에이션 종목 가운데 크게 나누어 지적, 사회적, 예능적, 신체적, 취미오락적, 관광적 레크리에이션 등 6개 분야로 이루어져 있다.

우리는 자유시간인 여가를 통해서 각자가 즐길 수 있는 위와 같은 다종다양한 활동종목에서 폭넓은 교양을 쌓게 된다.

결국 레크리에이션이란 여러 사람들과 어울리면서 여가활동을 즐기는 가운데 서로 이해하고, 서로 돕는 바람직한 민주적 인간관계를 맺을 수 있음으로서 폭넓은 교양과 인격을 높이는데 도움이 된다.

4. 레크리에이션의 효과

(1) 피로회복을 통한 건강효과

사람에게 피로가 발생하는 요인은 대체로 '과거에 의한 근육 자체의 피로', '스트레스 등에 의한 신경계의 움직임 난조에서 오는 피로', '생리적인 호르몬 분비의 난조에서 오는 피로'등으로 설명된다.

피로를 푸는 방법으로는 '영양공급', '휴식', '적절한 운동'으로 풀이된다.

그런데 현대사회의 노동형태는 극히 일부를 제외하고는 못 견딜 정도로 피로감을 주는 중노동은 별로 없다. 오히려 단순노동, 또는 정신집중을 필요로 하는 노동 형태가 일반적이다.

근육자체의 피로가 문제되지 않는다면, 업무와 관계없는 색다른 레크리에이션 활동에 의한 피로회복과 건강효과는 극히 바람직한 것이다.

적당한 신체적 움직임을 수반한 레크리에이션 활동은 신경계의 피로회복은 물론 호르몬의 조화를 바로 찾는 데에도 효과적이다.

(2) 신체적인 건강효과

수영 · 등산 · 무용 · 게임 등의 레크리에이션 활동에 즐겁게 열중하여 전반적으로 운동부족 현상을 자연스럽게 벗어나고, 적당한 피로에 의해서 얻어지는 체력 향상과 건강효과는 레크리에이션 활동에서 기대되는 실로 중요한 효과라 하겠다.

(3) 정신적인 효과

생활의 많은 제약에서 벗어나 즐거운 레크리에이션 활동에 참가한 사람은 정신적으로 편안한 휴식의 느낌은 물론 마음의 안정을 얻게 되고 기쁨을 체험하게 된다. 이것이 레크리에이션 활동을 통해 얻어지는 정신적인 효과이다.

마음의 안정은 곧 마음의 건강으로 연결될 수 있으며 마음의 강화도 도모할 수 있다. 소위 현대병이라 불리는 노이로제, 신경성 심장병이나 위장질환은 마음의 건강을 통하여 탈피할 수도 있는 것이다.

⑷ 사회적인 효과

첫째, 인간관계의 개선 효과를 기대할 수 있다.

격변하는 사회, 경쟁사회에서 인간소외 현상과 극심한 이기주의적인 현실을 레크리에이션 활동을 통하여 탈피하고 진정한 인간 본연의 자세로 돌아와 밝고 명랑한 인간관계를 형성하는 계기로써 레크리에이션은 효과적이다.

순수한 마음에서 대화하고, 노래하고, 춤추며 즐기는 레크리에이션 활동은 인간으로 하여금 쉽게 기분과 감정의 변화를 유도할 수 있기 때문이다.

둘째, 사회 시민성의 발달 효과를 기대할 수 있다.

즐겁고 유익한 집단 활동으로의 레크리에이션을 통하여 상호 간의 자연스러운 교류는 물론, 우리는 상하 원활한 협조분위기를 형성할 수가 있다.

레크리에이션은 시민 상호 간의 교류에서부터 연대감, 친화감, 향토애도 기대할 수 있다. 나아가서는 심신의 건강, 범죄예방과도 연결되어 가치 있는 명예로운 시민을 육성하는 데어 공헌한다.

⑸ 지적인 효과

풍요로운 인생을 위해서는 지적인 면으로 볼 때 지식의 획득도 필요하지만 보다 중요한 것은 지성의 획득에 있다고 하겠다.

우리는 서적을 통하여 인생을 배우기도 하지만, 직접 사람을 만나 대화하거나 같이 여행을 하는 등 삶의 신선한 체험으로 교양을 쌓고, 인간적인 아름다움을 재창조해 나가는 즐거움은 당연히 레크리에이션 활동에서 기대되는 효과이다.

⑹ 예술적인 효과

사람들은 예술을 감상하는 데에서 감동을 느끼며, 예술을 창작하는 데에서 기쁨을 얻는다. 레크리에이션의 가치는 창조하는 데에 보다 큰 가치가 있다. 그 가치는 자기표현의 이상적인 모습이며 완성을 향하는 즐거운 노력이다.

레크리에이션 활동 중에서는 무용, 미술, 음악, 공예, 연극, 영화 등의 활동에서 그 효과를 기대할 수 있다.

제2절 레크리에이션 지도자

바람직한 인간 형성을 위한 의도적이고 목적 있는 활동이 있다면 그것은 건전한 게임, 곧 레크리에이션으로 유도하여, 자유스럽고 활동적인 생활을 지속할 수 있도록 하는 매우 중요한 책임이 따르고 있음을 먼저 인식하여야 한다.

1. 레크리에이션 지도자

레크리에이션의 구체적인 방법은 체험과 학습을 통해서 배우고 익혀야 하기 때문에 이를 지도할 지도자가 필요하다. 지도자는 누구에게나 평등하게 기회를 제공하고 물질적, 정신적인 도움을 제공하며 생활 습관을 계몽하고 참가자 모두가 만족할 수 있도록 도와야 한다.

"과연 레크리에이션 활동에서 지도자가 꼭 있어야 하는가?"라는 의문이 있을 수 있다. 그러나 집단 활동을 통하여 모두에게 영향을 주는 프로그램을 전개하기 위해 기획하고, 준비하고, 진행하고, 판정하고, 평가할 지도자는 있어야 한다. 지도하는 방법 하나로 모임이 즐겁게도 되고 불쾌하게도 된다.

지도 방법에는 민주적 지도법, 독재적 지도법, 방임 주의적 지도법 등이 있다. 궁극적으로는 자발적으로 활동할 수 있는 방임 주의적 지도법에 따라야겠지만, 그 중간 과정은 앞에서 말한 두 가지 지도법이 적절히 혼용되어야 한다.

레크리에이션에 관한 기획, 프로그램 진행, 관리 등을 성공적으로 수행하느냐 못하느냐의 여부는 오직 지도자(사회자)의 역량에 의존한다.

미국 레크리에이션 지도자 자질	일반적인 자질
인간 개인의 가치와 존엄성을 인정하려는 의식 사람들의 흥미나 요구에 대한 이해 생활의 기쁨이나 사는 수단에 대한 이해 및 그것을 실현하려는 열의 유머(Humor) 봉사하려는 의욕	사람을 움직일 수 있는 힘 사생활이 건전한 사람 인생관이 건전하고 긍정적인 사람 미래상, 즉 이상을 가진 사람 판단력 있고 객관적인 사람

창조적 표현을 통해서 개인의 성장 및 발달에의 관심 다른 사람의 의견 및 개성에 대하여 가지는 호의적인 태도 예리한 통찰력 민주적으로 사물을 보고 운영해 나가는 능력 진행이 민주적인 방법 및 가치에 대한 확신과 열의 기분 좋은, 또 호의적인 성격 조직력 생산적 에너지와 열의 사람들과의 협조성 심신의 건강	결단력이 있고 응용력이 있는 사람 인내심이 있고 낙관적인 사람 설득력, 신뢰도, 책임감이 강한 사람 신체적으로 자세가 바르고 청결한 사람 인간의 이해력과 정보 전달의 능력

2. 프로그램 작성 및 지도법

(1) 대상에 따른 프로그램 작성 및 지도법

행사 진행 계획에 앞서 Why(무엇 때문에), What(무엇을), Where(어디서), Who(누가), When(언제), How(어떻게)의 기본 원칙을 기준으로 하여 아래의 서술한 내용을 확인하여 대처한다.

사전 답사는 무엇보다도 중요하다고 할 수 있으며 내용을 체크하여 차질이 없도록 준비해야한다.

1) 유아

① 어린아이는 집중 시간이 짧기 때문에 프로그램을 변화 있게 작성하고 진행해야 한다.
② 프로그램은 단계적으로 천천히 지도해야 한다.
③ 어린아이에게 알맞은 용어를 사용해야 한다.

2) 청소년

① 청소년들의 요구와 흥미를 잘 파악해서 프로그램을 작성해야 한다.
② 프로그램 내용을 될 수 있으면 교육적인 내용과 연관 지어 진행한다.

3) 성 인

① 개개인이 프로그램에 자연스럽게 몰입하도록 프로그램을 작성해야 한다.
② 프로그램 연결에 신경을 써서 진행하도록 한다.

4) 노 인

① 반복의 효과를 기대하면서 프로그램을 지도해야 한다.
② 프로그램을 단계적으로 지도해야 한다.
③ 개개인을 내세우는 프로그램을 강조한다.

사전 체크리스트	대상파악
* 진행할 장소 확인 - 실내인가? 실외인가? - 의자가 고정식인가? 이동식인가? - 활동이 자유로운 장소인가 등. * 진행할 장소의 크기 * 어떤 대형으로 만들 것인가? - 실내 레크리에이션의 경우 100명 이하라면 반원형, 그 이상이면 강의 대형이 바람직하다. - 일어서서 하는 율동 게임은 원형이나 자유형이 바람직하다. 대형을 만들 때 팀을 나누어서 하는 수가 많다. 이때 팀의 기울기(인원, 성별)가 없도록 유념한다. * 음향기기 확인 - 전원이 110V인가, 220V인가 확인. - 마이크와 스탠드, 연결선을 확인	* 모임의 특성 파악 - 교육, 야유회, 체육대회, 친목회, 여가선용 등 * 모임 인원의 대,소 확인 - 인원이 많을수록 음향기기가 좋아야 한다. * 성별, 남·녀 비율 확인 - 남성은 공격적이며 게임엔 미온적이기 때문에 팀워크 게임을 주로 하고, 여성은 수동적이고 복종적이며 미래 지향성이 강해 여성은 남성에 비해 진행이 수월하다. * 연령 - 연령이 높을수록 동조성이 감소되며, 동적보다는 정적 프로그램 진행. * 지식수준 - 지적인 사람은 적극적으로 행동하나

- 음악 테이프를 사용할 수 있는가?	동조도는 떨어진다. - 권위적인 사람은 전제이긴 하나 동조성이 강하다.

(2) 레크리에이션 게임(GAME)

1) 게임의 의의

게임은 인간이 지닌 천성의 하나이다. 사람이 행복하고 만족스러운 생활을 할 수 있느냐 없느냐는, 각자가 여가를 현명하게 활용하는 능력과 환경 그리고 조건에 달려있다.

장난이나 유희를 안 하는 어린이는 바보가 된다는 서양의 속담도 있다. 좁은 뜻으로는 게임이란 힘(Strength)과 기능(Skill)과 기회(Chance)를 이용한 재미있고 흥미로운 놀이이며, 광범위한 의미에서 우리가 즐길 수 있는 모든 것이 게임이다.

게임이나 스포츠는 많은 사람들이 즐길 수 있는 활동이다. 특히 게임은 여러 종류가 있으며, 여러 모임에서 장소에 구애됨이 없이 어디서나 즐길 수 있는데 이것은 인간이 지닌 천성중의 하나이기 때문이다.

Game은 운동기능의 성장발달을 조성하며 활동을 통해서 자기중심적 경향을 벗어나서 타인과의 적응을 갖게 한다. 그리하여 타인과의 협동을 통한 인격형성의 기회를 준다. 또 정신적 긴장을 해소하고 정신적 기쁨을 추구하게 된다. 레크리에이션인 측면에서는 새로운 기쁨을 주는 여가 선용이다. 게임에는 하나의 형식, 일정한 활동, 일정한 규칙이 있다.

게임에는 경쟁적 요소와 흥미가 포함되어 있기 때문에 남녀노소 누구나 즐길 수 있을 뿐만 아니라 화기애애한 분위기를 조성하는 데 효과적이다. 그리고 게임을 통해서 리더십, 친선, Fellow-ship, Team-work, 협조, 이해 등 사회적 성격을 함양하는데 도움을 주며, 바람직한 인간관계를 형성하는 데 의의가 있다. 게임의 요소는 언제든지(간편성), 어디서나(보편성), 누구하고든지(대중성), 재미있고(흥미성), 거침없이(건강성), 다 같이 즐기며(협동심) 규칙을 지키는(준법성)등의 요소를 가지고 있다.

우리는 게임을 통해 지도력(Leader-ship)과 우정(Friend-ship)을 양성하며 팀워크(Team-Work)에 의한 협동심을 길러 명랑하고 건강한 심신을 육성하게 된다.

그러므로 문명의 혜택을 받으면서 꾸준히 성장해 온 현대인은 보다 바람직한 인격형성과 삶의 가치를 찾고져 의도적이고도 목적이 분명한 활동으로서의 게임을 통하여 교육의 목적을 수행하기도 하며 일상의 가치를 찾고자 한다.

게임은 가장 인간적인 기술이다. 그것은 유아의 놀이로부터 시작하여 노인들의 조용한 장기, 바둑에 이르기까지 인간이 생활하고 있는 온갖 장소에 얼굴을 내밀고 있다. 명절이 되면 멀리 흩어져 있던 가족들이 오랜만에 모여 즐기는 것도 게임이며 세계 각국의 스포츠맨들이 힘과 기를 겨루는 올림픽도 『올림픽 게임』이라고 불린다.

Game의 본질적 요소
자연스러운 참가 분위기를 조성할 것 일정한 규칙을 준수할 것 전원이 참가할 수 있는 활동일 것 누구나 쉽게 참여할 수 있는 내용일 것 교육적이며 창조적인 내용일 것

제7장 식음료 클럽

제1절 식음료 클럽의 종류

클럽파티는 크게 식음료 연회와 임대 연회로 구분할 수 있다. 식음료 연회도 식탁에 앉아서 식음료의 제공순서에 의해 서비스를 받는 테이블 서비스 연회와 셀프 서비스 형태의 연회로 나눌 수 있다. 일반적으로 이루어지고 있는 연회의 종류와 행사진행 방법에 대해 알아본다.

1. 클럽행사의 종류

(1) 디너파티

클럽파티 연회행사 중 가장 격식을 의식적인 파티로서 그 비용도 높을 뿐만 아니라 사교 목적상 어떤 중요한 목적이 있을 때 개최한다. 초대장을 보낼 때 연회의 취지와 주빈의 성명을 기재한다. 초대장에 복장에 대해 명시를 해야 하며, 명시가 없으면 정장을 하는 것이 유럽 쪽에서의 디너파티면 예복을 입고 참석하는 것이 관례이다.

파티가 결정되면 식순이 정해지고 참석자가 많을 경우는 연회장 입구에 테이블 플랜(배치도)을 놓아 참석자의 혼란을 피하도록 한다.

디너파티는 초청자와 주빈이 입구 쪽에 일렬로 서서 손님으로 마중하는 소위 리시빙 라인(Receiving line)을 이루어 손님을 맞이한다. 식사 전 리셉션칵테일을 가지며 식당에의 입장은 호스트가 주빈 부인을 에스코트하여 선도하고 다음으로 주빈이 호스티스를, 그 이하는 남성이 여성에게 오른팔을 내어 잡도록 하여 좌석 순에 따라 착석한다.

요리의 코스가 예정대로 진행되어 디저트 코스가 들어가면 주빈은 일어서서 간략하게 인사말을 한다. 식탁의 배열은 식당이나 연회장의 넓이와 참석자 수, 그리고 연회의 목적에 따라 여러 가지 스타일로 연출한다. 식순에 있어서는 파티의 성격, 사회적 지위나 연령층에 따라라 상하가 구별되며 여기에 따라 주최자와 충분한 협의 후에 결정한다. 외국인의 경우 부인을 위조로 하며 대체로 그 방의 상석은 입구에서 가장 먼 내측이 상석이 된다.

(2) 칵테일파티

칵테일파티는 여러 가지 주류와 음료를 주제로 하고 오드볼(Hors d'oeuvre)을 곁들이면서 스탠딩(Standing) 형식으로 행해지는 파티를 말한다. 식사 중간 특히 오후 저녁 식사 전에 베풀어지는 경우가 많다. 축하일이나 특정인의 영접 때에는 그 규모와 메뉴 등이 다양하고 서비스 방법도 공식적으로 차원 높게 베풀어지지 않으면 안 되나 일반적으로 결혼, 생일, 귀국기념일 등에는 실용적인 입장에서 칵테일파티가 이루어진다. 칵테일파티를 준비함에 있어서 예산과 정확한 초대인원, 메뉴의 구성, 파티의 성격 등을 파악하여 놓지 않으면 안 된다. 특히 소요되는 주류를 얼마나 준비하여야 하는 가, 하는 문제는 매우 중요하다. 보통 한 사람당 3 잔정도 마시는 것으로 추정하는 것이 합리적이다. 칵테일파티는 테이블 서비스 파티나 디너파티에 비하여 비용이 적게 들고 지위고하를 막론하고 자유로이 이동하면서 자연스럽게 담소할 수 있고 또한 참석자의 복장이나 시간도 별로 제약받지 않기 때문에 현대인에게 더욱 편리한 사교모임 파티이다. 고객들이 파티 장입구에서 주최자와 인사를 나눈 다음 입장을 하고 연회장내에 차려져 있는 바에서 좋아하는 칵테일이나 음료를 주문하여 받은 다음 격의 없이 손님들과 어울리게 된다. 서비스 맨 들이 특히 주의해야 할 점은 준비되어 있는 음식과 음료가 소비되어야 하므로 셀프서비스 형식이라도 고객 사이를 자주 다니면서 재 주문을 받도록 해야 한다. 특히 여성고객들은 오드볼 테이블에 자주 가지 않는 경향이 많으므로 오드볼 츄레이(tray)를 들고 고객 사이를 다니면서 서비스하는 것을 잊지 말아야 한다.

(3) 뷔페파티

뷔페는 파티 때마다 아주 다양한 형태로 달리 준비 될 수 있기 때문에 적절한 용어해석이 없다. 단지 샌드위치류와 한입거리 음식(finger food)을 뜻할 수도 있고 정성들여 만든 여러 코스의 실속 있는 식사를 뜻하기도 한다. 찬 음식(cold meal)과 더운 음식(hot meal)을 같이 낼 수 있으며 음식을 연회직원이 서비스할 수도 있고 고객이 자기 양껏 기호대로 가져다 먹을 수도 있다. 그리고 뷔페도 디너식사만큼 형식을 갖출 필요가 있다. 참석 인원수에 맞게 뷔페 테이블에 각종요리를 큰 쟁반이나 은반에 담아놓고 서비스 스푼과 또는 Tong을 준비하여 고객들이 적당량을 덜어서 식사할 수 있도록 하는 파티를 말하며 좌석순위나 격식이 크게 필요 없는 것이 장점이다. 연회직원은 음료서비스에 신경을 써야 하며 사용된 접시나 재떨이는 즉시 회수해 주어야 한다.

1) 스탠딩 뷔페파티(standing buffet party)

칵테일파티에 식사 전 요소가 가미된 요리 중심의 식단이 작성되며 스탠딩 뷔페는 양식요리가 추가되며 중식, 일식, 한식요리 등이 함께 곁들여지는 것이 특징이므로 고객들의 취향에 맞는 요리와 음료를 마음껏 즐길 수 있도록 때로는 연회장 벽 쪽으로 의자도 배열하여 고객의 편의를 제공하기도 한다. 이 뷔페는 "한 손에 접시를 들고 다른 한 손은 포크를 들고 서서하는 식사"라고 정의할 수 있는 데 이러한 식사형태는 공간이 비좁아서 테이블과 의자를 배치할 수 없는 경우에 적합하다. Standing Buffet는 Sitting Buffet에 비해 비교적 형식에 구애를 덜 받지만 적게 먹는 경향이 있다. 이것은 식탁 없이 먹기가 용이하지 않기 때문이다.

2) 착석 뷔페파티(sitting buffet party)

Sitting Buffet Party는 음식이 식당에 차려지기 때문에 저녁식사나 점심식사와는 또 다른 주 요리 식사이다. 이 음식을 차리려면 먼저 고객이 전부 앉을 만한 테이블과 의자를 갖추어야 하고 접시와 잔(Glass Ware)과 포크, 나이프, 냅킨(napkin)등을 구비하여 테이블에 정돈하여 놓아야 한다. 그리고 요리장이 갖은 솜씨로 장식하고 구색을 갖추어 꾸며낸 요리를 뷔페테이블에 가지런히 진열해 놓는다. 이때 고객의 접시에 음식을 효과적으로 서브할 수 있는 주방요원을 확보해 주는 것이 좋다. 이유는 고객이 직접 Carving을 요하는 음식을 썰어 담기가 힘들기 때문이다. 그리고 뷔페가 시작되면서 음식 전부를 내다 차리기보다는 일정량만을 내놓고 자주 음식을 바꾸어주는 것이 효과적이다.

3) 조식 뷔페파티(breakfast buffet party)

많은 호텔이 고객을 위하여 여러 가지 다양한 음식으로써 조식뷔페를 준비하는데 보통 고객이 직접 덜어먹는 셀프 서비스 방식을 채택하고 있다. 대개 버터와 치즈류, 마말 레이드와 함께 롤빵류를 내고 또 찬 육류와 어류를 석쇠에 구워 뜨거운 접시에 담아내기도 하며, 과일 주스와 신선한 과일과 스튜한 과일 그리고 곡류 음식을 낸다. 호텔의 조식뷔페는 대개 셀프 서비스 방식을 채택하는 경우가 많은데 이것은 고객들이 식도락을 즐기도록 하기 위함보다 서비스의 신속성과 종업원 인원절감의 경제적 이유 때문이다. 따라서 이러한 조식뷔페는 사실 진정한 의미의 뷔페는 아니다.

4) Finger Buffet party

뷔페 유형 중에서 가장 형식에 구애되지 않는 파티로서 Standing Buffet Party처럼 고객들이 서로간의 교제기회를 주최 측에서 제공하고자 할 때 아주 적합하다. Wedding Reception이 그 예이다. 이 파티는 고객들이 실속 있는 음식을 기대하지 않는 낮 시간에 주로 하는 간이식사(snack meal)로서 포크나 나이프 없이도 식사할 수 있는 음식으로 차려야 하므로 한입거리 크기(bite-sized pieces)로 준비한다. 물론 서서하는 스타일이지만 연로한 손님을 위해서 테이블과 의자를 몇 군데 배치하는 것이 바람직하다.

5) Table Buffet Party

뷔페파티는 연회행사에 참석하는 고객들의 입맛을 모두 고려할 수 있다는 장점으로 가장 인기 있는 메뉴로 등장했다. 그러나 행사인원이 많아질수록 연회 참석객 들에게 뷔페라인을 형성시켜 여러모로 불편을 초래하게 된다. 이와 같은 단점을 극복하기 위해 새롭게 등장한 것이 테이블 뷔페파티이다. 테이블파티는 뷔페음식 테이블을 별도로 두지 않고 메뉴에 따른 적정량의 음식을 작은 용기를 사용하여 종류별로 고객용 라운드 테이블에 직접 마련한 것이다. 때문에 일반 뷔페행사와는 달리 고객들은 일어서서 음식을 가지러 갈 필요 없이 앉은 자리에서 식사할 수 있다. 결국 일반 뷔페행사보다 더 품위 있고 조용하게 많은 인원의 손님들에게 뷔페를 제공할 수 있는 방식이라고 볼 수 있다. 테이블 뷔페는 서울의 H호텔에서 시행하고 있다. 이것은 마치 헌정식을 차린 것과 비슷하나 한정식과는 메뉴구성에서 차이가 난다.

6) Buffet in the House

개인집에서의 뷔페는 음식을 가정에서 만들든지 바깥에서 주문해 오든지 간에 관계없이 아주 색다르다. 가정집에서 식탁테이블을 꾸미고 뷔페를 차릴만한 크기의 방이 거의 드물다. 따라서 제일 큰방에 한 개의 긴 식탁을 차리던가 아니면 작은 식탁 여러 개를 맞붙여서 배치하고 뷔페음식을 진열하여 손님이 직접, 기호에 맞게 양껏 집어 들고 테이블과 의자가 배치된 인접한 방에 가서 식사할 수 있도록 한다.

(4) 리셉션 파티

리셉션은 중식과 석식으로 들어가기 전에 식사의 한 과정으로 베푸는 리셉션과 그 자체가 하 한 행사인 리셉션으로 나눠진다.

1) 식사 전 리셉션(Pre-meal reception)

식사에 앞서 리셉션을 가지는 목적은 일정시간에 이르기까지 손님들이 서로 모여서 교제할 수 있도록 배려하는 데 있고 이것은 다과와 같이 한입에 먹을 수 있는 크기(one bite size)의 간단한 음식을 제공하는 것이 통례이다. 이때 제공되는 음식들은 구미를 돋우는 것이 되어야 한다. 여기에 따르는 음료들은 위스키와 소다, 진과 토닉, 그리고 과일 주스, 소프트드링크 등이 통상적으로 사용된다. 리셉션 장소는 고객들이 서로 부대낌 없이 움직일 수 있는 충분한 공간을 요하는데 이상적으로 250명의 리셉션에는 약 15.5m*15.5m 크기의 공간이 필요하다. 그러나 불규칙한 모양의 홀이라면 좀 더 넓어야 할 것이다. 식사 전 리셉션은 보통 30분 동안 베풀어지므로 초대장에 "오후 6시 30분부터 7시 사이(6:00 for 7 pm)"라는 문구를 삽입토록 한다. 때에 따라서 고객이 너무 일찍 오거나 귀빈이 너무 늦게 오는 경우 리셉션 시간이 더 늘어 날수 있지만 일반적으로 대부분의 사람들은 30분쯤 기다렸다가 함께 식사하러 들어가는 것이 좋다. 식사 전 리셉션에 내는 음식은 내용을 풍부하고 실속 있는 것들로 차려서는 안 되고, 다만 고객의 식욕을 돋우는 작은 한 입 거리(Nibbles)음식과 음료로 꾸며야 한다. 땅콩 류와 포테이토 칩, 올리브 류, 칵테일 오니온, 조그만 크기의 칵테일 비스킷 등이 보통 제공되는 품목이며 때때로 카나페와 세이보리(savoury) 류가 제공되기도 한다. 이 때 주의해야 할 점은 이들 리셉션 음식들로 인해 오히려 식욕이 둔감 되지 않도록 신경 써야 하므로 음식들을 작은 크기로 준비할 것이며 구미를 돋우는 것들이어야 한다. 스위트품목(sweet items)은 식사 전에 결코 제공되어서는 안 된다.

2) 풀 리셉션(full reception)

풀 리셉션은 말 그대로 리셉션만 베풀어지는 행사이므로 한번 제공된 음식들로만 채워지고 더 따라오거나 이어지는 음식이나 주류는 없고 보통 2시간 정도 진행된다. 제공 되어지는 음식은 대체적으로 카나페, 샌드위치, 커틀렛, 치즈, 디프류, 작은 패티 등의 한입거리 음식(Finger Food)으로 준비하며 식사 전 리셉션(pre-meal reception)의 음식보다는 내용이 더 실속이 있어야 하고 더운 음식

(hot meal)과 차가운 음식(cold meal)으로 다양하게 내용을 구성하여야 한다. 주류로는 식사 전 리셉션에서는 독한 술(hard liquor)이 어울렸지만 풀 리셉션에서는 디너와 뷔페에서와 같이 고객에게 와 인류를 내어도 된다. 적포도주나 달콤한 백포도주, 드라이 백포도주와 로제 와인(Rose wines)류 등을 고객이 선택하여 들 수 있도록 준비하고 포도주의 질은 가격과 모임의 특성에 따라 결정하도록 한다.

(5) 티파티(Tea Party)

일반적으로 브레이크타임에 간단하게 개최되는 것을 말한다. 칵테일파티와 마찬가지로 입식(Standing Style)으로 커피와 티를 겸한 음료와 과일, 샌드위치, 디저트류, 쿠키류 등을 곁들인다. 보통 회의시, 좌담회, 간담회, 발표회, 등에서 많이 하는 파티의 일종이다. 또한 자녀중심의 입학, 졸업축하, 여성의 동창회, 생일파티 등의 간단한 파티에 적용되며 음식은 1인분씩 다과를 세트로 차려놓고 자유스럽게 먹는다.

(6) 특정목적의 파티

1) 모금파티(Fund Raising Party)

미국에서는 각종 선거가 가까워 오면 특정후보를 위하여 자금을 모금하기 위한 파티가 성행하게 되는데 모임은 정당주최, 개인주최 등 다양하다. 회비는 일인당 100불에서 1,000불까지 있다. 민간단체에서도 화이트 에레판트 세일(White Elephant Sale)이라고 부르는 파티가 있다. 화이트 에레판트는 흰 코끼리의 뜻으로 이를 유지하는 데에는 비용이 많이 드는 무용의 거불이라는 뜻이다. 즉 불용품 교환회(Burdensome Possession)가 이러한 모임의 일종이다. 술을 못 먹는 사람에게 위스키는 불용품이나, 다른 사람에게는 가치 있는 사장품인 것이다. 헌 원피스, 커피, 악세사리 등 이러한 것들을 지참케 하여 일정한 장소에 모아 경매에 붙여서 그 판매대금을 모금하게 된다. 우리나라도 정치인들의 모금운동이 법적으로 보장되면서 이런 류(類)의 특정후보를 지원하기 위한 각종 모금행사가 선거 시기와 관계없이 개최되고 있다.

2) 포트럭 디너(Potluck Dinner)

미국인들이 고안해 낸 파티이다. 각자 일품식사를 지참하여 한자리에 모여 다 같이 즐기는 파티로서 이를 코오페레이팅 파티(Cooperating Party)라고도 한다. 주최자가 음식목록을 작성하여 주요리, 샐러드, 디저트로 분류하고 참석자들에게 그 중 한 가지의 음식을 지참케 하는 것이다. 이러한 파티는 주로 개인적 성격의 파티로서 서로의 친분이 두터운 것을 전제로 가능하다.

3) 샤워파티(Shower party)

친한 친구끼리 모여 축하를 받을 사람을 중심으로 하여 그에 대한 환담으로 화제를 유도하며 참석자 전원이 선물을 하는 파티이다. 즉 우정이 비와 같이 쏟아진다는 "샤워(Shower)"의 의미를 붙인 것이다. 이는 극히 개인적 파티이며 주로 여성들이 중심이 되어 개최하는 파티이다. 신혼부부에게 필요한 선물을 하는 결혼 축하연(Bridal Shower), 출산을 축하는 출산 축하연(Baby Shower)등이 있다.

4) 무도회와 댄스파티(Ball and Dance)

우리나라에서는 무도회와 댄스파티를 분명히 구별하지 않는 경향이 있으나, 영어로는 이 양자를 구별한다. 즉 댄스는 보통 일정한 연령에 달한 사람을 초대하지만 무도회에의 초대자는 연령에 관계없이 호스티스와 친한 관계 인사는 누구나 초대될 수 있다는 차이이다. 다시 말하면 무도회는 댄스파티보다 많은 사람이 출석하여 큰 규모의 댄스파티를 이룬다는 의미이다. 남성은 소개받은 여성에게 한번은 댄스를 프러포즈하는 것이 에티켓이다.

(7) 출장연회(Out side Catering)

모든 파티가 다 음식을 장만하는 사람의 소유건물에서 베풀어지는 것은 아니다. 사실상 근래에 들어 연회 사업 중 가장 각광을 받고 크게 번창하는 분야가 바로 출장연회이다. 연회주최자 자신의 건물에서 연회를 베풀고자 하는 의도는 여러 가지가 있을 수 있다. 그리고 연회의 형태, 스타일, 규모도 다양하다. 소규모로서 가장 간단한 출장연회의 한 형태는 개인 가정집의 조촐한 오찬 및 만찬 파티이고, 가장 많이 베풀어지는 형태는 결혼피로연, 생신연, 기타 가족모임이다. 회사들은 귀빈의 방문이라든가 무역박람회 혹은 특별행사에 참석하는 손님들의 접대를 위해 출장 연회 팀을 부르기 마련이다. 특히 근래에 들어 사무실 이전이라든가 사옥기공 및 준공에는 출자연회가 필수적인 요건이다. 따라서 이 파티를 요청 받으면 연회담당자가 제일 먼저 해야 할 일은 주방요원과 함께 파티현자에 가보는 일이다. 주방의 규모와 활용 가능한 설비에 따라 어떤 음식을 제공하여야 할 것인지를 결정하여야 하기 때문에 주최자와 메뉴를 상의하기 이전에 방문하여 둘러보아야 한다.

(8) 옥외파티(Entertaining in the Open Air)

날로 증가하는 현대생활에 대한 압박감과 전원생활에 대한 향수로 인해 사람들은 옥외에서 즐기는 방법을 찾게 되었다. 옥외식사에는 기본재료를 사용해서 만든 간단하고 맛있는 음식이 적합하다. 옥외파티는 크게 다음과 같이 3종류로 나누어진다.

1) 바비큐 파티(Barbecues Party)

바비큐란 낱말은 옥외용 숯불구이 석쇠를 뜻하지만 옥외 파티란 의미로 사용될 때에는 조리방법에 꼭 석쇠구이(Grilling)로 한정시키지 않고 정원에 영구적으로 설치해 놓은 영구 석쇠틀, 휴대용 그릴, 캠프파이어 등도 의미한다. 바비큐에 쓰이는 불은 건조시킨 단단한 나무(떡갈나무, 벚나무 등)나 잘라낸 포도나무 혹은 숯을 이용하며, 어떤 연료를 사용하든지 조리는 타오르는 불길(A blazing fire) 위에서가 아니고 뜨거운 잔화(the hot embers) 위에서 해야 한다. 바비큐의 메뉴로는 보통 찹류(chops), 스테이크 류, 소시지, 치킨, 그리고 송어 등 단단한 살을 가진 생선 등이 이상적인 품목이다. 마리네이드 종류는 그릴링하기 전에 숯불에 마리네이드액이 떨어지지 않도록 물기를 털어 주고 조심스럽게 굽도록 할 것이며, 굽는 동안 마리네이드와 함께 버터를 발라 준다. 음식은 석쇠에 굽기 전에 미리 간을 하고 기름을 발라 준다. 송어나 단단한 살을 가진 생선은 알루미늄박지에 싸서 바비큐 조리를 한다. 가니쉬와 야채 등은 메인 품목과 함께 싸면 한 번에 전 코스를 그릴 링 할 수 있다. 감자도 낱개로 알루미늄박지로 포장해서 숯불 가까이 두던지, 숯불 안에 넣든지 해서 구워 낼 수 있다. 수소나 돼지나 어린 양의 전체 몸통구이는 영국에서 자선사업기금을 조성하는 데 가장 널리 쓰이는 방법이다. 그리고 때때로 개인파티에서도 이루어 질 수 있는데 불 주위에 들러 모여 서서, 숯불구이를 들면서 나무로 만든 큰 컵에 거품이 이는 맥주를 들이키는 기쁨을 서로 즐길 수 있기 때문이다.

2) 피크닉 파티(Picnic Party)

피크닉 파티는 말 그 자체대로 야외에 가서 하는 가족단위, 회사동료, 동기동창모임 등 다양하게 이루어지고 있는 파티를 말한다. 피크닉에서의 음식은 바비큐의 조리방법으로 서브될 수 있는 것이 많다. 통나무나 담요를 깔고 앉아 있는 손님들에게 바구니의 찬 음식을 서브한다. 그리고 더운 날씨에는 음식을 좀 선선하게 해서 서브해야 한다. 조류나 육류의 찬 로스트류(cold roast joint), 파이류, 무스(Mousses) 류, 젤리와 가또(Gateaux), 그리고 과일류, 차가운 수프, 과일샐러드, 빵류, 소금과 후추, 드레싱 류 등이 대상품목이다. 아이스박스(insulated boxes)에 음식을 넣으면 몇 시간 정도는 차게 유지할 수 있다. 그리고 차가운 과일 샐러드는 물에 한 번 씻어서 플라스틱 등에 담아 운반할 수 있다. 혼합샐러드(compounds salad)의 경우 그릇에 담아 갈 수 있지만, 토마토나 오이와 같이 물기가 있는 식품은 통째로 가져가서 목적지에 가서 첨가해 주는 것이 좋다. 포도주, 맥주, 생수 등은 아이스박스에 담아와 가지고 계곡의 차가운 물이나 웅덩이 물에 담가두면 시원한 상태를 유지 할 수 있다.

3) 가든파티(garden party)

쾌적하고 좋은 날씨를 택하여 정원이나 경치 좋은 야외에서 하는 파티를 말한다. 날씨가 변덕스럽기로 소문나 있는 영국이지만 가든파티는 거의 관습처럼 베풀어지는데 영국 황실의 버킹검 궁정 뜰에서 베풀어지는 로얄가든 파티

(Royal party)는 세계적으로 유명하다. 그러나 부드럽게 깔린 넓고 푸른 잔디밭과 아름다운 정원을 갖추고 있는 장소이면 어떤 곳이든 가든파티를 행할 수 있다. 가든파티는 다른 형식의 옥외파티와는 달리 평상복이 아니라 정장차림으로 참석해야 하는 모임이다. 음식은 한 입 크기로 준비하고 맛좋은 품목으로 훌륭한 접시(delicate china) 위에 예쁘게 담아내도록 한다. 가든파티는 보통 오후에 열리므로 관습적으로는 차(tea)와 함께 싱싱한 레몬이나 오렌지 스쿼시를 음료로 준비한다. 그러나 음료류에는 알코올이 함유되어 있지 않는 다른 차가운 음료도 포함시켜서 서브할 수 있다. 식탁이나 의자를 준비하지 않으므로, 파티는 스탠딩 뷔페에 해당되고 식단은 뷔페에 준하여 낸다. 그러나 가든파티에서는 싱싱한 과일샐러드와 아이스크림 류도 낼 수 있으며, 딸기나 크림이 제철일 때는 거의 필수적으로 서브하지 않으면 안 된다. 그리고 테이블이나 의자를 준비하지 않으므로 파티는 Finger Buffet에 해당되고 메뉴는 뷔페에 준 한다.

(9) 임대연회(Rental)

식사위주의 행사가 아니라 호텔에서 볼 때 연회장 및 기타설비의 임대에 의미를 두는 연회를 말한다.

1) 전시회 (Exhibition)

무역, 산업, 교육 분야 혹은 상품 및 서비스판매업자들의 대규모 상품진열을 의미하는 것으로서 회의를 수반하는 경우도 있다. 전시회, Trade Shower라고도 하며 유럽에서는 주로 Trade Fare 라는 용어를 사용한다.

2) 국제회의(Convention)

회의분야에서 가장 일반적으로 쓰이는 용어로서 정보전달을 주목적으로 하는 정기집회에 많이 사용된다. 과거에는 각 기구나 단체에서 개최되는 연차총회의 의미로 쓰였으나 요즘은 총회, 휴회기간 중 개최되는 각종 소규모회의, 위원회 등을 포괄적으로 의미하는 용어로 사용된다.

3) 기 타

문화, 예술, 공연, 체육행사, 패션쇼 등

2. 와인(소믈리에)

(1) 와인의 개요

넓은 의미에서의 와인은 과실을 발효시켜 만든 알코올 함유 음료를 말하지만, 일반적으로 신선한 포도를 원료로 한 포도주를 의미하며 우리나라 주세법에서 역시 과실주의 일종으로 정의하고 있다. 지구상에서 만들어지는 술의 종류는 굉장히 다양하고 또한 그 지방에서만 나오는 특산품의 술들이 있어서 여기에 향과 맛이 어우러져 주는 향취와 질감은 우리의 삶을 풍요롭게 해주고 있다. 이 세상의 모든 술들이 우리에게 풍요로움을 주지만 거기에 더하여 와인은 다음과 같은 좋은 점이 있는데 내용은 다음과 같다.

와인은 다른 술과는 달리 제조과정에서 물이 전혀 첨가되지 않으면서도 알코올 함량이 적고, 유기산, 무기질 등이 파괴되지 않은 채 포도 성분이 그대로 살아 있는 술이다. 실제로 와인의 성분을 분석하면 수분 85%, 알코올 9-13% 정도이고 나머지는 당분, 비타민, 유기산, 각종 미네랄, 폴리페놀(동맥경화 예방에 효능이 있는 카테킨 등)로 나뉜다.

와인은 알칼리성 음료로 적당한 양을 섭취하면 에너지를 돋우는 건강음료로서 원료는 포도의 과즙을 발효・숙성시켜 제조한다. 와인의 성분 중 프로시아니돌(procyanidol)을 적당히 섭취하면 뚜렷한 혈관보호효과를 볼 수 있는데, 동맥내막을 보호하고 투과율을 유지시키므로 동맥경화예방과 콜레스테롤의 억제작용도 한다. 와인의 주성분 중에는 병을 예방하는 물질들이 다량 들어있다. 특히 혈관에 관련된 질병을 예방하거나 치매를 예방하거나 그 중 심장발작을 예방하는 효과가 크다. 와인 제조 과정을 보면 포도에서 나오는 즙 외에는 다른 물질(단 보존제인 아황산가스 수십 ppm은 제외)이 들어가지 않는, 태양만이 내려줄 수 있는 주류이자 천연의 자연음료 이기 때문이다.

1) 색깔로 구분

① 화이트와인

물처럼 투명한 것에서부터 엷은 노란색, 연초록색, 볏짚색, 황금색, 호박색을 띤다. 잘 익은 청포도는 물론이고 일부 적포도를 이용하여 만드는데, 포도를 으깬 뒤 바로 압착하여 나온 주스를 발효시킨다. 맛이 순하고 상큼하다. 일반적인 알코올 농도는 10~13% 정도이며, 8도 정도로 반드시 차게 해서 마셔야 제 맛이 난다.

② 레드와인

붉은 벽돌색, 자주색, 루비색, 적갈색을 띤다. 적포도로 만드는 레드와인은 포도껍질에 있는 붉은 색소를 추출하는 과정에서 씨와 껍질을 그대로 함께 넣어 발효하므로 떫은맛이 난다. 일반적인 알코올 농도는 12~14% 정도이며, 화이트와인과는 달리 상온(섭씨 18~20도)에서 제 맛이 난다.

③ 로제와인

엷은 붉은색이나 분홍색을 띤다. 레드와인과 같이 껍질을 같이 넣고 발효시키다가 어느 정도 우러나오면 껍질을 제거한 채 과즙만을 가지고 와인을 만든다. 보존기간이 짧고 오래 숙성하지 않고 마시게 되는 로제와인은 색깔로는 화이트와인과 레드와인의 중간이라 하지만 맛으로 보면 화이트와인에 가깝다.

2) 식사시 용도에 의한 분류

① 식전용 와인(aperitif wine)

본격적인 식사를 하기 전에 식욕을 돋우기 위해서 마신다. 한두 잔정도 가볍게 마실 수 있게 산뜻한 맛이 나는 화이트와인이나 샴페인, 셰리 등을 마시면 좋다.

② 식사중와인(table wine)

보통 '와인'이라고 하면 식사중 와인을 의미한다. 테이블와인은 식욕을 증진시키고 분위기를 좋게 하는 역할 외에도 입안을 헹궈내어 다음에 나오는 음식들의 맛을 잘 볼 수 있게 해준다.

③ 식후용 와인(desert wine)

식사 후에 입안을 개운하게 하기위해 마시는 와인이다. 약간 달콤하고 알코올 도수가 약간 높은 디저트와인을 마신다. 포트나 셰리가 대표적인 디저트와인에 속한다.

3) 제조방법에 의한 분류

① 스파클링와인(sparkling wine)

발포성와인이라 부르는데, 이것은 발효가 끝나 탄산가스가 없는 일반와인에 다시 설탕을 추가해서 인위적으로 다시 발효를 유도해서 와인 속에 기포가 있는 와인을 가리킨다. 특히 프랑스 샹파뉴 지방에서 생산되는 것만을 샴페인이라고 부르는데, 이 샴페인과 이탈리아의 스푸만테가 대표적 와인이다. 알코올 도수는 대체로 9~14도이다.

② 주정강화와인(fortified wine)

스페인의 셰리나 포르투갈의 포트처럼 발효 중 증류주를 첨가해 알코올 함유량을 16~20% 정도로 높인 것이다.

③ 가향와인(flavored wine)

와인 발효 전후에 과실즙이나 쑥 등 천연향을 첨가하여 향을 좋게 한 것이다. 베르뭇(Vermouth)이 가향와인의 대표적인 예로 칵테일용으로 많이 쓰인다.

4) 바디(body : 입안에서 감지되는 와인의 무게, 와인의 스타일을 결정해주는 요소)

① 라이트바디드(light-bodied)

② 미디엄바디드(medium-bodied)

③ 풀바디드(full-bodied) : 오래 숙성시켜 특유의 우아한 향과 부드러운 맛을 제대로 즐길 수 있다.

5) 단맛의 유무

단맛은 포도즙 내 당분이 완전 발효되지 않고 남게 되는 잔당에 의해 느껴진다. 레드와인은 대부분 드라이한데 색깔이 짙을수록 드라이한 경향이 있고, 화이트와인은 색깔이 엷을수록 드라이한 성향을 띤다.

① 드라이와인(dry wine)

② 미디엄드라이와인(medium-dry wine)

③ 스위트와인(sweet wine)

6) 와인 따르기

와인은 약간 더 형식적이고 복잡하다. 와인을 따를 때에는 주로 4단계로 나누어 따른다.

먼저 와인 잔에 와인을 따르는데, 보통 와인은 잔의 1/3~2/5정도 따른다. 2/3 부분은 와인의 색상과 향을 즐기는 공간이라고 생각하면 되고, 병의 상표가 붙어있는 뒷면의 아래 부분을 잡아서 주빈이나 손님이 상표를 볼 수 있도록 해서 따르는 것이 일반적인 서브방법이다.

와인 잔은 와인의 종류(특히 와인 생산 지역)에 따라 모양이 다르는데 대게 레드 와인은 잔이 아주 큰 잔(잔 부피가 약300cc 정도)에 따르게 되며 화이트 와인은 작은 잔(부피가 약150cc 정도)에 따른다.

잔 모양은 와인의 지역(보르도, 부르고뉴등)에 따라 그 생김새가 다 다르며- 각 지역의 와인이 갖는 향과 맛을 가장 잘 표현할 수 있는 모양으로 개발을 했기 때문이다. 좋은 잔 일수록 잔의 두께가 얇다. 'Riedel'이라고 하는 오스트리아 와인 잔 전문생산 회사가 아주 유명하다. 이 회사에서 만든 와인 잔은 기계로 만든 것과 수공으로 만든 것(Sommelier Series) 두 가지가 있는데 기계로 만든 것도 너무 좋아서 잔을 엄지와 검지로 잡아보면 거의 손가락이 붙어있는 느낌이 드는데 이런 잔들은 주로 잔 입구(주둥이)가 좁고 와인을 담는 부분(아래의 오목한 부분)이 아래쪽으로 둥그런 모양인데 그렇게 만든 이유는 와인의 향기를 집중시켜 모으려고 만들었기 때문이다. 이런 잔으로 와인을 마셔보면 그냥 아무런 잔에다 마시는 것과 전혀 다른 맛을 느낄 수 있다.

7) 와인글라스

고대 이집트에서부터 그리스 로마를 지나 근세 초기까지 사기이나 주석, 나무의 재질을 이용한 불투명 잔을 사용하여 와인의 색을 볼 수 없었는데, 17세기 말 영국에서 납이 들어간 유리잔인 크리스털이 발명되어 와인 잔의 역사는 변하게 된다. 산업혁명의 사회를 지나며 유럽이 경제적 성장의 물결에 휩싸이며 양조학 분야도 눈부신 발전을 하게 된다. 이제 와인은 식품이 아닌 예술적 가치를 지닌 시음의 대상이 된 것이다. 귀족과 부르주아들은 불투명한 주석 잔이나 사기잔보다 점점 유리잔을 선호하게 되었다. 그러나 이 시기의 유리잔들은 일종의 예술품적인 가치를 지니고 있지 와인 시음이라는 본래의 기능은 하기 어려운 것들이 많았다. 색상이 가미되거나, 상감처리를 한다든지, 모양이 변형되고 장식적이 면이 많아 안의 내용물을 보기가 힘들기 때문이다.

<그림 19> 와인글라스의 종류

(2) 와인의 맛

1) 와인글라스

리델 글라스의 홍보 문구처럼 적절한 잔을 선택하면 최상의 맛을 시음할 수 있는데, 먼저 기본적인 와인 잔의 조건을 설명하자면 첫째, 외형에서 튤립 모양으로 볼록해야 한다. 잔의 가장자리(rim)는 안쪽으로 휘어 있어 와인의 향기를 모아 한껏 들이 마실 수 있어야 한다. 잔의 몸체(body)는 깊어야 공기와 접하는 면적이 좁아서 향기를 모을 수 있다. 둘째, 잔의 지지대는 손으로 몸체를 잡지 않아도 될 만큼 충분히 길어야 한다. 때에 따라서 화이트 와인은 손의 접촉에 의해서도 온도가 상승하는 경우가 있기 때문이다. 셋째, 잔의 크기는 충분히 커야 한다. 특히 향기와 와인의 눈물을 보기 위해 잔을 돌릴 때 넘치지 않는 크기가 좋다. 즉, 한 번에 서비스되는 와인의 양이 보통 90ml 임을 감안할 때 잔의 크기는 최소한 280ml 정도 되는 것이 적당하다. 간혹 어떤 레스토랑에서는 더 큰 잔을 사용하기도 하는데 이는 최상급 레드 와인 서비스에서 많이 이용된다. 넷째, 샴페인의 잔은 이와 달리 긴 플룻 형태가 가장 좋다. 플룻 샴페인 잔은 색깔과 거품을 관찰할 수 있도록 제작하였기 때문에 작은 기포가 올라오는 시각적인 즐거움을 누릴 수 있다. 다섯째, 글라스는 매끄럽고 각이 져서는 안된다. 가장 이상적인 와인글라스는 고순도의 투명한 크리스털로 와인의 특성을 왜곡 없이 관찰할 수 있다.

이러한 기본적인 조건을 갖춘 것 이외에 각 지역의 와인에 특성에 맞게 제작된 글라스가 있다. 가장 유명한 회사는 리델(Riedel)이라는 오스트리아 회사로 보르도잔, 보르도 그랑크뤼잔, 부르고뉴잔, 샤도네이잔 등 종류만 수십 가지에 이른다. 같은 레드 와인 잔이라 해도 보르도 잔은 약간 길고 부르고뉴잔은 그에 비해 옆으로 더 넓은 모양이다. 앞에서 이미 밝혔듯이 와인 애호가에게 와인글라스는 와인을 이해하기 위한 최상의 도구이다. 잔 하나로 와인이 주는 기쁨을 누릴 수 있다면 과감한 투자도 결코 아깝지 않을 것이다.

2) 아로마틱 테이스트(aromatic taste sensation)

전반적으로 와인의 맛은 입 안쪽의 후각 기관에서 감지되는 향긋한 향과 동행한다. 와인의 향은 코로만 들여 마시는 것이 아니라, 먼저 입으로 들여 마셨다가 코로 내쉴 때 느끼게 된다. 후각 기관을 자극하는 데는 여러 가지 화학. 물리 반응이 일어난다. 첫 번째로 입안의 온도로 따뜻해진 와인 입자들이 급격히 증발하면서 후각을 자극한다. 두 번째로 치아로 와인을 자극 할 때 물리적 반응에 의해서 와인의 후각 요소들이 발출되기도 한다. 그리고 마지막으로는 자연적으로 분비되는 침이 와인과 함께 화학반응을 일으켜 향을 더하게 된다. 지금껏 보아 왔듯이 시각, 후각, 미각으로 이어지는 와인 테이스팅은 우리 감각기관이 와인을 맛보는 순서에 의거하는 것이다.(처음에는 눈으로 보고, 그 다음에 향을 맡고, 마지막으로 맛을 본다) 향에 의한 맛과 끝맛, 그리고 뒷맛은 미각의 전개 과정을 순서대로 나열한 맛의 단계이다.

3) 피니쉬와 애프터테이스트(Finish and Aftertaste)

와인 애호가 중에서 피니쉬와 애프터 테이스트를 동의어로 사용하는 경우가 간혹 있다. 하지만 세심히 분석해보면 두 가지는 다른 의미를 가진다. 피니쉬는 와인의 마지막 한 방울이 입안에 남아있을 때의 끝맛을 말하는 것이고, 애프터 테이스트는 와인을 마시고 난 후의 그 입안에 남은 여운을 일컫는다. 고품격의 와인일수록 깔끔하고 균형 잡힌 여운이 입안에 더 오래 남는다. 몇몇 애호가들은 입안에 남는 여운을 시간으로 재어서 와인의 등급을 매기기도 한다. 와인에 이상이 있다면 그 끝맛이 시면서 씁쓸한 맛이 나게 된다. 와인의 끝맛에서 신맛이 난다고 불평하는 사람들이 자주 있는데, 이는 혀에 신맛을 감지하는 감각이 다른 미각에 비해서 더 오랫동안 두뇌를 자극하기 때문이다. 하지만 이외에도, 발효과정에서 효모가 제대로 분해되지 못해 신맛이 날 수도 있다. 애프터테이스트는 와인의 밸런스와 완성도를 측정할 뿐 아니라 더 나아가 기품과 가치를 측정하는 마지막 관문이기도 하다.

와인을 맛본 다음 중요한 것은 정리를 해 두는 것, 즉, 어떤 와인은 언제 어디에서 무엇과 먹었는데, 어떤 맛과 향이 느껴지더라 하는 테이스팅 노트(Tasting note)를 작성하는 것 또한 중요한 시음 단계이다. 이 테이스팅 노트들은 와인경험을 글로 '사진' 찍어 놓는 것과 같다. 이 노트들은 자신만의 어휘들을 개발할 수 있게 하고, 또 과거의 와인 경험들과 현재의 것을 비교해 볼 수 있는 자료들을 제공한다. 즉, 특정 순간에 들었던 노래를 우연히 들었을 때 그 장면이 생생히 살아나듯, 테이스팅 노트 또한 과거 그 순간, 그 와인과의 만남의 순간을 생생히 되돌려주는 자료가 된다. 이와 같은 감상적인 이유 외에도 테이스팅 노트들은 와인 애호가들로 하여금 맛이 없는 와인은 다시 사는 잘못을 저지르지 않아도 되게 하는 실용적인 도구가 된다. 처음에는 자신의 경험을 어떤 표현으로 묘사해야 할 지 정확하게 모르겠어도 횟수가 늘어날수록 어휘력과 감수성의 폭도 늘어날 것이 분명하다.

4) 화이트와인과 레드와인

화이트와인은 포도를 으깬 뒤 바로 압착하여 나온 주스를 발효시키지만, 레드와인은 씨와 껍질을 그대로 함께 오랫동안 발효하여 붉은 색소가 추출되도록 한다. 따라서 화이트와인은 맛이 상큼하고 깨끗하나 레드와인은 발효시 붉은 색소뿐만 아니라 씨와 껍질에 있는 타닌성분까지 함께 추출되므로 떫은맛이 난다.

(3) 와인시음 에티켓

와인의 시음은 남성이 하는 것이 에티켓이다. 주인이 여성일 때에는 동석한 남성 손님에게 시음을 의뢰한다. 시음이 끝나면 웨이터는 와인을 따라주게 되는데 그 순서는 최초로 상석의 여성에게 한 후 그 다음은 시계바늘 도는 방향으로 여성에게만 따라준다. 그 다음 남성중 상석의 손님에게 따르고 같은 순서로 남성에게 따라준다. 마지막 사람의 잔이 채워지면 초대자가 '자, 듭시다'라는 신호를 하게 되므로 그때부터 조금씩 마시면 된다. 잔은 1/2~2/3정도 채우는 것이 적당하다. 따를 때 와인이 병 입구에 흐르지 않도록 살짝 돌리면서 들어 올리는 것이 좋다. 와인 잔을 받으면 잔을 앞으로 45도 가량 기울여서 Red Wine의 경우는 약간 내려다보는 위치에, White Wine의 경우는 조금 눈 위로 치켜보는 위치에 둔다. 특히 주의할 것은 웨이터가 따르는 동안 잔에 손대지 말아야 한다.

와인 격식에 부담을 느낄 필요가 없다. 그러나 꼭 지켜야 할 몇 가지 사항이 있다. 와인에 괜히 거부감을 느끼는 사람들에게 그 이유를 물으면 딱딱한 테이블 매너나 복잡한 에티켓을 꼽는다. 그러나 와인 전문가 들은 몇 가지 최소한의 예의만 지키면 전혀 부담 없이 와인을 즐길 수 있다고 말한다. 와인의 테이블 매너는 대개 와인의 주문에서부터 시작된다. 대개 고급 레스토랑의 경우 소믈리에나 전문 웨이터가 있게 마련이어서 모를 경우 전문가한테 추천을 의뢰하거나 물어보는 것이 최상의 매너이다. 부담 없는 자리라면 레스토랑에서 잔으로 제공하는 하우스 와인을 선택하는 것도 좋은 방법이다. 와인 주문에서 최악의 매너는 “적당한 것 가져오라.”며 얼버무리든지 “이 집에서 제일 비싼 것 가져오라.”며 허세를 부리는 것. 우리나라는 아직도 가장 비싼 와인이 제일 좋은 와인이라는 고가 선호 문화 때문에 지금도 간혹 이런 손님이 있다고 한다.

주문한 와인이 온 뒤 호스트의 와인 테스트라는 의식이 시작된다. 다소 딱딱한 의식이 요구되기 때문에 와인을 싫어하는 사람들이 가장 싫어하는 순서이다. 먼저 호스트는 그 모임을 주선한 사람이나 그 자리에서 최고 연장자가 맡는 게 보통이지만, 해당되는 사람이 사양할 경우 즉석에서 지명되는 사람이 호스트를 맡는 것도 자리를 부드럽게 하는 요령이다.

호스트 테스트는 웨이터가 주문한 와인이 맞는지를 확인시키기 위해 라벨을 보여주는 것으로 시작한다. 확인이 끝나면 웨이터가 마개를 뽑은 뒤 호스트에게 건네주기도 하는데 이때 코르크의 냄새를 맡아보면 된다. 코르크의 냄새를 통해 와인이 상했는지 와 젖어 있는지 여부를 확인한다. 코르크가 말라있다면 와인을 세워 보관했다는 뜻이다.

다음 절차는 웨이터가 잔에 소량의 와인을 따르면 먼저 색깔을 살피고, 이어 잔을 두세 번 흔들어 코에 대고 향기를 맡은 뒤, 소량을 시음해본다. 아무런 이상이 없으면 웨이터에게 따를 것을 허락한다. 웨이터가 와인을 따른 뒤부터 다음 사항만 지키면 문제될 것이 없다.

웨이터가 따르는 동안 잔을 잡지 않는다. 마실 땐 손잡이를 잡는다. 훌훌 소리 내서 마시지 않는다. 잔에 입술 자국을 남기지 않는다. 잔을 돌리지 않는다. 상대편과 보조를 맞추며 마신다.

3. 커피(바리스타)

(1) 커피의 개요

인류는 긴 세월동안 가지각색의 음식문화를 발전시켜왔다. 특히나 차(茶)는 동서고금을 막론하고 그 탁월한 색향 미와 효능으로 많은 사랑을 받아왔다. 우리나라 역시 오랜 옛날부터 선인들이 자연을 벗 삼아, 또는 마음의 여유를 찾고자 차를 즐겼었다. 과거 우리에게도 풍요로운 식단 뒤에 품위 있는 차 대접이 뒤따랐던 역사가 있었던 것이다. 그러나 요 근래 우리는 급격한 사회적, 문화적 변동으로 빠르고 간단한 식단을 추구하게 되면서 자연스레 차와 같은 고급문화까지 그 의식이 미치지 못했던 것이 사실이다. 우리 민족이 예부터 즐기던 전통적인 차(茶)에 비해 짧은 역사를 가지고 있음에도 불구하고 커피는 짧은 기간 내에 단순한 기호 식품을 넘어선 하나의 '문화'로서 성장하여 우리 사회에 자리 잡았다. 현대인들은 홀로 여유를 즐길 때에 손에서 커피를 놓지 않으며, 친구와 연인들과의 만남에서도 커피를 잊지 않는다. 심지어는 커피는 비즈니스를 위한 업무상의 만남을 위해서도 빠져서는 안 될 필수적인 음료로 인식된 지 오래이다.

이렇듯 우리나라에서 커피가 문화로 정착되는 데에는 테이크아웃(take out) 커피 전문점이 큰 역할을 해내었다. '테이크아웃 커피 전문점'이란 기존의 카페와는 달리 고객이 자신이 주문한 커피를 매장 밖의 원하는 장소로 가지고 가서 마실 수 있게끔 포장을 하여 주는 편의를 제공하는 커피 전문점이다. '테이크아웃'이라는 새로운 판매 형태는 바쁜 삶을 사는 현대인들의 생활 모습에 맞아 떨어졌고, 테이크아웃 커피 전문점은 2000년 12월 이화여자 대학교 앞에 최초로 생긴 스타벅스 1호점을 필두로 하여 우후죽순 격으로 생겨나기 시작했다.

현재는 도심 어디에서나 찾아볼 수 있는 테이크아웃 커피 전문점은 판매 형태 외에도 새로운 커피 제조 방법에 그 특징을 두고 있다. 기존의 카페에서는 인스턴트 제품을 끓는 물에 녹여 만든 커피를 판매했다. 그러나 테이크아웃 커피 전문점은 인스턴트 제품을 사용하지 않고 커피 원두에서 직접 추출해낸 원액 즉, 에스프레소를 기반으로 커피를 만드는 제조 방법을 선택했다. 새로운 커피 제조

방법으로 만들어낸 커피는 그 맛과 풍미는 기존의 커피와는 매우 달랐다. 에스프레소를 기반으로 한 커피는 처음에는 우리나라 사람들에게 낯선 맛으로 다가왔다. 그러나 인스턴트 커피에서 느낄 수 없는 특유의 깊고 진한 맛의 에스프레소 커피와 에스프레소를 기반으로 다양한 재료들을 가미해서 만든 베리에이션 커피들은 곧 우리나라 사람들을 특히 젊은 층을 사로잡는 데 성공한다.

이제는 우리가 일상적으로 마시는 에스프레소 및 베리에이션 커피는 인스턴트커피와는 달리 고가의 장비와 고도의 기술을 요구한다. 에스프레소 커피와 베리에이션 커피를 만드는 데에 기본이 되는 에스프레소 추출은 어느 정도의 훈련이 없으면 획득하기 어렵기 때문이다. 전문성이 필요로 하는 일에는 항상 전문가들이 생긴다. 이는 커피에 있어서도 마찬가지였다. 한국에서도 테이크아웃 커피 전문점과 함께 에스프레소를 추출하여 커피의 풍부한 맛과 풍미를 담당하는 전문가가 등장하게 되었으며, 이들을 일컬어 '바리스타(barista)'라 한다.

본 조는 커피 문화의 한 축을 담당하고 있는 바리스타가 어떠한 자질과 훈련을 거쳐 어떠한 직무를 행하고 있는지를 알아보기로 하였다. 본 조의 연구는 현재의 커피 문화가 지닌 잠재력과 발전 가능성에 긍정적인 인식을 가지고 있기에 계획되었으며, 본 연구의 결과는 앞으로 커피를 즐기는 고객들에게 보다 양질의 제품과 서비스를 제공할 수 있는 바리스타의 선발과 훈련에 도움을 줄 것으로 예상한다.

(2) 직무 소개

바리스타는 이탈리아 어에서 비롯했다. 그 어원을 따르면 '바(bar) 안에서 만드는 사람'이란 뜻을 가지고 있다. '바텐더'와 유사한 뜻을 가지고 있는 것으로 보이나, 바리스타는 '바텐더'와 구분하여 알코올이 가미되어 있지 않은 음료인 커피를 만드는 전문가를 지칭하는 말이다. 하지만 위와 같은 정의만으로는 '바리스타'가 지칭하는 범위가 명확하지 않기에 본 조는 '테이크아웃 전문점에서 근무하는 커피 제조자'만을 바리스타로 한정하고 연구를 진행했다. 현재 전문자격증을 가지고 커피 전문점에서 일하는 커피 제조자의 수가 많지 않으며, 전문적인 지식과 기술을 가지고 있음을 확신할 수 있는 커피 제조자들은 대부분 테이크아웃 커피 전문점에서 일하고 있다고 할 수 있다. 테이크아웃 커피 전문점의 경우는 커피 제조를 하길 원하는 희망자를 현장에 투입하기 전에 필수적으로 본사에서 전문적으로 커피 제조 지식과 기술을 커피 제조를 희망하는 자에게 가르치기 때문이다.

위와 같이 본 조에서 정의한 바리스타는 '최대한의 만족을 충족시키는 커피를 고객에게 제공하는 일'을 담당해야하며, 여기에는 크게 두 가지의 뜻이 담겨있다. 우선 바리스타는 기본적으로 맛있는 커피를 만들어내 줄 알아야 한다. 바리스타는 신선한 원두를 골라, 용도에 맞게 굵기로 원두를 갈고, 에스프레소 머신에 적절하게 담아서 머신을 잘 작동하여 최상의 에스프레소를 추출할 줄 알아야 한다. 또한 우유거품을 만들어서 에스프레소와 섞거나 커피시럽과 같은 부자재를 첨가하는 등의 레시피를 통해 베리에이션 커피를 만들 수도 있어야 한다. 맛있는 커피를 만들어내기 위한 일련의 과정들을 바리스타가 수행하기 위해서는 각 과정에 따른 지식과 능력 기술이 필수적으로 요구된다.

두 번째로 바리스타는 고객의 취향을 잘 파악할 수 있어야 한다. 맛있는 커피이지만, 손님이 원하는 형태가 아니면 손님은 만족하지 못한다. 다양한 형태의 커피를 만들 수 있기 때문에 더욱 그러한 능력이 필요하다. 손님의 요구에 적절히 대응할 수 있어야 하며, 손님을 파악하여 적절한 커피를 추천할 수도 있어야 한다.

커피를 만드는 과업 외에도 바리스타는 그 외의 과업을 수행할 줄도 알아야 한다. 단순히 커피를 맛있게 뽑아내는 일 외에도 커피를 고객에게 판매하기 위해 필요한 전 과정을 바리스타가 주관할 수 있어야 한다. 다시 말해 바리스타에 대해 종합적인 정의를 내린다면, 바리스타란 손님의 기호에 맞는 커피를 만드는 일을 비롯하여 커피 매장의 전반적인 일을 총괄하는 사람이라고 할 수 있을 것이다.

<표 48> 바리스타 직무의 직무 기술서

직무활동 (직무기술)	직무활동에 쓰이는 지식, 기술, 능력
기술적 측면	휘핑크림등 첨가물을 만드는 기술 커피 원재료, 부자재의 재고 및 판매량을 체크하는 능력 커피 머신등 기계나 도구 작동에 필요한 기본적 지식 커피의 온도를 조절할 수 있는 기술 카푸치노의 거품의 일관성과 지속성을 유지하는 기술 커피에 대한 정보를 수집, 교환하는 능력 커피의 종류에 따라 알맞은 맛의 균형을 유지하는 기술 새로운 커피의 기술개발을 시도하는 노력 직무순서 습득능력 재료를 적절히 배합하는 기술 라떼아트 방법이나 재료에 대해 창의적으로 생각하는 능력 라떼아트 기술 헤더에 커피를 담을 때나 분쇄시 양을 조절하는 기술 적절한 추출시간을 조절하는 능력 커피의 종류에 따라 적절한 컵의 사용능력 거품을 내는 기술 커피머신의 고장시 대처능력 다양한 레서피에 대한 지식
서비스적 측면	깨끗한 정복착용 및 위생체크 능력 그 제품에 대한 선호도 및 지명도를 체크하는 능력 커피 맛의 평가를 위한 고객 선호도 조사 능력 손님의 기호를 예측할 수 있는 능력 서빙기술 프론트에서 다양한 고객에게 만족스런 서비스를 제공하는 능력
신체적 측면	오랜 근무시간을 견딜 수 있는 체력

<바리스타 직무 명세서>

내용	조 건
용모	밝고, 단정하며, 청결한 분위기
우대사항	관련업계 경력 1년이상(아르바이트 포함)
성격	낙천적이고 참을성 많으며, 사람과 접촉하는 것을 좋아하고, 서비스 적성이 있는 사람
능력	커피 머신 조작 능력, 부과 재료 첨가 능력, 재료 관리능력
지식	각종 커피와 커피 머신 조작에 관한 지식
기술	각종 커피 제작 기술, 서빙기술

제2절 클럽운영

1. 온라인 휘트니스

(1) 온라인 휘트니스 개요

요즘 우리나라는 '웰빙' 열풍으로 그야말로 건강에 대한 관심이 최고조에 이르고 있다. 방송, 잡지, 신문 등 각 매체마다 웰빙 다이어트, 웰빙 음식, 웰빙 화장품 등 건강하게 잘 먹고 잘 사는 방법에 관하여 well-being life를 선도하고 있고, 요가 및 다이어트 tape, 만보계 등 각종 운동 관련 기기들이 불티나게 팔리고 있다.

이러한 열기는 우리나라뿐만 아니라 패스트푸드의 근거지인 미국을 비롯하여 일본에서도 최근 강해지고 있는데, 특히 일본에서는 경영진을 중심으로 '운동연습(Workout)'이라 불리는 휘트니스 프로그램이 인기를 끌고 있다.

이처럼 삶의 질적 영위에 대한 세계적인 관심이 Online Fitness라는 새로운 e-Learning의 기회를 가져오고 있다.

온라인 휘트니스가 기존의 스포츠클럽과 다른 점은 weight-training 중심의 운동을 암운으로 하는 것이 아니라 전문 트레이너의 support에 의한 과학적인 트레이닝을 하고, 육체 개조를 해 나가는 부분이 보다 체계적으로 인터넷을 통해 이뤄진다는 것이다. 원래 많은 프로 스포츠 선수가 직업상 매일매일 해야 하는 부분도 있지만, 일반인의 입장에서는 기초체력을 증진한다든지 건강한 삶을 영위하기 위해 몸매 관리를 희망한다든지 자기 자신을 위한 단련의 필요성이 최근 높아지고 있는 것이다.

그러나 막상 스포츠클럽에 가입하고 나면, 야근이나 출장, 회식 등의 바쁜 일상으로 채 며칠도 되지 않아서 그만두게 되는 경우가 많다. 현행의 휘트니스 클럽 경영은 음식점의 비즈니스 모델을 닮아 있고, 신규의 클럽을 오픈하면, 호화로운 시설이나 최신식 설비에 매력을 느낀 인근 지역의 주민이나 직장인들이 가입하게 된다. 그러나 점차 설비의 노후화와 함께 신입회원 수가 줄어들게 되고 대부분의 직장인들은 앞서 언급한 불시의 일정으로 인해 탈퇴 율이 높아지게 되는 것이다. 그로 인해 스포츠클럽 사업을 확대해 나가기 위해서는 시설의 Scrap & Build를 하면서, 동시에 항상 매력적인 상권으로의 신규 가맹점 확보가 필요하게 되어 결국에는 시설 투자 측면에서 상당한 부담이 생길 수밖에 없다.

뿐만 아니라 스포츠클럽의 주된 고객층이 한창 일할 나이인 비즈니스맨들이 많다고 생각하기 쉬우나, 현실적으로는 30대 후반~40대들이 정기적으로 운동할 여유가 없는 경우가 많아 비만이나 성인병 등 건강 면에서 심각한 고민을 안고 있는 사람이 아니고서는 지속적인 가입이 어렵다는 특성이 있다. 일본에서는 오히려 일의 제일선에서 물러나기 시작하는 50대의 연령층이 주된 고객이 되고 있다고 한다.

대형 스포츠클럽의 연령대별 회원 구성도에서 조사해보면, 10대는 2.6%, 20대는 22.5%, 30대는 24.1%, 40대는 17.2%, 50대는 33.7%로 조사되었다.

이상에서 살펴 본 바와 같이 그 잠재 시장은 40대에서도 매우 큰 것으로 나타났다. 따라서 시간적인 제약이 많은 사람들을 위해 굳이 스포츠 센터까지 나올 필요 없이 집에서도 원격으로부터 운동과 컨디션 관리를 할 수 있는 '온라인 휘트니스' 비즈니스가 보급되고 있는 것이다. 이러한 면에서 살펴보면 온라인 휘트니스 서비스는 30대에서 50대 사이의 중년층을 타깃으로 상당한 수익성이 있을 것으로 보인다.

4P(유통, 가격, 서비스 제품, 광고전략)에 관련하여 살펴보면

(2) 온라인 휘트니스의 서비스 구조

자신의 몸 상태(혈압, 체중 등)를 인터넷상에서 수치 데이터로 관리, 확인할 수 있는 건강 사이트는 과거에도 소개된 바가 있지만, 최근에 등장하고 있는 온라인 휘트니스 서비스는 단순히 건강 데이터의 관리에만 머물지 않고 있다.

즉, 각 이용자의 트레이닝 목적, 매일의 운동을 하는 장소(예 : 가정), 자신이 소유하고 있는 휘트니스 기기의 종류, 하루의 주된 스케줄 등 상세항목을 일일이 체크하여 이를 기초로 본인의 건강 상태나 생활 리듬에 맞춘 트레이닝 메뉴(식사 메뉴 등 포함)를 전문가가 작성해 트레이닝의 진척 관리나 advice를 온라인상에서 제공해 주고 있는 시스템인 것이다.

이러한 진화된 프로그램으로 현재 일본에서 경영진들 사이에 인기를 끌고 있는 '운동 연습'은 스포츠 센터에서 직접 땀을 흘릴 뿐만 아니라 원하는 장소에서 과학적인 메뉴에 따라 트레이너 1:1 지도를 받을 수 있는 고부가 가치 서비스를 원격으로 실현시키고 있다. 따라서 최근 미국에서는 기존의 오프라인 스포츠 센터 뿐만 아니라 관련 기업들이 새로운 온라인 서비스로의 확장을 위해 인터넷 회원을 확보하려는 움직임이 활발하게 일어나고 있다.

그 대표적인 예로 미국 전역에서 사업을 전개하고 있는 휘트니스 클럽 대기업인 Plus One Fitness사는 트레이너, 운동요법사, 영양사 등 700명 이상의 휘트니스 전문가를 거느리고 기업이나 병원, 호텔 등으로의 출장 트레이닝을 제공하는 것은 물론, 1999년부터는 'My Fitness Expert'라는 온라인 휘트니스 서비스를 앞서 개시, 온라인/오프라인 간의 시너지 효과를 창출할 수 있는 트레이닝 서비스를 제공 중이다.

My Fitness Expert의 트레이닝 코스

- Your Best Weight 지방 연소, 감량을 목적으로 한 프로그램
- Heart Smart 생활 습관을 개선하기 위한 프로그램
- safe@home 자택에 운동 기구가 없는 사람이라도 참가할 수 있다
- better ABS 복근 단련에 특화 된 프로그램
- Get back 질병 등으로 수축된 근육을 회복시키는 프로그램

가입회원은 우선 최초로 자기 트레이닝의 목표(예 : 얼마나 감량 하고 싶은가 등)와 어디서 트레이닝을 할 것인지(예 : 자택), 어떤 운동 기구를 소유하며 있는지, 그리고 자신의 신체 데이터(신장, 체중 등) 등을 사이트에 기록하게 된다.

이 데이터를 기반으로 최적의 개인 트레이너 강사가 선정되고 구체적인 트레이닝의 스케줄과 메뉴가 완성되게 되는 것이다. 회원가입과 동시에 제공되는 My Page 메뉴를 통해 작성된 메뉴의 내용 이외에도 트레이닝 방법에 관한 설명이나 체중, 심박수, 근력 등의 신체 데이터를 관리할 수 있는 기능이 제공되고 있다.

또한 트레이너와의 커뮤니케이션은 'instant feedback'이라는 실시간 메신저를 통해 매일 매일의 트레이닝에 대한 조언을 수시로 받을 수 있다.

同 서비스의 이용 요금은 1개월 당 39달러로 책정되어 있지만, 이용기간이 3개월, 6개월로 길어질수록 월 이용금액을 할인해 주고 있다. 이 밖에도 트레이너 없이 9.95달러에 12주 동안의 맞춤형 휘트니스 서비스도 이용할 수 있다.

이 서비스 요금에는 1) 맞춤형 주간 휘트니스 스케줄 2) 상세 휘트니스 플랜 3) 875종 이상의 다양한 운동방법 4) 목표 tracking 마법사 5) 24시간 접속 6) 안전한 개인정보보호 등이 포함되어 있다.

일반적으로 오프라인 스포츠 센터를 다닐 경우의 월 평균 요금이 미국에서는 약 50달러인데, 일본의 경우 약 8,000엔인 것과 비교해 보면, 온라인 휘트니스 서비스가 상당히 저렴한 것을 알 수 있다. 그러나 사업자 입장에서는 휘트니스를 위한 각종의 운동기구가 회원 측의 부담으로 보통은 자택에 구비되어 있어야 하기 때문에 이 점을 고려하면 오프라인 서비스 제공보다는 채산성이 꽤 높은 비즈니스라 할 수 있다.

(3) 패스트푸드 업계로 확대되는 온라인 휘트니스 서비스

앞서 살펴 본 바와 같이 가정에서 인터넷을 통한 맞춤형 휘트니스 서비스가 확대되고 있는 가운데, 최근에는 건강에 악영향을 미친다고 인식되고 있는 패스트푸드 업계에도 건강이라는 새로운 키워드로 同 서비스와의 접목이 시도되고 있다. 자사의 제품에 건강한 이미지를 심고 싶은 미국의 맥도날드 사에서는 작년 하반기부터 건강한 라이프스타일을 제안하는 캠페인 'Go Active!'라는 슬로

건 아래 Plus One Fitness사와의 제휴에 의한 온라인 피트니스 서비스가 진행되고 있다.

이 캠페인에서는 인기 여성 사회자인 오프라 윈프리의 개인 트레이너로 유명한 밥 그린氏의 협조를 얻어 새롭고 건강한 맥도날드의 상품 메뉴인 'Go Active!세트'(프리미엄 샐러드, 음료수, 만보계, exercise 소책자 4종류)를 7달러에 판매하고 있다. 이 세트는 햄버거 대신 만보계를 붙이고 있는 것이 특징으로, 만보계를 달고 걷는 것이 쑥스러운 일이 아니라 건강한 걷기 운동이야말로 행복한 삶의 원천이라는 인식을 미국 전역에 확산시키려는 목적을 담고 있다.

이처럼 최고의 인기인 파트너를 활용하는 등 거국적인 노력 덕분에 햄버거에도 점차 질려가고 있는 미국인들에게 있어 Go Active!세트는 갖고 싶은 인기 품목으로 부상하고 있다고 한다.

또한 Go Active!의 사이트에는 건강한 삶을 위한 트레이닝 정보나 스포츠 인기 선수들의 맞춤형 휘트니스, 그들의 식단/영양 프로그램 등을 콘텐츠화 해 전문트레이너가 자신의 트레이닝이나 다이어트 방법에 대한 질문에 답변해 주는 코너도 마련되어 있다. 세계적인 여성3인조 pop 가수 Destiny's child, 여성 인기 테니스 선수 Serena Williams와 Venus Williams, 그리고 프로농구 선수 YaoMing 등에 관한 내용을 同 사이트에서 만나볼 수 있다.

同 사이트가 목표로 하고 있는 것은 Plus One사의 My Fitness Expert와 같이 온라인 피트니스 서비스를 제공하는 것이다.

(4) 원격 온라인 휘트니스의 비즈니스 가능성

1) 온라인화로 이용 확대가 늘어나는 개인 트레이너

인터넷을 통한 휘트니스 서비스의 핵심은 이용자와 1:1 관계를 통해 밀접한 개인형 서비스를 제공할 수 있는 personal trainer의 존재이다. 종래의 휘트니스 사업에서는 최신 기기를 갖춘 설비나 시설이 주가 되고 트레이너는 이용자의 기기 이용을 도와주는 보조역의 개념이 강했다. 그러나 새로운 인터넷 휘트니스에서는 운동의 boom을 견인하고 있는 핵심이 체계적인 지식과 경험을 가진 전문 트레이너의 존재가 된다. 즉, 스포츠 센터의 온라인화가 진행되면서 서비스의 내용이 하드웨어에서 소프트웨어로 전환되고 있는 것이다. 따라서 점차 트레이너의 지위가 높아질 것으로 보인다.

트레이너의 능력을 전면에 내세운 서비스에는 'gymamerica.com'이 있는데, 同 사이트에서는 현재 재직 중인 메이저리그 코치, 스포츠 의학이나 영양 프로그램의 학위를 가진 연구원, 前 올림픽 선수 등과 트레이너 계약을 맺고 이들을 활용하여 체계적인 휘트니스 다이어트 프로그램을 제공하고 있다. 현행 오프라인에서 프로용 개인 트레이닝이 1시간 당 평균 100달러가 소요된다면 온라인상에서는 17.97달러(3개월간)~49.99달러(6개월간) 정도로 저렴하다.

同 사이트에서는 회원 맞춤형 휘트니스뿐만 아니라 서로 같은 고민을 갖고 있는 회원들 간의 결속을 다지고 유용한 정보를 교환할 수 있도록 My Fitness Community 서비스를 제공하고 있다.

또한 타사 사이트에 비해 운동 방법에 대한 맞춤형 서비스에 이어 식사면에 있어 전문가의 조언을 강화하고 있어 인기를 끌고 있다.

한편 SHAPE라는 휘트니스 관련 잡지를 출판하고 있는 Weider 출판사의 자회사인 Weider Interactive Networks, Inc.가 서비스 하고 있는 'iShape'는 생활습관을 개선하고 싶은 사람을 회원 대상으로 하고, 각자에 맞춘 식사와 트레이닝의 메뉴를 전자 메일로 매일 전달하고 있다.

과거의 트레이닝 기록이나 프로그램의 진척 상황은 로그인 후 My page에서도 확인이 가능하다. 운동과 식이요법 프로그램이 서로 링크한 서비스이기 때문에 일일 필요한 칼로리가 체계적으로 관리된 식사와 운동의 양면을 전문 트레이너가 지원하는 것이 특징이다. 이용 요금은 12주에 45달러, 1년간 99달러로 책정되어 있다.

2) 온라인 휘트니스 기능을 개발하는 솔루션 시장

온라인 휘트니스라는 형태의 인터넷 비즈니스는 설비 투자의 부담이 적기 때문에 personal trainer 자신이 보유자금으로 직접 시작하기에도 별 무리는 없을 것이다. 따라서 온라인상의 시스템을 어떻게 운영, 관리할 것인지가 핵심 과제로 떠오르게 되는데, 최근에는 이를 위한 온라인 휘트니스의 비즈니스용 시스템 및 ASP서비스 형태가 등장하고 있다.

'온라인'이라는 장점을 최대한 살려 가정에서도 원격으로 이해하기 쉽도록 운동방법을 지도해 요즘 고도로 발전하고 있는 멀티미디어 콘텐츠를 제작, 제공할 수 있다. 물론 이러한 콘텐츠를 트레이너가 직접 제작하는 데에는 무리가 있기 때문에 전문 업체를 통해 의뢰하거나 rental하는 형태로 자신의 사이트 내에 콘텐츠나 기능 등의 이용을 이미지화 하면 된다.

인터넷을 통해 지도하는 트레이너가 각 회원에 제공하는 트레이닝 메뉴는 처음부터 모든 항목을 입력하여 작성되는 것이 아니라 트레이닝 정보가 DB화 된 소프트웨어를 이용하고, 그 중에서 각 회원의 특징에 적절한 메뉴를 선택해 이를 반자동의 형태로 작성할 수 있는 시스템을 사용하는 것이 보통이다. 이러한 구조야말로 온라인 서비스의 요금 체계를 염가로 설정하는 것이 가능하게 된다. 트레이너 전용의 메뉴 작성지원 소프트웨어나 트레이닝 방법을 설명한 동영상 콘텐츠의 rental 사업 등은 향후 새로운 비즈니스로서의 기회를 기대해 볼만한 분야라고 할 수 있을 것이다.

3) 온라인 휘트니스의 비즈니스적인 관점 : 일본을 중심으로

해외 구미지역에서는 이전부터 'personal trainer'라는 직업이 하나의 전문직으로서 인정받고 있는데, 특히 트레이너의 입장에서 온라인 휘트니스 서비스를 시작하는 데는 법률적으로도 간단하기 때문에 이미 다수의 개인 트레이너 웹사이트가 난립해 있는 상태이다. 그로 인해 대형 인터넷 휘트니스 서비스 사이트에서는 가입 시 personal trainer의 자격 요건을 꼼꼼히 체크하고 있다.

한편, 일본에서는 개인 트레이너로서 활동하고 있는 사람은 수적으로도 매우 적은데다가 온라인 서비스로 비즈니스화 하고 있는 사례 역시 매우 드문 상황이다. 그러나 최근 들어 건강에 대한 관심에 사회 전반적인 차원에서 점차 높아지면서 체력적인 면과 정신적인 면, 여기에 먹는 습관까지 종합적으로 관리 받기를 원하는 수요가 30대~40대를 중심으로 커지고 있다. 이들은 한창 일할 비즈니스맨들이라 스포츠 센터에 나오는 시간적 여유가 부족하여 원격 강의에 많은 관심을 나타내고 있다.

따라서 앞으로는 휘트니스 기기의 IT화도 진행되고, 가까운 장래에는 자택에 설치한 기기를 통해 운동 데이터를 개인 트레이너에게 송수신하는 것도 가능해질 것으로 보여 유망한 신종 직업 및 비즈니스 분야가 될 것으로 예측되고 있다.

일본에서는 同 비즈니스에 있어서 가장 중요한 항목인 '트레이너로서의 높은 자질'을 획득하기 위해 건강운동 지도사, 건강 운동 실천 지도자 등의 자국 내 자격증 외에도 미국 휘트니스 자격 취득을 권장하는 전문가들이 많다. 일본에서는 아직까지는 同 비즈니스와 관련하여 노하우가 부족하기 때문이다.

4) 일본의 대표적인 온라인 휘트니스 사이트

일본의 대표적인 온라인 휘트니스 사이트를 살펴보면, Fitness Online(Club Business Japan)이 있다. 同 사이트는 스포츠 센터에 대한 정보는 물론 일본의 경영 정보지 '휘트니스 비즈니스' 편집부에서 운영하고 있어 전국의 스포츠 센터 검색서비스, 트레이너를 위한 온라인 강좌, 同 사업에 관심이 있는 업계 관계자를 위한 정보 제공 및 휘트니스 시장을 겨냥한 쇼핑몰 서비스 등도 함께 볼 수 있는 종합정보 사이트이다. 1999년부터 서비스가 개시되어 최근에는 휘트니스 구인정보까지 제공하고 있다. 또한 앙케트를 게재함으로써 투표에 참가한 회원들에게는 추첨을 통해 선물을 발송하는 등 관련 이벤트 실시를 통한 이용자들의 꾸준한 참여를 유도 중이다.

트레이너를 위한 Fitness Online 메뉴에서는 최신정보를 얻을 수 있는 메일 매거진 등록과 인재뱅크 등록, 효과적인 스트레칭&트레이닝을 위한 exercise library, 각종 workshop 정보, 교육기관 및 관련 단체 사이트를 update해 제공하고 있다.

5) 클럽 스파 (Club Spa)

클럽 스파는 피트니스 클럽에서 운동과 함께 전문적이고 다양한 서비스를 매일 제공해 주는 곳으로 피트니스가 주목적이다.

운동과 몸매 관리 프로그램 등이 함께 제공되며 피트니스클럽과 함께 스파 프로그램이 제공되는 스파의 형태로 피트니스 클럽 이용 후 피부와 근육의 긴장을 완화 시켜주는 스파가 이루어진다.

① 클럽 스파의 특징

데이스파, 메디컬 스파 등의 다른 스파들은 수요자(스파를 받는 人)가 수동적 형태를 취하는 반면 클럽스파의 경우 운동과 함께 연계되어 스파가 제공되므로 수요자가 직접 움직이고 이동하는 능동적인 형태의 스파라는 특징을 가지고 있다.

② 클럽 스파의 효과

- 심폐기능의 강화, 아쿠아짐/휘드니스, 드레이니의 지도에 따른 직절한 운동이며 대표적인 클럽 스파클럽으로 서울 하얏트 호텔의 클럽 스파, 코엑스의 인터콘티넨탈 호텔 클럽 스파 등이 있다.

2. 스포츠클럽 시범사업 계획

(1) 스포츠클럽 사업의 의의

정부에서 국민의 스포츠클럽활동을 장려하기 위해서 세운 계획의 하나로서 국민 건강과 체육증진을 목표로 시범적으로 세운 계획사업이다. 이 사업계획 내용에 의하면 종목・연령・운동수준의 다양성을 추구하면서 회원제로 운영되는 자율성과 자생력을 갖춘 비영리 스포츠 활동 자치조직이며 스포츠클럽이 갖추어야 할 요건은 다음과 같다.

1) 비영리성 - 필수요건이며, 다만, 운영에 필요한 최소한의 회비 징수 및 수익사업 가능
2) 회원, 운영규정, 운영재원, 체육시설 확보 - 조직화 및 자율운영을 위한 요건
3) 회원 연령의 다양성 - 청소년, 성인, 노년층을 포함하는 다양한 연령대로 구성
4) 종목의 수는 제한 없음- 1개 종목도 가능. 가급적 기초종목, 생활체육종목 운영 권유

(2) 동호인 클럽과의 차이점

동호인 클럽(등록된 클럽 77,000여개, 약 265만 명 활동)은 성인위주의 소수의 회원(20~30명) 위주로 자발적으로 운영되고 있으나, 조직화되지 못한 친목모임 수준이며, 청소년의 참여가 거의 없는 실정이고 지역의 스포츠 활동 조직으로서의 구심적인 역할 미약

(3) 사업 추진 방향

정형화된 사업모델을 지양. 점진적 제도화 유도하는 것으로 스포츠클럽의 최소한의 기준 제시. 획일적인 사업모델 제시 지양하고 지자체 실정에 맞는 모델을 자율적으로 발전시켜 정착되도록 노력한다. 학교중심, 체육단체 중심, 지자체중심 등 다양한 모델 개발을 한다. 기존 스포츠클럽 관련 사업과의 연계·발전 방안 모색하는 내용으로 청소년스포츠클럽(대한체육회), 지역동호인클럽(국민생활체육협의회) 지원 사업의 스포츠클럽 시범사업과 연계·발전시키고 청소년스포츠클럽은 성인회원 모집, 자율운영이 가능한 재원확보 등 「스포츠클럽」으로 전환 추진하며 동호인 클럽은 청소년 회원 모집 등 조직화된 클럽으로 전환하는 방향으로 사업을 추진 할 계획이다.

(4) 스포츠클럽의 유형 (예시)

1) 국민생활체육협의회 조직 활용 방안

시도, 시군구 협의회 또는 종목별 협의회 소속 동호인 클럽을 기반으로 스포츠클럽 창설하고 동 스포츠클럽 내에 기존 동호인 클럽이 회원으로 활동 대표자, 대의기구 등 스포츠클럽의 요건을 갖추도록 한다. 행정인력은 연합회 인력활용 또는 자원봉사자 활용하여 소속 동호인 클럽 간 리그전 개최, 동일 클럽이라는 동질성을 갖기 위한 행사 등 개최 추진한다.

2) 공공체육시설, 청소년 시설 등 활용 방안

지자체, 공단 또는 민간단체가 운영 중인 공공체육시설 또는 청소년 시설(구민체육회관, 청소년 수련관, 국민체육센터, 올림픽기념 국민생활관 등)을 기반으로 스포츠클럽 창설하고 동 시설을 운영하는 기관을 스포츠클럽화하며 현재는 운영기관이 저렴한 강습비를 받고 회원강습의 개념으로 동 시설을 운영하고 있으나, 운영단체를 스포츠클럽 화하여, 시설에 기반을 둔 클럽 운영한다.

3) 단일 동호인 클럽을 스포츠클럽화 하는 방안

회원숫자가 많고, 비교적 조직화되어 있는 단일 동호인 클럽을 스포츠클럽으로 전환, 확대, 발전시키도록 유도하고 청소년 회원 추가 및 대표자, 대의기구 등 조직화한다.

4) 학교 스포츠클럽 운영 방안

시도, 시군구 협의회 또는 종목별 협의회가 중심이 되어 관내 학교를 연결하여 스포츠클럽 창설하고 학교는 동 클럽을 위하여 학교체육시설 제공하고 성인회원을 모집하여 방과 후 학교체육시설 등 이용한다. 국체협 등에서는 학교, 지자체, 동호인 클럽을 상호 조율하여 학교 중심으로 스포츠클럽 창설 및 운영. 체육지도자 및 프로그램 지원한다.

5) 기타 민간시설 활용 스포츠클럽 운영방안

종교단체, 비영리민간단체, 직장이 운영하는 민간체육시설을 기반으로 스포츠클럽 창설(영리목적의 강습 형태가 아니라 직장인, 가족, 지역주민 등이 주체가 되어 스포츠클럽 결성, 회원은 개방)하고, 민간조직 자체적으로 스포츠클럽 형태로 운영하거나 국체협 회원으로 가입하여, 국체협에서 프로그램, 지도자, 리그전 참여 등 지원하는 형태로 운영한다, 다만 이용자가 이용료를 지불하고 운동을 하거나 강습만 받는 것이 아닌 일정 회비를 내고 클럽의 주체로서 활동할 수 있어야 함을 전제로 한다.

(5) 스포츠클럽 시범사업 사업 전망

한국의 체육시스템은 학교운동부 위주의 엘리트 체육과 동호인 클럽 중심의 생활체육으로 구분되어 있으며, 또한 양자 간 교류 및 발전이 부족한 문제점을 안고 있다. 현행 학교체육의 문제점으로 소수 운동선수 중심으로 운영되어 일반 학생들의 참여가 없음. 일반 학생의 체육활동 무관심 등과 선수 폭력, 무리한 선수 스카우트, 운동선수의 수업 결손 등 운동하는 기계로 전락, 학생 선수의 인권문제, 저 출산 추세로 엘리트 선수 부족 현상이 나타나고 있다. 현행 생활체육의 문제점은 조직화되고 개방된 클럽 형태의 운동조직이 아니라 소수회원 위주의 친목 모임의 성격 또는 사적인 동질성을 기반으로 하는 모임의 성격이므로, 체육활동을 통한 사회적 역할이 제한적이다.

스포츠클럽은 학교체육, 생활체육, 엘리트체육 시스템을 포괄하는 국민 체육활동의 중심 조직으로 발전하여 상기 문제점을 해결하고자 하는 것인데 소수 운동선수 위주의 체육활동을 모든 국민이 함께 즐기는 체육활동의 기반으로 선진국형 체육시스템으로 전환(학교체육, 생활체육 기초 ⇒ 엘리트 선수 충원)하는 것이다. 아울러 여가시간의 증대, 고령화 사회 도래 등 사회변화에 맞추어 모든 국민이 일상생활에서 즐길 수 있는 생활체육의 장 마련할 예정이다.

(6) 지원계획 및 지원신청서

보조금 지원 계획은 16개 시・도별 우수 스포츠클럽을 시범 지원하며 체육진흥기금 대 지방비 부담 비율을 70 대 30으로 계획하고 있으며 보조금 지원 대상 클럽 기준은 회원수가 200명 이상인 클럽 중에서 2개 종목 이상 운영 하고, 대표자, 회원의 대의기구 구비하고 이용 가능한 체육시설을 확보하고 있으며 회비, 기부금 등 자체 재원으로 운영계획을 가진 클럽 중에서 청소년 회원을 단계적 확보(30% 이상 확보)하여야 한다. 보조금은 직접 체육활동 위주로 집행하고 훈련비, 행사비, 시설・장비비 등 회원의 체육활동과 직접 관련 있는 비용 위주로 집행하며 인건비, 기타 경상비 등은 지방비로 충당한다.

지원신청서는 아래의 표와 같다.

<표 49> 스포츠클럽 지원신청서

신청 번호	
1. 클럽명	
2. 소재지	- 시(도) 시(군·구) 읍(면·동·리)
3. 대표자	- 성 명 : - 연락처 :
4. 창설연월일	- 년 월
5. 회원수	- 총 명 (성인 명, 청소년 명) - 다종목일 경우, 종목별 회원수 ·A 종목 : 성인 명, 청소년 명 ·B 종목 : 성인 명, 청소년 명 ……
6. 대의기구	- 존재 여부 : 있음 ( ), 없음 ( ) * O,X 표시 - 대의기구가 있는 경우, ·개최 주기 : ·기능 :
7. 활동실적	- 월간 : 회 (1회 평균 활동시간 : 시간) * 주간, 연간 등 편리한 기준 사용 가능 - 활동요일 및 시간 : (매주 A, B 요일 18:00~21:00 등....)
8. 개설종목	- 총 개 종목 (A종목, B종목, C종목 등....)
9. 이용체육시설 및 이용형태	- 이용체육시설명 : (소재지) - 이용형태 : (소유, 임대, 무료 등....)
10. 운영경비	- 월 경비 : 총 원 * 주간 또는 연간 기준 사용 가능 - 재원조달방법 : 회비 원, 기부 원 …… - 1인당 회비 : 성인 원, 청소년 원
11. 보조금 신청금액('06)	- 총 원
12. 보조금 사용계획	- 총보조금액 원 (국비 원, 지방비 원) - 사용내역 및 산출근거
13. 체육지도자 확보여부	- 체육지도자 수 : 총 명 (상근 명, 비상근 명) - 지도자 1인당 인건비 : 상근 원, 비상근 원
14. 홍보실적, 계획	
15. 자체재원 조달 계획	* 클럽이 자생적으로 운영될 수 있는 자체재원 조달 계획을 상세히 기술
16. 지방비 지원계획	- 총 원 ('06년 추경예산 예정시기 : '06. 월) * 지방비 최소부담율 : 국가 (70), 지방 (30) - 교부예정시기 : '06. 월
17. 지자체 조례여부	
18. 자체평가계획	* 중간점검, 사후평가계획 기술 (평가시기, 평가항목, 개선방안 등)

제3절 창 업

1. 창업의 기본사항

(1) 창업의 개요

창업에 있어서 창업아이디어의 선정은 창업자가 창업과정 중에서 맨 먼저 해결해야 할 과정이다. 이는 사업성패를 가름하는 요인 중 가장 중요한 것으로 창업의 방향을 정하는 것과 다름없기 때문이다 그렇기에 창업에 있어서 사업의 특성과 아이디어는 생명이다.

학문적 관점에서의 창업의 정의는 창업이란 인적·물적 자원을 적절히 결합하여 미리 서비스를 조달, 생산, 판매하거나 그와 부수된 활동들을 수행하는 것을 말한다. 실무적 관점에서의 정의는 개인 또는 집단이 자신의 책임 하에 자금과 사람을 동원하여 새로이 사업을 개시하는 것을 창업이라 말하며 중소기업창업지원법에서 창업이란 법 제2조 제1항 및 시행령 제2조에 의거하여 새로이 중소기업을 설립하는 것으로서 기존의 사업이 변경이 아닌 새로운 사업이 창출되는 것으로서 새로운 사업주체(개인, 법인사업자)가 새로운 사업을 개시하는 것을 원시적(原始的)사업이라고 하는데 사업을 것을 의미한다.

① 창업 대상 업종 - 중소기업청지원법 시행령 제2조에 의해 제조업, 광업, 건축, 엔지니어링, 기술서비스업, 정보처리, 컴퓨터 운영관련업, 기계장비, 임대업 등을 창업 대상 업종으로 볼 수 있다.

② 창업 제외업종 - 중소기업청지원법 제3조 시행령 제4조에 의해 숙박, 음식점, 금융, 보험, 부동산업, 무도장 운영업, 골프장 및 스키장 운영업, 도박장 운영업, 미용, 목욕탕업 및 유사서비스업을 제외업종으로 보고 있다.

1) 성장 및 발전가능성 있는 업종 선택

성장이 정지되었거나 저하된 분야는 이윤이 감소하게 된다. 그러므로 성장성이 크고 관련사업과 연계하여 발전가능성이 큰 사업이어야 시너지 효과를 기대할 수 있다. 상품도 발생→성장→성숙→쇠퇴의 과정을 거치게 되기 때문에 신규

창업이 가장 적합한 시기는 성장기 업종으로 발생기와 같이 이르거나 성숙기 후반같이 늦는 경우에는 실패할 우려가 높다.

2) 경험이나 특징을 활용할 수 있는 업종 선택

성장성이 높고 다른 사람이 성공하였다 하더라도 막연히 성공하리가 기대하면 안 된다. 어떤 업종이든 창업자의 경험, 지식, 기술, 특징 등과 결합될 때 사업성공 확률이 높으며 실패를 줄일 수 있다. 창업자중 절반 이상이 전 근무지에서 얻은 창업아이디어 정보에 의해 사업을 시작하였다는 것만 보아도 현재의 경험이 중요함을 인식할 수 있다.

3) 인·허가 유무

아이디어가 좋고 사업 준비에 만전을 가했어도 제도적인 절차를 소홀해 창업시기를 놓치는 경우가 많다. 법적인 허가, 인가, 면허등록 등이 없으면 창업을 할 수 없는 업종이 있으므로, 창업자는 해당 업종의 법적 요건을 사전에 확인할 필요가 있다.

4) 실패의 위험이 작은 업종

위험이 큰 사업은 성공시 이득이 많다는 것을 우리는 알고 있다 하지만 위험이 큰 만큼 실패할 확률도 높다는 한계가 있다. 따라서 이익이 적어서 큰돈을 벌 수 없는 사업이라도 성공만 확실하다면, 안정적인 출발을 하는 것이 좋다.

5) 자기와 적성에 맞는 업종

창업아이디어 선정에서 가장 중요한 것은 창업자의 적성과 능력이다. 창업아이디어 선정 시에 이를 고려하여야 하며 계속적인 능력개발을 위한 시간적, 물리적 투자가 필요하다.

(2) 창업의 동기와 업종선택

1) 창업의 동기

창업의 동기는 크게 내적 동기와 외적동기로 나눌 수 있다.

① 창업의 내적 동기

창업의 가장 본질적인 동기는 부를 창조하는 것인데 즉 보다 큰 수입에 대한 욕망, 보다 만족스러운 경력에 대한 욕구, 자아성취에 대한 욕구, 기업소유자로서 얻게 되는 명성에 대한 욕망, 새로운 사고나 개념을 활용하고 하는 욕망, 인류와 사회를 위해 공헌하겠다는 희망 등을 내적 동기라 볼 수 있다.

② 창업의 외적 동기

나이가 많아 다니던 회사에서 퇴직을 하거나 본인의 의사와는 무관하게 일어나는 실직, 전직 등이 그 이유이다. 즉, 이는 개인의 주체적 선택이기보다는 환경적 영향에 의해 싫든 좋든 창업의 길을 걷게 되는 경우이다.

2) 업종선택

업종선택은 크게 세 가지로 나누어 생각 할 수 있으며 첫째, 제조업, 도, 소매업, 서비스업 중 어느 업태를 선택할 것인가 둘째, 어떤 상품을 취급할 것이냐의 결정 셋째, 대리점 형식으로 경영할 것인가, 자영 가게를 운영할 것인가의 운영방식의 선택을 해야 한다.

그리고 업종선택에 있어서 판단기준은 자금조달능력과 동 업계의 경험 또는 출신계통에 따라 결정하여야 한다. 먼저 자금조달 능력 측면에서 제조업은 5억 이상인 경우, 1억내지 5억의 자본에서는 도매업, 편의점, 서비스업 1억 미만의 경우에는 소매점이나 서비스업을 선택하는 것이 좋다.

동 업계의 경험 및 출신계통측면에서 살펴보면 제조업의 경우 생산, 관리, 판매의 분야 중 2개 이상의 경험이 있는 경우가 적합하며, 서비스업은 사무직 종사자나 지식 산업분야의 전문가에게 적합하고 도, 소매업 창업의 경우 비전문가의 경우도 가능하다. 또한 금융 수혜 정도도 업종 선택시 고려할 요소 중의 하나로 제조업의 경우 비교적 정책금융 혜택이 많고, 자금량도 많이 배정되나, 서비스업, 도, 소매업의 경우에는 소액 가계 자금 대출을 제외하고 창업자 자기자본에 의해 운영되는 경우가 대부분이다.

사업규모의 결정기준은 자기가 가지고 있는 자금의 규모와 자금조달능력에 따라 결정된다. 적정자금 투입범위를 결정하는 데는 4가지 안이 있으며 첫째 가계에 지장이 없는 범위에서 사업을 시작하는 것과 둘째 첫째조건에서 창업자 거주 주택 담보에 의한 자금 조달액까지 창업자금에 포함시키는 조건 셋째, 타인에게 영향을 미치는 범위로 사채와 제3거주자 거주 주택의 부동산 담보를 창업자금투입에 포함시키는 경우이다. 넷째는 공멸을 가져오는 범위로 셋째 조건에서 제3자 거주 주택 담보를 통한 조달액까지 포함시키는 경우이다.

(3) 창업의 시기

창업의 시기의 시기는 전문가에 따라서 다른 의견이 있을 수 있으나 대체적으로 보면 다음과 같다.

1) 창업자의 적정연령

① 안전창업 - 50대 이상의 연령층으로 대개 이시기는 많은 사회적 관계를 가지고 가정에서의 자녀양육과 교육의 부담에서 벗어나게 되므로 정신적으로보다 홀가분한 상태일 수도 있다. 따라서 자아실현을 위해 또는 부부가 함께 하기 위한 수단으로 소규모 창업을 시도하는 경우가 많다.

② 전문창업 - 41세~50세까지의 연령층으로 기존 업무분야에서 20여년 이상의 경험과 전문적 지식 또한 풍부하게 축적되어 있는 연령층으로 학력을 불문하고 자기 업무 분야에서는 최고의 실무 전문가라 할 수 있다.

③ 기반창업 - 36세~40세까지의 연령층으로 사회생활 및 일정분야에서 자기가 닦아 놓은 기반과 경험을 최대한 활용할 수 있는 기반창업이 바람직하다.

④ 선택창업 - 31세~35세까지의 연령층으로 자신의 적성에 맞는 분야를 찾아서 창업을 하는 게 좋다. 자기적성과 업무와의 상관관계를 고려하여 사업아이템을 발굴해야 한다.

⑤ 모험창업 - 20대 연령층으로 자기의 전공, 직업과 관계없이 어떤 분야를 선택

하여 창업을 하게 되는데 설령 실패하더라도 재기의 가능성이 높지만 이 시기에는 대개 열정은 높으나 개인적으로 가진 인적·물적 자원이 적고 사회적 경험도 충분하지 못하므로 사전준비를 보다 철저하게 하려는 의식적인 노력이 필요하다.

2) 경기의 흐름에 따른 창업 시기

① 사업을 보다 철저하고 신중하게 추진할 수 있다.
② 경쟁자가 비교적 적은 상태에서 사업을 시작할 수 있다는 장점이 있다.
③ 주변 여건이 오히려 창업자에게 유리할 수 있다.
④ 대부분의 경쟁자가 호경기에 비해 많이 않기 때문에 업종의 선택이 쉽고 종업원의 충원이 손쉬운 점도 불경기에 사업을 개시하는 데 따른 장점이 있다.

<표 50> 창업가의 기본자질

선천적 자질	후천적 자질
① 새로운 것에 도전하는 모험심이 유별난 사람 ② 쉽게 좌절하지 않고 의지력이 강한 사람 ③ 가능성에 대한 집념이 강한 사람 ④ 사람을 잘 통제할 줄 아는 사람 ⑤ 스케일이 크고 큰일을 해내는 사람 ⑥ 신용이 있는 사람 등이 있다.	① 본인의 성격, 체력적인 소질 ② 지금까지 배워서 얻은 학문과 지식 ③ 본인이 가지고 있는 자격, 사회적 지위, 전 직장에서의 신용 ④ 본인이 지금까지 쌓아온 창업관련 분야에서의 경험 ⑤ 창업환경을 둘러싼 원만한 인간관계 ⑥ 지금까지 인간관계에 있어서의 교제인물의 폭과 깊이 ⑦ 뚜렷한 목표와 사명의식의 소유 등이 있다.

2. 창업아이디어 및 창업절차

(1) 창업아이디어 선별방법

창업아이디어를 탐색함에 있어 가급적 많은 수의 아이디어를 찾는 것이 좋으며 그 중 신중하게 아이디어를 선정하여야 한다. 아이디어를 선별함에 있어서 크게 세 가지 방법이 있다.

1) 2분류법

2분류법은 평가의 대상이 되는 아이디어를 예와 아니오의 절대적 기준에 의해 평가하는 방법을 말한다. 이 방법은 사업수행에 필요한 가장 핵심적인 요소나 중요사항만을 체크함으로써 대상 아이디어의 수를 줄여 나가는 예비선별방법이다. 문항을 체크한 후, 아니오에 체크된 문항이 많을수록 매력적인 사업으로 평가한다. 이 방법은 이용이 편리하며 많은 대상을 비교적 쉽게 평가하여 문항수를 줄일 수 있는 장점이 있으나, 문항의 내용이나 선택이 주관적이며 응답의 범위가 예와 아니오로 제약되어 구체적인 내용에 대한 상대적인 평가가 곤란하다는 문제점이 있다.

2) 점수법

점수법은 어떤 내용을 가지고 아이디어를 선별할 것인지를 미리 정하여 이들 내용들을 설문문항으로 7점 또는 5점으로 점수화하고, 선택한 점수의 합계를 계산하여 아이디어를 선별하는 방법을 말한다. 일반적으로 이용되는 내용은 다음이 있다.

① 제품관련내용 : 용도, 품질, 가격, 대체재, 진입장벽 등
② 시장관련내용 : 잠재수요, 경쟁자의 수, 유통경로의 이용가능성 등
③ 자원관련내용 : 자본조달능력, 인적자원의 활용가능성 등
④ 생산(원가)관련내용 : 기술수준, 설비수준, 특허유무, 원자재가격 등
⑤ 위험관련내용 : 경기나 계절에 따른 매출액 변동성, 법률의 개폐에 따른 위험, 신제품 출현 가능성 등

3) 지수법

지수법은 사업성공에 영향을 미치는 핵심 요인들의 중요도에 따라 가중치를 부여하고, 점수합계를 계산하여 계산된 점수의 범위에 따라 아이디어를 평가하

는 방법이다.

① 사업의 성패에 영향을 미치는 요인 중 중요한 것을 선정한다.
② 요인별로 중요도에 따라 가중치를 달리 부여한다.
③ 각 요인을 평가하는 척도를 만들고, 해당하는 평가척도에 체크하도록 한다.
④ 각 요인별로 두 번째의 가중치와 세 번째에서 체크된 척도를 서로 곱해 요인별 점수를 계산한다.
⑤ 네 번째에서 계산한 각 요인별 점수를 합계하여 총점수를 계산하고 평가를 한다.

(2) 업종별 창업의 기본절차

1) 포괄적인 창업의 기본절차도 (제조업, 도·소매업, 서비스업 모두)

① 창업가정신 준비 확인 - 창업 필연성 확인, 창업가 정신을 확인할 수 있다.
② 창업예비정차 - 사업구상, 사업타당성 분석, 자금조달 계획, 사업계획서 작성
③ 회사설립(제조업, 서비스업) - 사업인허가 신고, 법인설립등기 신고, 사업자 등록신청
④ 영업인지 선정 - 공장설립(제조업), 상권조사, 점포입지 확인 · 계약
⑤ 개업 준비 - 인력충원, 조직구성, 실내장식, 장표마련, 경영전략, 영업개시

(공 통) 창업가정신 준비 확인

(공 통) 창업 예비 절차

(제·서) 회사설립

(공 통) 영업인지 선정

(공 통) 개업 준비

(3) 창업절차

1) 업종선정 및 사업계획 수립

창업을 하려면 먼저 업종 및 아이템을 선정한 후, 이에 대한 타당성 조사를 실시하고 사업규모, 시업형태, 창업 멤버와 조직구성 등을 포함한 사업계획을 수립하여야 한다.

업종선정	☞	사업계획 수립
◈ 적성에 맞는 업종 및 사업 아이템의 결정		◈ 사업규모의 결정 ◈ 기업 형태의 결정
◈ 객관적인 입장에서 사업타당성 조사		◈ 창업멤버와 조직구성 ◈ 기타 사업핵심요소 결정

2) 프랜차이즈 창업

프랜차이즈란 고객을 얻고 유지하기 위한 사업전략과 현재와 미래의 고객의 마음속에 진실 되고 인식된 이미지를 창조하기 위한 마케팅시스템이며 고객의 욕구를 충족시키는 상품과 서비스를 제공하는 것을 말한다.

프랜차이즈 창업은 이익을 발생시키고 능률적으로 시장 점유율을 증대하기 위하여 마케팅과 배송시스템을 효율화하고 회사와 가맹점주의 동기부여를 최대한으로 증대하여 프랜차이즈의 힘을 사용함으로써 상표 인지도, 입증된 운영시스템, 지원 서비스를 구축하는 것을 말한다.

<표 51> 프랜차이즈 선택과정

단 계	내 용
1 단계	가맹점주 지위를 위한 자격부여 규정·자격 개요와 기준
2 단계	후보자 조사
3 단계	후보자 초기 접촉·초기 자격부여
4 단계	고려사항 요청
5 단계	면접·자격부여에 대한 회의

6 단계	회사와 후보자에 의한 합의
7 단계	신청, 승인, 프랜차이즈 사용권 부여
8 단계	수수료 납부와 가맹점주의 계약서 서명
9 단계	가맹점주 계약 - 교육
10 단계	사업시작 - 가맹점주 점포 개점

<표 52> 프랜차이즈 창업에서 21세기 사업 예측

분 야	성 장 분 야	하 향 / 정 체 분 야
전자정보통신	인터넷 사업, 광통신서비스업, 정보제공업, 아웃소싱, 게임산업, 가정용인공지능로봇제작 등	전자대리점, 가전수리점, 직업소개소, 편집대행업, 컴퓨터출력
유통·마케팅	할인점, 카테고리킬러, 전자상거래, 홈쇼핑, 24시간 쇼핑센터 등	백화점, 슈퍼마켓, 구멍가게, 재래시장, 금은방, 의류점
패션·금융·서비스	패션컨설팅, 노인도우미, 전원비지니스, 엔젤캐피털, 벤처비지니스, 펀드매니저사업, 이미지메이킹 등	양장점, 양복점, 봉제공장, 전당포,사채업, 여인숙
환경·문화·생활	향기사업, 캐릭터팬시사업, 독신자용품산업, 테마파크, 레저이벤트, 야외학습장, 조경관련산업 등	문방구, 복덕방, 소형서점, 석유취급점, 연탄판매업
의료·건강	피부관리센터, 비만관리전문업, 산후조리원, 유료양로원, 레스토랑식품사업 기능성 식음료사업 등	소형약국, 이발소, 목욕탕, 레스토랑, 다방

3) 회사설립 및 사업자등록

예비 창업가가 직접 사업계획을 실행에 옮기는 단계로서 해당업종을 담당하는 관정에서 사업의 인·허가를 받아야 하고 해당관정에 사업자등록 또는 법인설립등기를 하는 단계를 말한다.

<표 53> 개인기업과 법인기업의 차이점

구 분	개 인 기 업	법 인 기 업
설립절차	설립 동기가 필요 없이 사업자 등록만으로 사용을 개시할 수 있어 간편하다.	최소한 5,000만 원 이상의 자본금과 4인 이상의 인원이 있어야 주식회사의 설립이 가능하다.
소득세와 법인세의 부담	10%에서 40%까지의 4단계 초과 누진세율로서 소득이 많은 경우에는 소득세가 법인세보다 많게 된다.	16%와 28%의 2단계 초과 누진세율로서 소득이 많은 경우에는 법인세가 소득세보다 작게 된다.
기업자금의 개인적인 사용	대표자에 의한 기업 자금의 개인적인 사용이 자유롭고, 거의 불이익 없다.	대표자가 기업 자금을 개인 용도로 사용하면 회사는 대표자로부터 이자를 받아야 하는 등의 세제상의 각종 불이익이 있다.
책임의 한계	대표자는 기업 채무자에 대하여 무한 책임을 진다	대표자는 회사 운영과 관련하여 일정한 책임을, 주주는 주금납입액을 한도로 채무자에 대해 유한책임을 진다.
기업의 계속성	대표자가 바뀌는 경우에는 폐업을 하고, 신규로 사업자 등록을 해야 하므로 기업의 계속성이 단절 된다.	주식 양도에 의해 사업의 양도가 가능하므로 기업주는 바뀌어도 기업의 계속성이 유지된다.
사업양도시의세금	사업 양도시에는 양도된 영업권 또는 부동산에 대하여 높은 세율의 양도소득세가 부과된다.	사업 양도시에는 주식을 양도하면 되고, 주식 양도에 대하여 원칙적으로 낮은 세율의 양도소득세가 부과된다. 또한, 주식을 상장 또는 장외 등록 후에 양도하면 세금이 없다.
종합적 결론	일정 규모 이상 성장하지 않는 중소 규모 사업에 적합하다.	일정 규모 이상으로 성장 가능한 유망 사업의 경우에 적합하다.

<표 54> 개인기업과 법인기업의 장 · 단점

구분	개 인 기 업	법 인 기 업
장점	☞ 기업이윤 전부를 기업주가 독점 할 수 있다. ☞ 설립등기가 필요 없고 사업자등록만으로 사업개시가 가능하므로 기업설립이 용이하다 ☞ 창업비용과 창업자금이 비교적 적게 소요되어 소자본을 가진 창업자도 창업이 가능하다 ☞ 일정규모 이상으로는 성장하지 않는 중소규모의 사업에 안정적이고 적합하다 ☞ 기업 활동에 있어 자유롭고, 신속한 계획수립, 계획변경 등이 용이하다 ☞ 개인기업은 인적조직체로서 제조방법, 자금운용상의 비밀유지가 가능하다	☞ 일정규모 이상으로 성장 가능한 유망사업의 경우에 적합하다 ☞ 주식회사는 신주발행 및 회사채 발행 등을 통한 다수인으로부터 자본조달이 용이하다. ☞ 대표자는 회사운영에 대해 일정한 책임을 지며, 주주는 주금납입을 한도로 채무자에 대해 유한책임을 진다. ☞ 사업양도시에는 주식을 양도하면 되므로 주식양도에 대하여 원칙적으로 낮은 세율의 양도소득세가 부과되고, 또한 주식을 상장 후에도 양도하면 세금이 없 다. ☞ 대외공식력과 신용도가 높기 때문에 영업수행과 관공서, 금융기관등과 거래에 있어서도 유리하다
단점	☞ 대표자는 채무자에 대하여 무한책임을 지며, 대표자가 바뀌는 경우에는 폐업을 하고, 신규로 사업자등록을 해야 하므로 기업의 계속성이 단절된다. ☞ 사업 양도시에는 양도된 영업권 또는 부동산에 대하여 높은 양도 소득세가 부과된다.	☞ 설립절차가 복잡하고 최소한 자본금이 5000만 원 이상이 있어야 설립이 가능하다 단 벤처기업의 주식회사 경우에는 자본금이 2000만 원 이상이 되어야 설립이 가능하다 ☞ 대표자가 기업자금을 개인용도로 사용하면 회사는 대표자로부터 이자를 받아야 하는 등 세제상의 불이익이 있음

<표 55> 개인기업과 법인기업의 세제상의 특징

내 용	개 인 기 업	법 인 기 업
과세근거법	소득세법	법인세법
과세기간	매년 1월1일부터 12월31일까지	정관에 정하는 회계기간
과세소득	총수입금액 - 필요경비	익금의 총액 - 손금의 총액
과세범위	특정 소득에 대해서는 종합과세를 하지 않고 원천징수만으로 분리과세	분리과세가 인정되지 않음
이중과세 여부	하나의 원천소득에 대해 이중과세가 되지 않는다.	법인에게 법인세 과세후, 주주의 배당에 대해 소득세 과세
세율구조	세 율 : 10%~40%로 누진적용 주민세 : 소득세의 10%	세 율 : 16%~28%로 누진적용 주민세 : 법인세의 10%
납 세 지	개인기업의 주소지	법인등기부등본상의 본점/주사무소
기장의 의무	수입금액에 따라 일기장의무자, 간이장부의무자, 복식부기의무자로 구분	수입금에 관계없이 복식부기의 무자
외부감사제도	적용되지 않음	자산총액이 60억 원 이상인 경우, 공인회계사의 검사를 받은
대차대조표 공고	대차대조표 공고 의무가 없음	법인세 신고기간 내에 일간신문에 공고의무가 있음(외부감사 상법인

3. 창업 신고 사항

(1) 의무 신고 사항

1) 근로자명부와 임금대장 작성

근로기준법 제 40조 및 제47조의 규정에 의하여 상시근로자가 5인 이상인 경우

근로자명부와 임금대장을 작성하여 한다. 이 서식에는 각 사업장별로 근로자의 성명, 생년월일, 이력서 등을 기재한 근로자 명부를 작성하여 보존하여야 한다.

2) 고용보험 신고

고용보험은 실업 예방, 고용의 촉진 및 근로자의 직업능력의 개발·향상을 도모하기 위하여 실시하는 것으로서 고용보험 적용대상 사업장이 98년 10월 1일부터 4인 이하 영세사업장을 포함한 모든 사업장으로 확대됨에 따라 사업주는 당해 보험관계가 성립한 날로부터 14일 이내에 관할 지방노동청에 신고를 하여야 한다.

3) 국민연금 의무가입

대표이사등 상근임원과 종업원을 합해서 5인 이상인 회사(법인)를 설립한 때에는 당연 적용사업장이 되어 국민연금법 시행령 제19조의 규정에 의하여 국민연금에 의무적으로 가입하여야 한다.

국민연금에 가입하려면 국내에 거주하는 3월 초과하여 계속 사용되는 18세 이상 60세미만의 근로자(외국인 포함)와 사용자의 수가 5인 이상 사업장은 「당연적용사업장해당신고서」, 「사업장가입자 자격취득신고서」를 법인의 사업소 소재지 관할 국민연금관리공단에 제출하여야 하여야 하는데 다만, 공무원연금법, 군인연금법, 사립학교교원연금법의 적용을 받는 자 및 일용근로자, 3월 이내의 기한부로 사용되는 근로자, 비상임 이사, 시간제 근로자, 산업연수생인 외국인등은 제외된다.

4) 의료보험 의무가입

상시근로자가 5인 이상을 사용하는 사업장의 사업자는 국민연금과 마찬가지로 당연 적용 사업장이 되어 의료보험에 의무적으로 가입하여야 한다.

의료보험법 시행규칙 제2조의 규정에 의하여 사용자는 상시근로자가 5인 이상의 사업장으로 된 날로부터 1월 이내에 「당연적용사업장해당신고서」 및 「직장 피보험자 자격 취득의 신고서」를 사업장이 속한 지역을 관할하는 직장의료보험조합에 신고하여야 한다.

5) 산업재해보험 의무가입

상시근로자가 5인 이상 사업장(당연적용사업장)의 사업자는 의무적으로 산업재해보상보험 가입하여야 하며, 당해 사업개시한 날로부터 14일 이내에 사업장 관할 근로복지공단에 보험관계성립신고서를 제출하여야 한다. 또한, 사업의 폐지・종료로 인하여 보험관계가 소멸한 때에는 소멸일로부터 14일 이내에 사업장 관할 근로복지공단에 보험관계소멸신고서를 제출하여야 한다.

이외에도 (근로기준법 제96조)에 의거 취업규칙 신고를 해야 하는데 상시근로자 10인 이상 사용하는 사업자는 취업규칙을 작성하여 사업장을 관할하는 지방노동청(사무소)의 민원실에 신고하여야 하고 변경하는 경우에도 변경신고를 하여야 한다.

<표 56> 고용보험 적용 대상사업과 고용보험 적용 제외 근로자

구 분	내 용
고용보험 적용 대상사업	근로자를 고용하는 모든 사업장은 해당되나, 근로자수가 4인 이하인 사업장중 농업, 임업, 어업 및 수렵업과 개인이 건축하는 소규모 주거용 건축물공사 및 가사서비스업은 제외
고용보험적용 제외 근로자	☞ 60세 이후에 새로이 고용된 자, 65세 이상인자 ☞ 1월간의 소정근로시간이 80시간 미만인자(1주간 소정의 근무시간이 18시간 미만인자를 포함) ☞ 일용근로자(1월 미만인 기간 동안 고용되는 자) ☞ 국가공무원 및 지방공무원법에 의한 공무원 ☞ 사립학교교원연금법의 적용을 받는 자 ☞ 외국인 근로자(다만, 외국인 근로자중 취업활동을 할 수 있는 체류자격을 가진 자로서 가입을 희망하는 자 및 거주의 자격에 해당하는 자는 제외)

<표 57> 고용보험 신고요건 및 신고사항 그에 필요한 신고서류

신 고 요 건	신 고 사 항	신 고 서 류
근로자를 고용하는 모든 사업장 (회사 설립시)	고용보험관계 성립신고 및 피보험자자격 취득신고	고용보험보험관계성립신고서 1부. 고용보험피보험자자격취득신고서 1부.
사업의 명칭·소재지·종류·사용자의 변경이 있는 경우	고용보험관계 성립신고 및 피보험자자격 취득신고	고용보험 보험관계 변경사항신고서1부.
사업장이 휴업·폐업 (사업의 종료, 폐지)된 경우	고용보험관계 소멸신고	고용보험보험관계소멸신고서 1부. 고용보험피보험자자격상실신고서 1부.
직원의 신규 채용시	피보험자격 취득신고	고용보험 피보험자 자격취득신고서 1부.
외국인 근로자 신규 채용시	외국인 피보험자격 취득신고	고용보험외국인피보험자자격 취득신고서 1부.
직원등의 퇴직·정년·사망 등	피보험자격 상실신고	고용보험 피보험자 자격상실신고서 1부.

<표 58> 국민연금 신고요건 및 신고사항 그에 필요한 신고서류

신 고 요 건	신 고 사 항	신 고 서 류
사업장을 설립하여 근로자가 5인이상인 경우	고용보험관계 성립신고 및 피보험자자격 취득신고	고용보험보험관계성립신고서 1부. 고용보험피보험자자격취득신고서 1부
사업장의 종류·명칭·소재지·사용자의 변경이 있는 경우	사업장 내역 변경신고	사업장내역변경신고서 1부.
사업장이 휴업·폐업된 경우	휴·폐업 사업장 탈퇴신고	휴폐업등사업장탈퇴신고서 1부. 사업장가입자자격상실신고서 1부. .
근로자 5인미만인 사업장이 국민연금에 가입하고자 하는 경우	임의적용 사업장 가입신청	임의적용사업장가입신청서 1부. 사업장가입자자격취득신고서 1부
직원의 신규채용시	사업장가입자자격 취득신고	사업장가입자자격취득신고서 .
직원등의 퇴직, 사망, 60세 도달시	사업장 가입자자격 상실신고	사업장가입자자격상실신고서 1부. .
가입자의 이름, 주민등록번호가 잘못 신고된 경우	가입자 내역변경(정정) 신고	가입자내역변경(정정)신고서 1부.
60세에 도달했으나 연장하여 계속 가입(탈퇴)코자 하는 경우	임의계속가입자 가입/탈퇴 신청	임의계속가입자가입/탈퇴신청서 1부.

<표 59> 의료보험 신고요건 및 신고사항 그에 필요한 신고서류

신 고 요 건	신 고 사 항	신 고 서 류
사업장을 설립하여 근로자가 5인 이상인 경우	당연적용 사업장해당신고 (직장피보험자 자격취득 및 피보 험자의 피부양자 자격취득 신고)	당연적용사업장해당신고서 1부. 직장피보험자자격취득신고서 각 1부. 피부양자자격취득(상실)신고서 각 1부.
직원의 신규 채용시	피보험자 자격 취득신고 및 피보험자의부양자자격신고	직장피보험자자격취득신고서 1부 피부양자자격취득(상실)신고서 1부.
직원등의 퇴직, 사망, 60세 도달시	피보험자 자격 상실신고	직장피보험자자격상실신고서 1부
직장피보험자의 피부양자가 있을 때 또는 피부양자가 그 자격을 잃는 때	피부양자 자격취득 신고 피부양자 자격상실 신고	피부양자자격취득(상실)신고서 1부.

참 고 문 헌

1) 단행본

김동휘, 부자들의 여행지 :세계 최고의 고품격 리조트, 시공사, 2006

김상무 외, 관광사업경영론, 백산출판사, 2005

문화관광부, 〈체육백서〉, 2002

오일영, 채재성, 〈현대 스포츠 사회학〉, 대한미디어, 2004

유도재, 리조트경영론, 백산출판사, 2006

이경택, 웰빙테마펜션 :자연·레저·문화·이색체험·리조트, 성하출판사, 2005

이종규, 리조트 개발과 경영, 부연사, 2005

이승곤 외 현대관광의 이해, 학문사, 2003

이재곤 저, 리조트 관광자의 선택행동에 관한 연구, 경기대 박사학위논문, 1998

이형우 외, 최신 리조트사업 관리론, MJ미디어, 2007

임주환 저, 신관광학의 이해 , 백산출판사, 2002

진현식 외, (테마가 있는)리조트 개발 및 경영, 형설출판사, 2006

채용식, 리조트 경영학, 현학사, 2004

채용식 외, 현대리조트개발론, 가산출판사, 2002

최현기 저, 국내리조트현황 및 개발방향, 대한부동산학회지, 1996

폴 스미스. [마케팅이란 무엇인가], 최경남 역. 서울 : 거름, 2005

2) 참고논문

김동환, 비시즌 중에 스키리조트 안에서의 여가활동 실태에 관한 연구 :용평스키리조트를 중심으로, 서울대 대학원, 2003

김용운, 국내리조트개발 제도개선 방향의 전문가 인식차이에 관한 연구, 세종대 관광대학원, 2006

김인배 외, 국내 주요 스키리조트시설의 개발실태 및 배치특성 사례연구, 대한건축학회 논문집, 대한건축학회, 2006

김재규, 리조트산업의 경영성과분석을 통한 수익성 증대방안 연구, 경기대 서비스경영 전문 대학원, 2003

박선현 외, 국내 레저산업 현황 및 성장성 전망, 하나금융경영연구소, 2008

박현우, 〈21세기 출발을 위한 체육교육의 비판적 반성 및 대안제시〉, 코리아스포츠리서치 제12권 제4호, 2001박윤진, 복합리조트 개발의 활성화 방안에 관한 연구, 2006

엄상권, 국내 리조트시설 현황 및 특성에 관한 연구, 성균관대 대학원, 2001

유현웅, 리조트의 이미지와 이용경험이 리조트 이용객의 지각된 성과에 미치는 영향, 세종대 관광대학원, 2006

이경호, 복합리조트 개발 특성과 발전방향에 관한 연구, 단국대 대학원, 2005

이한규 외 4, 〈주 5일제 근무제에 따른 국민생활체육 참여 확대 방안〉, 체육과학연구원, 2001

이후석, 지방자치하에서 전남발전을 위한 국제간 비교연구, 광주사회조사연구소, 전라남도, 1996, pp.427-430

이후석, 충무마리나 리조트개발에 관한연구,1997, pp.73~86

조승행, 리조트관광자의 만족에 관한 연구, 경기대 대학원, 2006

최장호, 〈여가의 사회화 상황요인과 여가활동 참여의 관계〉, 한국 사회체육학회지 제3호, 1995

한국체육과학연구원, 〈한국의 체육지표〉, 2003

3) 참고 사이트

강원도청, http://provin.gangwon.or.kr/

강원랜드, http://www.kangwoncasino.com/

강촌리조트, http://www.gangchonresort.co.kr/

거제시청 홈페이지 http://www.geoje.go.kr

경남도민신문 홈페이지 http://www.dominilbo.co.kr

관광정보연구원, http://www.this.co.kr/

관광지식정보시스템, http://tour.go.kr

구글, http://www.google.co.kr/

금호충무마리나 홈페이지 http://www.kumhoresort.co.kr/chungmu

네이버, http://www.naver.com/

뉴질랜드관광청, http://www.newzealand.com/

다움, http://www.daum.net/

대명비발디파크, http://www.daemyungcondo.com/

롯데오션캐슬 홈페이지 http://www.oceancastle.co.kr

무주리조트, http://www.mujuresort.com/

문화체육관광부, http://www.mct.go.kr

베어스타운, http://www.bearstown.com/

벤쿠버정보, http://www.dsvan.com/

사조마을리조트, http://www.sajoresort.co.kr/

삼성경제연구소, http://www.seri.org

서울리조트, http://www.seoulresort.co.kr/

세계여행신문, http://www.gtn.co.kr

스키가이드, http://www.skiguide.co.kr/

스키114, http://www.ski114.com/

스키스키닷컴, http://www.skiski.net/

스키월드, http://www.skiworld.co.kr/

스키익스프레스, http://myhome.thrunet.com/%7Echowanje/oversea/

스포츠서울닷컴, http://www.sportsseoul.com/

스티힐리조트, http://www.starhillresort.com/

알프스리조트, http://www.alpsresort.co.kr/

야후, http://kr.yahoo.com/

양지파인리조트, http://www.pineresort.com/

용평리조트, http://www.yongpyong.co.kr

여행신문, http://www.traveltimes.co.kr

엠파스, http://www.empas.com/

인터넷연합뉴스, http://www.yonhapnews.co.kr/

지산포레스트, http://www.jisanresort.co.kr/

통영시청 홈페이지 http://www.gnty.net

한국관광공사, http://knto.or.kr

한국스키장경영협회, http://skiresort.or.kr/

한솔오크밸리, http://www.oakvalley.co.kr/

한화리조트, http://www.hanwharesort.co.kr/

현대성우리조트, http://www.hdsungwoo.co.kr/

휘닉스파크, http://www.phoenixpark.co.kr/

ꕥ 부록 ꕥ

한국국제소믈리에협회(KISA) 시행 자격검정 신청서

신	① 성　명	(한글)　(영문)　(남, 여)			사 진 (3cm×4cm)
청	② 주　소				
	③ 주민등록번호				
	④ 전화번호		⑤휴대폰		
인	⑥ e−mail				

학 력	년　월　일　고등학교 졸업(검정고시 합격)			
	년　월　일　대학　학과 (졸업, 예정)			
	년　월　일			
경 력	기간	회사명	부서명	직위
	.　.　.　~　.　.　.			
	.　.　.　~　.　.　.			
	.　.　.　~　.　.　.			
시 험 장 소				
⑥ 자격시험 구분	□ 마스터 소믈리에			
	□ 1급 소믈리에			
	□ 2급 소믈리에			

*** 단체 응시 대학:**

2008년　　월　한국국제소믈리에협회(KISA)시행 와인소믈리에 자격검정에 지원하고자 신청서를 접수합니다.

2008년　　월　　일

신청인　　　　　서명 또는 ㉑

한국국제소믈리에협회(KISA) 회장

첨부서류 :　* 주민등록등본
** 학력증명서(졸업, 재학)
*** 경력증명서(재직, 경력)

검정 수수료 : ₩130,000
발급 수수료 : ₩ 50,000

한국와인소믈리에학회(WASSOK) 시행 자격검정

1. 응시자격

구 분	응 시 자 격
명장 소믈리에	1. 소믈리에 기능장 자격을 취득한 후 5년 이상 된 자
	2. 한국국제소믈리에협회의 마스터 소믈리에 자격을 취득한 후 5년 이상 된 자
기능장 소믈리에	1. 1급 소믈리에 자격을 취득한 후 5년 이상 된 사
	2. 한국국제소믈리에협회의 소믈리에 자격을 취득한 후 5년 이상 된 자
1급 소믈리에	1. 소믈리에 2급 자격을 취득한 후 2년 이상 된 자
	2. 국내 교육 인적자원부 인정 와인학 석사과정 이수자로서 와인관련 직무분야에서 2년 이상 근무한 자
	3. 대학의 와인특별과정을 1년 (190시간 이상) 수료한 자로서 와인관련 직무분야에서 2년 이상 실무에 근무한 자
	4. 대학(2년제/4년제)의 와인관련학과를 졸업한자로 와인관련 직무분야에서 3년 이상 실무에 근무한 자
	5. 국내·외 와인관련 공인된 학원에서 3개월(90시간)이상 와인과정을 수료하고 와인관련 직무분야에서 4년 이상 근무한 자
	6. 와인관련 직무분야에서 5년 이상 실무에 근무한 자
	7. 한국와인소믈리에학회와 한국국제소믈리에협회가 공동으로 공인하는 와인전문교육기관에서 와인특별교육(200시간 이상)을 이수한 자
2급 소믈리에	1. 관광관련 고등학교에서 와인 특별과목을 90시간 이상 수강하고 와인관련 직무분야에서 1년 이상 근무한 자
	2. 대학(2년제/4년제)의 와인관련 학과를 졸업한 자
	3. 대학(2년제/4년제)의 호텔, 외식관련 학과에서 소정의 와인·소믈리에 교과목을 3과목이상 이수한 자
	4. 국내·외 와인관련 공인된 학원 또는 대학의 특별과정에서 3개월(48시간)이상 와인과정을 수료하고 와인관련 직무분야에서 1년 이상 근무한 자
	5. 와인관련 직무분야에서 2년 이상 실무에 근무한 자
	6. 한국와인소믈리에학회가 공인하는 와인특별교육과정(90시간 이상)을 수료한자
	7. 외국에서 동일한 등급 및 종목에 해당하는 자격을 취득한 자

2. 시험과목

자격종목	검정방법	시험과목
명장 소믈리에	필기시험	• 와인 주제별 에세이 작성
	실기시험	• 블라인딩 테스트노트 작성 : 70점 - 품종, 년도, 국가, 지역 - 토양, 아로마 및 부케평가 - 레드와인 : 7종 - 화이트와인 : 7종 - 스파클링 와인 : 3종 - 물 : 2종 - 스피릿과 리큐어 : 3종 • 구술시험 : 30점 - 와인영어, 와인불어
기능장 소믈리에	필기시험	• 국가별 와인, 음료와 떼루아 • 고급 와인 양조학 • 와인유통과 마케팅 • 와인 소믈리에 경영실무 • 명품 와인론 • 음식과 와인, 건강
	실기시험	• 블라인딩 테스트노트 작성 : 60점 - 품종, 년도, 국가, 지역 - 양조장, 토양 - 아로마 및 부케 평가 - 레드와인 : 5종 - 화이트와인 : 5종 - 스파클링 와인 : 2종 - 물, 스피릿과 일반음료 3종 • 칵테일 : 10점 - 제조 3가지 • 와인 리스트 작성 : 20점 • 구술시험 : 10점 - 와인영어, 와인불어, 와인 전문용어, 고급 와인과 음식과의 조화
1급 소믈리에	필기시험	• 와인의 세계사 • 중급 와인양조학 • 레스토랑 & 바 소믈리에 서비스경영론 • 국가별 포도의 품종 • 국가 지역별 와인과 음료 • 시가 & 치즈 • 일반 음료학
	실기시험	• 블라인딩 테스트노트작성 : 60점 - 품종, 년도, 국가 아로마 및 부케 - 레드와인 : 3종 - 화이트와인 : 3종 • 와인 디켄팅 & 서비스 : 30점 - Aging Wine 이상 • 구술시험 : 10점 - 와인전문지식 - 와인추천기법 - 소믈리에 직업관 - 음식과 와인의 조화

2급 소믈리에	필기시험	• 와인의 역사 • 와인 양조학 • 소믈리에 경영실무론 • 포도의 품종 • 국가별와인 • 일반 음료학
	실기시험	• 블라인딩 테스트노트 작성 : 60점 - 품종, 년도, 아로마, 부케 - 레드와인 : 3종 - 화이트와인 : 2종 • 와인 서비스 : 30점 • 구술시험 : 10점 - 와인기초지식

3. 합격 결정기준

구 분	검정방법	합 격 결 정 기 준
명장 소믈리에	필기	70점 이상
	실기	70점 이상
기능장 소믈리에	필기	70점 이상
	실기	70점 이상
1급 소믈리에	필기	60점 이상
	실기	60점 이상
2급 소믈리에	필기	60점 이상
	실기	60점 이상

※ 필기 합격자가 실기시험 불합격 시 필기시험 2년간 유효기간 적용

한국국제소믈리에협회(KISA) 시행 자격검정

1. 응시자격

구 분	응 시 자 격
마스터 소믈리에	1. 소믈리에 자격을 취득한 후 5년 이상 된 자
	2. 한국와인소믈리에학회 주관 1급 소믈리에 자격증을 취득한 후 5년 이상 된 자
	3. 국제소믈리에협회(ASI)와 한국국제소믈리에협회가 공동으로 공인하는 와인 전문교육기관에서 와인소믈리에특별교육(200시간이상)을 이수한 자
소믈리에	1. 한국와인소믈리에학회 주관 2급 소믈리에 자격증을 취득한 후 2년 이상 된 자
	2. 국내 교육 인적자원부 인정 와인학 석사과정 이수자로서 와인관련 직무분야에서 2년 이상 근무한 자
	3. 대학의 와인특별과정을 1년(190시간 이상) 수료한 자로서 와인관련 직무분야에서 2년 이상 근무한 자
	4. 대학(2년제/4년제)의 와인관련학과를 졸업한자로 와인관련 직무분야에서 3년 이상 근무한 자
	5. 국내·외 와인관련 공인된 학원에서 3개월(90시간 이상) 와인과정을 수료하고 와인관련 직무분야에서 4년 이상 근무한 자
	6. 와인관련 직무분야에서 5년 이상 실무에 근무한 자
	7. 한국와인소믈리에학회와 한국국제소믈리에협회가 공동으로 공인하는 와인 전문교육기관에서 와인특별교육(200시간 이상)을 이수한 자

2. 시험과목

자격종목	검정방법	시험과목
마스터 소믈리에	필기시험	• 국가별 와인, 음료와 떼루아 • 고급 와인 양조학 • 와인유통과 마케팅 • 와인 소믈리에 경영실무 • 명품 와인론 • 음식과 와인, 건강
	실기시험	• 블라인딩 테스트노트 작성 : 60점 - 품종, 년도, 국가, 지역 - 양조장, 토양 - 아로마 및 부케 평가 - 레드와인 : 5종 - 화이트와인 : 5종 - 스파클링 와인 : 2종 - 물, 스피릿과 일반음료 3종 • 칵테일 : 10점 - 제조 3가지 • 와인 리스트 작성 : 20점 • 구술시험 : 10점 - 와인영어, 와인불어, 와인 전문용어, 고급 와인과 음식과의 조화
소믈리에	필기시험	• 와인의 세계사 • 중급 와인양조학 • 레스토랑 & 바 소믈리에 서비스경영론 • 국가별 포도의 품종 • 국가 지역별 와인과 음료 • 시가 & 치즈 • 일반 음료학
	실기시험	• 블라인딩 테스트노트작성 : 60점 - 품종, 년도, 국가 아로마 및 부케 - 레드와인 : 3종 - 화이트와인 : 3종 • 와인 디켄팅 & 서비스 : 30점 - Aging Wine 이상 • 구술시험 : 10점 - 와인전문지식 - 와인추천기법 - 소믈리에 직업관 - 음식과 와인의 조화

3. 합격 결정기준

구 분	검정방법	합 격 결 정 기 준
마스터 소믈리에	필기	70점 이상
	실기	70점 이상
1급 소믈리에	필기	60점 이상
	실기	60점 이상

※ 필기 합격자가 실기시험 불합격 시 필기시험 2년간 유효기간 적용

【저자약력】

양정윤 (楊庭潤)

- 영산대학교 관광경영학 학사
- 대구대학교 국제경영대학원
  호텔관광경영학과 호텔경영학석사
- 동명대학교 대학원 관광경영학과
  박사과정 수료
- 경운대학교 관광학부 겸임교수

현) 대구그랜드호텔 총지배인 근무
대구관광협회 이사
대구관광협회 연구자문위원
대구 호텔경영사 위원
대구경북 호텔경영마케팅 협의회 부회장
호텔 관리사 자격취득

정해욱 (丁海旭)

- 한성신학대학교 사회복지학과 졸업
- 배재대학교 대학원 호텔경영학과 석사
- 동명대학교 대학원 관광경영학과
  박사과정 수료

현) 구미센추리호텔 F&B Manager
레이크힐스호텔 F&B Manager
대경대학 관광계열 시간강사
동명대학교 시간강사 및 겸임교수 역임
동의대학교 시간강사
한민대학교 시간강사
대한관광경영학회(평생회원)
한국 호텔 리조트학회(평생회원)
동북아 관광학회(평생회원)
바리스타 2급
사회복지사 1급

리조트와 클럽개론

인　쇄 / 2010년 9월　8일
발　행 / 2010년 9월 15일

공저자 / 양정윤 · 정해욱
발행인 / 김　창　석
발행처 / 홍 익 출 판 사

대구광역시 중구 삼덕 3가 245-2
(053)421-6700 · 427-3627 · 0502-920-0002
등록 1987년 11월 26일 제1-107호

정가 15,000원

ISBN 978-89-7826-195-1　93320